W0086896

Endlich
RUHE
finden

FEARNE COTTON

Endlich RUHE finden

Mit Stress gelassen umgehen

Für meinen Mann Jesse, den gelassensten
Menschen, den ich kenne

INHALT

Das Zentrum
der Ruhe

GESTRESST
UNRUHIG
ÄNGSTLICH
NERVÖS
NEUTRAL
AUFMERKSAM
ENTSPANNT
RUHIG

Die konzentrischen Ringe repräsentieren bestimmte emotionale Zustände. Sie werden beim Lesen dieses Buchs mehrmals auf folgendes Symbol treffen:

Blättern Sie dann hierher zurück und markieren Sie den Ring, der am besten dem entspricht, wie Sie sich gerade fühlen, mit einem Punkt. So haben Sie am Ende einen guten Überblick über Ihre jeweiligen Gefühlszustände.

WAS IST RUHE?

Ruhig sein bedeutet gelassen sein.

Wer ruhig ist, fühlt sich geerdet.

Zur Ruhe können wir immer zurückkehren – wenn uns klar ist, dass es sie gibt.

Ruhe bedeutet Klarheit und Zuversicht beim Treffen von Entscheidungen.

Ruhig sein bedeutet, tief durchzuatmen und sich unterstützt zu fühlen.

Ruhe ist das Gefühl von Sicherheit und Geborgenheit.

Ruhe bedeutet, alles so zu akzeptieren, wie es ist.

Ruhe ist das Gefühl, bei sich zu sein, auch wenn es mal wieder hektisch zugeht.

Ruhe ist keine Langeweile.

Ruhe bedeutet nicht, faul und bewegungslos zu sein.

Ruhig sein bedeutet nicht, sich vor der Welt zu verstecken.

Ruhe bedeutet nicht, das Chaos um uns herum zu ignorieren.

Ruhe bedeutet nicht, aus Angst Nein zu sagen.

Ruhe ist nicht immer der Weg des geringsten Widerstands.

Wer ruhig sein will, muss sich nicht zum Meditieren oder zu Stille zwingen.

Ruhe bedeutet nicht, jeder aufregenden Sache aus dem Weg zu gehen.

Ein ruhiges Leben ist kein geräuschloses Leben.

Ruhe wird nicht überschätzt.

Wir alle tragen die Ruhe in uns.

Ist Ruhe noch möglich in einer Zeit, in der wir so weit vom grundsätzlichen Menschsein entfernt sind? Wie können wir Ruhe finden, wenn das Chaos von überall her auf uns einstürzt? Haben wir noch Zeit zum Atmen angesichts von Terminen, elterlichen Pflichten, sozialem und Freizeitstress und all den oft unerfüllbaren Erwartungen der Umwelt?

Allein der Gedanke daran bringt mich schon außer Atem.

So ist eben das moderne Leben. Es zieht uns alle mehr oder weniger in seinen chaotischen Strudel hinein und spuckt uns mit vor Übermüdung geröteten Augen, zerknitterten Klamotten und Unmengen unbeantworteter Fragen wieder aus. Es mag so scheinen, als müssten wir mit unserem Wunsch nach Ruhe in unserer hektischen, schnelllebigen modernen Zeit geradezu Übermenschliches leisten, doch das stimmt nicht. Wir brauchen uns nur klarzumachen, dass wir mit dem allgemeinen Tempo nicht zwangsläufig mithalten müssen, dem Alltagsstress nicht unbedingt Tür und Tor öffnen müssen, den Erwartungen anderer nicht immer gerecht werden müssen. Ruhe zu finden ist ein persönliches Unterfangen, das nur für *einen* funktionieren muss: für Sie!

Als ich an meinem letzten Buch, »Happy«, schrieb, dachte ich viel über das Thema Ruhe nach, über den Zusammenhang von Ruhe und Glück und wie beides einander unterstützen könnte. Dabei wurde mir klar, wie wichtig der Faktor Ruhe in der Formel ist, die wir für ein glückliches und friedliches Leben suchen. Wer ruhig ist, sieht die Dinge mit Klarheit, kann mit Gelassenheit reagieren und mit Zuversicht und Vertrauen sein Herz noch weiter öffnen.

Die Menschheit hat im vergangenen Jahrhundert viele und große Veränderungen erlebt. Wir sitzen heute ständig wie auf dem Präsentierteller und spähen auch selbst in das Leben anderer hinein. Die ganze Zeit hetzen wir uns ab, wir schieben und drängeln,

rennen um die Wette und verlieren uns dabei selbst aus den Augen. Der technische Fortschritt, unsere Definition von Erfolg und was wir glauben uns vom Leben zu wünschen – all das zieht uns von unseren natürlichen Wurzeln weg und katapultiert uns in einen wahren Wirbelsturm des Chaos hinein, der uns den Boden unter den Füßen noch mehr wegreißt.

Mit der Ruhe aber stellt sich Zufriedenheit oder Glück oder vielleicht auch ein wenig von beidem ein. Oder Moment mal: Ist es vielleicht umgekehrt? Ist es überhaupt möglich, das eine ohne das andere zu sein? Ich weiß, dass man glücklich, dabei aber auch völlig aufgekratzt sein kann, denn das habe ich selbst schon oft erlebt: dieses Achterbahngefühl, bei dem man vor lauter Glück schreien möchte! Von Ruhe und Gelassenheit kann in solchen Augenblicken kaum die Rede sein. Ich weiß auch, dass man sehr ruhig sein und sich zugleich wie betäubt und gefühllos fühlen kann, wenn das Leben ins Stocken zu geraten scheint. Auch solche ruhigen Augenblicke habe ich erlebt, und sie haben nicht unbedingt mit Zufriedenheit oder Glück zu tun.

Zusammen ergeben die beiden Gefühlszustände etwas Wunderschönes, und dann spielt es auch keine Rolle mehr, was zuerst da war: die Henne oder das Ei. Wir sollten beides im Auge behalten, denn es tritt oft gemeinsam auf.

Ich habe dieses Buch nicht geschrieben, weil ich etwa so gut meditieren könnte wie ein tibetischer Mönch oder den ganzen Tag selig lächeln würde, sondern weil mir die Kraft und der Wert der Ruhe bewusst geworden sind und ich täglich versuche, Ruhe und nicht Stress den Vorzug zu geben. Ich habe es geschrieben, weil ich mich manchmal Lichtjahre von der tröstlichen Umarmung der Ruhe entfernt fühle und mich frage, ob ich sie wohl jemals wieder spüren werde. Ich habe es geschrieben, weil Ruhe ein Gemütszustand ist, über den ich mehr erfahren möchte. Ich hoffe, dass ich durch die Ehrlichkeit Ihnen und mir selbst gegenüber noch ein wenig mehr aus der Quelle der Ruhe schöpfen kann – zu meinem Wohl und zu Ihrem. Dieses Buch ist meine Art, Antworten auf Fragen zu suchen, die wir vielleicht schon kennen. Wir brauchen nur einen sanften Anstoß, uns im Irrsinn der heutigen Zeit an unsere Stärke zu erinnern.

Ich gebe Ihnen in diesem Buch immer wieder die Möglichkeit, selbst aktiv zu werden und Bestand aufzunehmen: Listen zu schreiben, Ihren Gefühlen Luft zu machen und sie unter die Lupe zu nehmen, um mehr über sich und Ihre Form der Ruhe herauszufinden. Zudem habe ich Gespräche eingefügt, die ich mit Experten und klugen Freunden über das Thema Ruhe geführt habe. Ich finde ihre Meinungen und Ratschläge auf meiner Entdeckungsreise sehr nützlich und hoffe, Sie können ebenfalls davon profitieren.

Lassen Sie uns also loslegen! Als Erstes: Halten Sie sich selbst für einen ruhigen und gelassenen Menschen? Ich weiß nicht, in welche Kategorie ich selbst falle. Ich bin eine Kreuzung aus meinen beiden Eltern und bestehe absolut fifty-fifty aus ihren jeweiligen hochkomplexen Eigenschaften. Meine Mutter ist ein zähes Glühwürmchen, anfällig für extreme Emotionen und immer in Bewegung. Ihr habe ich meine Lebhaftigkeit und die Energie zu verdanken, mit der ich in kürzester Zeit sehr viel schaffen kann. Sie bekämpft das Chaos, das in der Welt herrscht, durch die totale Ordnung in ihrem Leben. Auch diesen Zug habe ich von ihr geerbt. Im Gegensatz dazu ist mein Vater der Stundenzeiger an der Uhr, der naturgemäß viel langsamer tickt als der Sekundenzeiger meiner Mutter. Er hat mir das Talent zum Zuhören geschenkt, zum Beobachten und Bestandaufnehmen, zu dem ich manchmal ganz unerwartet Zugang habe.

Ich bin weder die absolute Ruhe noch Chaos pur, sondern beides, und ich glaube, das trifft auf die meisten Menschen zu. Ich habe ebenso viel Zeit mit Meditation und Yoga verbracht wie damit, die Autofahrer um mich herum zu beschimpfen oder wie ein kleines Kind mit Gegenständen um mich zu werfen. Ich glaube, dass es zwar genug Raum für all diese Emotionen gibt, die Ruhe aber als Ort, an den man immer zurückkehren kann, unerlässlich ist. Je mehr ich die Bedeutung der Ruhe für den Geist, das allgemeine Wohlbefinden, die Beziehungen zu Mitmenschen und die Haltung der Welt gegenüber verstehe, desto mehr bemühe ich mich, zu ihr zurückzufinden.

Manche kennen ihren Weg zurück zur Ruhe, praktizieren Tiefenatmung bei Panikattacken, bleiben selbst in der Rushhour geduldige Autofahrer und lassen sich von Menschenmassen nicht irritieren. Mir ist das noch nicht in allen Bereichen meines Lebens gelungen, doch ich arbeite konsequent daran, und es ist in jüngerer Zeit eines meiner wichtigsten Ziele geworden. Im Laufe der Jahre – ein Geburtstag nach dem anderen ist vergangen, und immer wieder haben sich Dramen in meiner persönlichen Geschichte abgespielt – ist mir immer deutlicher geworden, wie viel Energie und Zeit ich auf Gestresstsein, unklare Gedanken und Worte verschwendet habe.

Was bedeutet innere Ruhe für Sie? Bei mir geht es dabei weniger ums Denken als ums Fühlen. Für mich ist innere Ruhe eine Stille, in der sich mein Brustkorb wie ein Heißluftballon ausdehnen kann. In Ruhe akzeptiere ich die Geräusche um mich herum und muss nicht jede Ablenkung mit dem Etikett »gut« oder »schlecht« versehen. Ich sehe, dass die Welt sich dreht und das Chaos kommt und geht, und ich akzeptiere auch das. Das bedeutet nicht, dass ich Ungerechtigkeit, Krisen oder abfällige Äußerungen in Ordnung fände. Ich sehe diese Geschehnisse aber als Chance, Empathie statt Abneigung zu entwickeln und auch zu zeigen. Ich möchte meinen Mitmenschen Verständnis zeigen, nicht sie verprellen. Dabei lerne ich viel. Gelingt mir das, entsteht eine magische Alchemie, und ich darf dann dieses besondere Gefühl genießen: entspannt und doch wach zu sein, still und doch nicht im Stillstand, offen und doch geschützt. Das bedeutet innere Ruhe für mich.

Es ist nicht immer leicht, sich diesem Gefühl hinzugeben, denn oft spielt uns der Geist Streiche. Sobald wir auch nur einen leisen Hauch Ruhe verspüren, flüstert uns eine Stimme zu: »Du hast deine Rechnungen noch nicht bezahlt. Mach's dir mal lieber nicht zu gemütlich.«

Etwas später, dieses Mal lauter: »… und du hast heute noch keinen Sport gemacht. Vielleicht solltest du dich lieber darum kümmern als um deinen inneren Frieden!«

Und schließlich, die Stimme schreit schon fast: »Du hast diesen Monat nicht mal die Hälfte dessen geschafft, was du dir vorgenommen hast, du faules Stück!«

Das war's dann mit dem zarten Hauch. Die Stimme im Kopf hat das friedvolle Gefühl der Stille zerstört und uns mit dem Gefühl zurückgelassen, dass wir etwas ganz anderes brauchen und wollen. Was nun? Ich sehe mich dann oft nach einer Zuflucht um, nach etwas, das mich von meinem inneren Aufruhr ablenkt und mich für einen Moment abschalten lässt. Manchmal wende ich mich dann den sozialen Netzwerken zu, und manchmal hilft das sogar. Meist aber verstärken sie nur, was mir die Stimme schon gesagt hat. Die Fotos und Postings reden mir ein, ich sei ungenügend und hätte nicht genug getan. In diesem Fall finde ich keine innere Ruhe.

Manchmal tröste ich mich mit Essen und mache mir weis, dass der Snack die innere Leere in mir ausfüllt. Hin und wieder schnauze ich auch einen geliebten Menschen in

meiner Umgebung an, um diese innere Stimme mit ihrem fiesen Stachel aus meinem Kopf zu bekommen. Gar nicht cool.

Stattdessen sollte ich mich auf dieses kugelförmige Licht konzentrieren, das gleich rechts neben meinem Herzen sitzt und sich gerade noch ganz warm und tröstlich angefühlt hat. Ich sollte mir vor Augen führen, dass es immer noch da ist, dass es nie wirklich erloschen war, sondern nur von meinem hektischen Geist verdrängt wurde.

Innere Ruhe ist allgegenwärtig. Sie wartet nur darauf, dass wir uns an ihre Wahrhaftigkeit und Kraft erinnern. Wenn auch Sie Ihrer inneren Ruhe häufiger begegnen wollen oder das Gefühl haben, sie gar nicht mehr in sich zu finden, dient Ihnen dieses Buch vielleicht als Wegweiser, der Sie nach Hause führt. Ich werde Sie auf dieser verrückten Reise begleiten. Allein dieses Buch zu öffnen und in aller Ruhe zu lesen ist schon ein Schritt auf dem Weg zurück in dieses heilige Land. Sie dürfen sich also bereits gratulieren! Gehen wir nun gemeinsam auf die Suche nach der Ruhe.

Bevor wir richtig loslegen, sollten Sie **Bestand aufnehmen.** Wie fühlen Sie sich im Augenblick? Kreuzen Sie das Wort an, das Ihrer Antwort auf die Frage links am nächsten kommt. Ich finde ein wenig **Selbstdiagnose** recht nützlich, denn sie zeigt mir, was sich verändern muss oder woran ich arbeiten sollte.

Wie hoch ist Ihr Stresspegel?	sehr hoch	hoch	okay	niedrig	sehr niedrig
Wie haben Sie letzte Nacht geschlafen?	miserabel	nicht gut	ging so	gut	wunderbar
Wie viel Zeit verbringen Sie im Freien?	fast keine	wenig	geht so	viel	sehr viel
Wie viel Zeit verbringen Sie in den sozialen Netzwerken?	mehr als mir guttut	zu viel	viel	wenig	fast keine
Wie viel Zeit nehmen Sie sich für sich selbst?	fast keine	wenig	genug	viel	sehr viel
Wie steht es um Ihre Beziehungen?	Fehlanzeige	nicht gut	okay	gut	super
Wie fühlen Sie sich, wenn Sie an die Zukunft denken?	furchtbar	ängstlich	ganz gut	gut	optimistisch
Wie fühlt sich momentan Ihr Brustkorb an?	zugeschnürt	blockiert	neutral	gut	weit offen
Wie fühlt sich Ihr Körper momentan an?	furchtbar	schwach	weiß nicht	gut	ganz toll
Wie fühlt sich Ihr Geist momentan an?	chaotisch	beengt	neutral	gut	frei und offen

Ruhiger Körper

Beginnen wir mit dem Offensichtlichen, mit der Magie, die wir manchmal vermissen, und den Wundern, die wir übersehen: mit unserem Körper. Ich will mit ihm beginnen, weil uns der wunderbare Körper, in dem wir wohnen dürfen, den direkten Weg weist, uns zu erden und Ruhe zu finden. Außerdem lässt er sich leichter greifen als der gerissene, hektische alte Geist, über den ich später sprechen werde. Um uns Zugang zu innerer Ruhe und Gelassenheit zu verschaffen und den ständig plappernden Geist auszutricksen, müssen wir uns erst einmal physisch einstimmen.

DIE ABKÜRZUNG ZUR INNEREN RUHE

Diesen lebendigen, atmenden und komplexen Körper, mit dem wir uns jeden Tag bewegen, sollten wir bewundern und pflegen. Knochen und Gelenke machen uns diese Bewegung möglich. Nerven und Gefäße sorgen für den Fluss im Körper, auch für den von Empfindungen. Muskeln und Bänder stützen unser Skelett. Die Haut schützt uns und lässt uns andere Menschen und Gegenstände spüren. Bedenkt man, dass all unseren Emotionen, Gedanken und dem Tempo, mit dem wir uns bewegen, ein pumpendes Herz, eine dehnbare Lunge und Millionen komplizierter Prozesse im Körper zugrunde liegen, erweitert dies die Perspektive.

Manchmal kann ich nicht zu meinem Ort der Ruhe gelangen. Er liegt dann jenseits einer Schlucht und hüllt sich in einen Nebel unerwünschter Emotionen. Mich in solchen Augenblicken mit meinem chaotischen Hirn auseinanderzusetzen führt zu nichts. Ich drehe mich im Kreis und reite mich durch zu viel Grübeln und Analysieren immer tiefer hinein. Daher ist mein erster unsicherer Schritt in Richtung Ruhe rein körperlich. Diese »Abkürzung« scheint beinahe allzu einfach, funktioniert aber zuverlässig. Ich habe sie schon zigmal genommen und jedes einzelne Mal davon profitiert.

Neulich war ich total verkrampft und in eine Geschichte verwickelt, die mich sehr geärgert hat. Ich konnte mir absolut keinen Reim darauf machen und fühlte mich von Fragen wie »Warum?« und »Was, wenn …?« bedrängt. Mir war klar, dass ich gegen das Knäuel der Gedanken und Fragen keine Chance hatte, so zog ich den Mantel an, setzte die Mütze auf und ging an die frische Luft, um einen Spaziergang zu machen. Mit jedem Schritt fühlte sich mein Kopf freier an. Mit jedem Meter fühlte ich mich wohler. Mit jeder Minute spürte ich, wie sich mein Körper entkrampfte. Ich war auf dem richtigen Weg, dem Weg zur Ruhe. Nur die Konzentration auf den Körper machte meinen Kopf frei und richtete meinen Blick darauf, was wirklich los war. Meine Sorgen lösten sich auf diesem Streifzug nicht komplett auf, doch ich war danach ruhiger und besser gerüstet, mich dem Chaos in meinem Hirn zu widmen.

Ich liebe Yoga. Es war keine Liebe auf den ersten Blick, doch heute habe ich so viel Übung, dass ich die Haltungen und Atemrhythmen verstehe und weiß, wohin sie mich bringen. Für mich bedeutet Yoga den raschen Aufstieg zu einem Ort der Ruhe, der Gelassenheit und Glückseligkeit. Ob ich die Haltungen in einem Yogastudio ausführe oder zehn Minuten lang in meiner Küche –, mein Ziel erreiche ich dabei immer. Die Konzentration auf meinen Körper und meinen Atem verlangsamt alle Prozesse, und das gefält meinem Körper sehr. Nach dem Yoga schnurren meine Organe und Muskeln wie ein Korb voller Kätzchen, um die man sich gekümmert hat, die man genährt hat, und die deshalb entspannt und zufrieden sind.

Sie können sich auch einfach fünf oder zehn Minuten lang flach auf den Boden legen. Das hat dieselbe Wirkung – vorausgesetzt, Sie können dabei wirklich loslassen. Probieren Sie es aus. Legen Sie sich am Abend, in der Mittagspause oder wenn es im Haus ganz ruhig ist, auf den Boden, schließen Sie die Augen und staunen Sie, wie schnell die Herzfrequenz sinkt, wie sich die Muskeln entkrampfen und das Nervensystem ins Gleichgewicht kommt. Dann bleibt dem Kopf nichts anderes übrig, als es dem Rest des Körpers gleichzutun und sich dessen neu gewonnener Leichtigkeit anzuschließen. Versuchen Sie es: Beruhigen Sie Ihren Körper auf diese Weise oder gönnen Sie ihm eine stetige, langsame Bewegung. Der Rest wird sich rasch anpassen.

LASSEN SIE IHREN KÖRPER MACHEN

Wie gut dieses Loslassen wirken kann, habe ich bei der Geburt meiner Tochter Honey erfahren. Ich hatte einen kurzen Hypnobirthing-Kurs absolviert, bei dem man lernt, sich auf seinen Körper und seinen Atem zu konzentrieren. Während der Wehen habe ich versucht, lang ein- und mit sehr viel Kraft auszuatmen. Das hat meinen Körper beruhigt, will heißen: Mein Gehirn hat nicht auf Panik geschaltet, sondern mit meinem Körper kooperiert in dem Wissen, dass ich das schaffe und stark bin. So habe ich die Geburt zwar als ausgesprochen intensiv erlebt, hatte dabei aber keine Angst. Im Grunde war sie eine der schönsten körperlichen Erfahrungen, die ich je gemacht habe.

Bei meinem Sohn Rex hatte ich an Hypnobirthing noch nicht gedacht; er war mein erstes Kind, und ich viel zu beschäftigt mit typischen Fragen wie: »Welches Tragetuch soll ich kaufen?« oder »Wie legt man eine Milchpumpe an?«. Ich hatte angenommen, das mit den Wehen am Ende der Schwangerschaft würde … nun ja … schon irgendwie laufen. Sicherlich hat jede Frau ihre eigene Art und Weise, sich auf eine Geburt vor-zubereiten, doch da ich die Methoden des Hypnobirthings damals noch nicht erlernt hatte, stellte sich bei mir, als es so weit war, nur eines ein: Panik. Ich hatte Angst, die sich in meinem Körper niederschlug, weil ich ihr nichts entgegensetzen konnte. Ich hatte meinem Kopf das Heft in die Hand gegeben, und so tobte er sich aus. Meinem Körper blieb nichts anderes übrig, als mitzumachen.

Ich habe bei der Geburt gelernt, dass der Körper den Laden schmeißen kann, wenn nötig, und der Kopf – große Klappe, aber nichts dahinter – ruhig auch mal Beifahrer sein darf. Und das ist er, wenn man wirklich loslässt. Was für eine Offenbarung!

HALLO ... GERAD

Gerad Kite ist ein sehr lieber Freund von mir, dessen kluge Ratschläge ich über alles schätze und der mich im Nu in einen Zustand innerer Ruhe und Gelassenheit versetzen kann. Außerdem ist es ungeheuer praktisch, einen Freund zu haben, der sich mit der chinesischen Fünf-Elemente-Lehre auskennt und Akupunktur praktiziert! Gerad ist die Ruhe selbst; seine Einstellung zum Leben ist gleichzeitig offen und geerdet.

Die Akupunktur ermöglicht es dem Körper, sein natürliches Gleichgewicht und seinen natürlichen Fluss wiederzufinden. Gerad hat die Methode 20 Jahre lang studiert und weiß, wie labil die Balance unseres Körpers ist. Seine Kenntnis der östlichen Philosophie hat mich schon immer sehr interessiert. Wir sprechen oft über die Rhythmen des Körpers und ihren Zusammenhang mit den Jahres- und Uhrzeiten. Im Folgenden erläutert Gezza, wie ich ihn gern nenne, wie wichtig es ist, auf den Körper und seine verschiedenen Bedürfnisse im Laufe des Tages zu hören. Ein ausgeglichener Körper weist uns den Weg zur Ruhe.

Die Organuhr der Traditionellen Chinesischen Medizin basiert auf der Vorstellung, dass die Energie, die uns antreibt, im Lauf von 24 Stunden für bestimmte Zeiträume jeweils eine bestimmte Region unseres Körpers und unseres Geistes beeinflusst. Die Energie, die uns zur Verfügung steht, beziehen wir aus der Nahrung, die wir essen, der Luft, die wir atmen, und aus dem Wasser, das wir trinken. Ähnlich wie das Blut durch unseren Körper fließt und dabei jede Zelle erreicht, strömt auch die Energie durch unseren Körper und wirkt auf die Organe und Körperfunktionen ein. Zwar steht die Energie jederzeit überall zur Verfügung, doch haben bestimmte Organe und Körperfunktionen für jeweils zwei Stunden des Tages Priorität. Dann wird das betreffende Organ verstärkt mit Energie versorgt und ist so leistungsfähiger. Ein Beispiel: Zwischen 5 und 7 Uhr morgens wird der Dickdarm verstärkt mit Energie versorgt, da dies der optimale Zeitpunkt ist, sich von den physischen und psychischen Überbleibseln des Vortags zu befreien. Diese natürliche und sehr wichtige Ausscheidung reinigt nicht nur Körper und Geist, sondern gibt uns dadurch, dass die Energie vom Dickdarm zum Magen weiterwandert, auch den Impuls, ein kräftiges Frühstück zu uns zu nehmen und den Tag mit neuer Energie zu beginnen. Umgekehrt hat das jeweilige Organ zu dem auf der Uhr gegenüberliegenden Zeitpunkt seine Ruhephase, was bei unserem Beispiel bedeutet, dass der Magen zwischen 19 und 21 Uhr ruhen sollte. In dieser Zeit sollten wir wenig oder nichts essen und uns stattdessen mit guter Gesellschaft nähren. Zwischen 19 und 21 Uhr ist die beste Zeit für den Kreislauf und für Sex.

Halten wir uns an die Organuhr, profitiert unsere Gesundheit davon, und wir finden Ruhe. Leider planen wir unsere Aktivitäten und Ruhephasen gewöhnlich nicht nach der Organuhr, sondern im Kopf, und treffen deshalb »unnatürliche« Entscheidungen bezüglich der Essens-, Schlafens- und Arbeitszeit. Wir schwimmen also gegen den Strom. Die Folge: verminderte Energie, gestörte Schlaf-, Verdauungs- und Fortpflanzungszyklen und ein generelles Unwohlsein. Wir haben das Gefühl, aus dem Gleichgewicht geraten zu sein – scheinbar ohne Grund.

DIE ORGANUHR DER TRADITIONELLEN CHINESISCHEN MEDIZIN

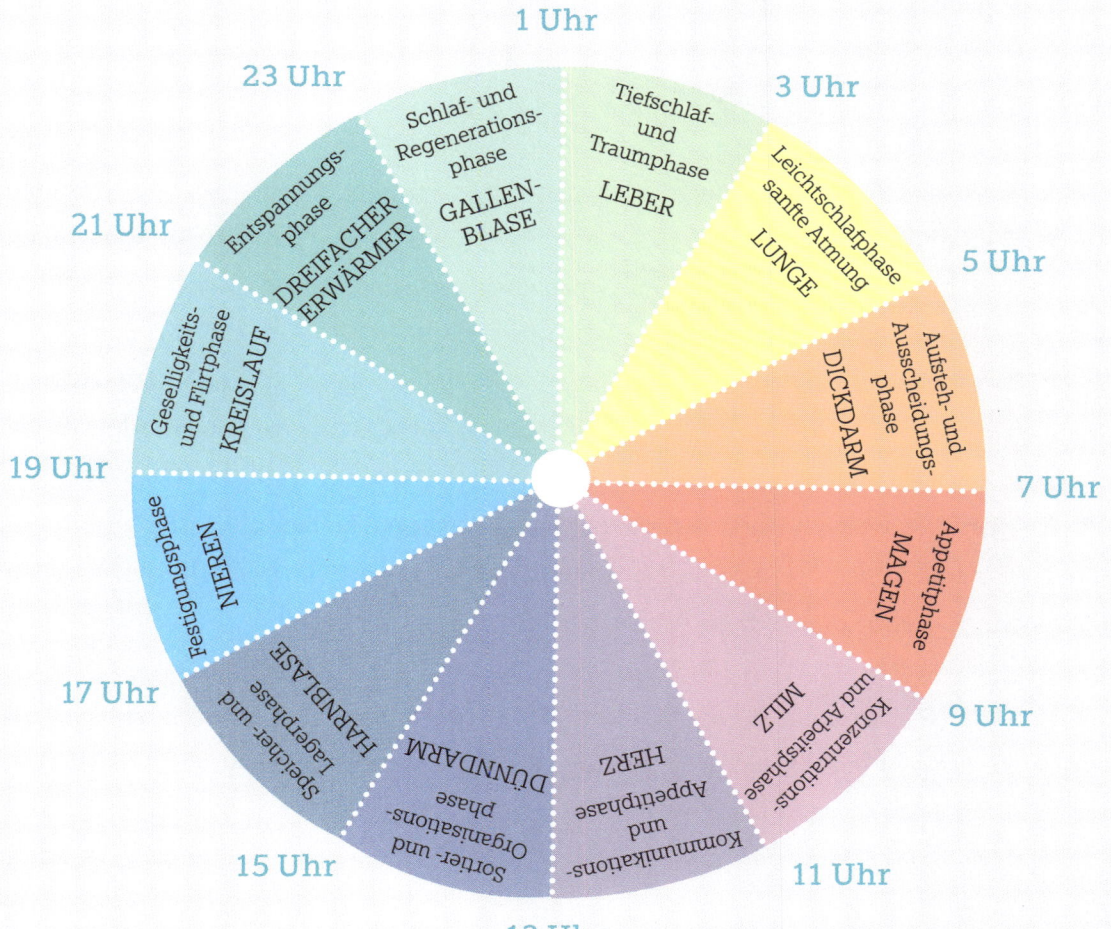

Die Organuhr basiert auf der Bewegung der Erde um die Sonne und auf der Prämisse, dass wir uns als Spezies in direktem Bezug auf diesen 24-Stunden-Zyklus entwickelt haben. Ändern wir unsere täglichen und nächtlichen Gewohnheiten, um im Einklang statt im Widerspruch mit der Natur zu leben, werden wir uns im Einklang mit uns selbst und unserer Umgebung fühlen und in den Genuss innerer Ruhe und Gelassenheit kommen.

Sehen wir uns die Organuhr und ihre einzelnen Phasen genauer an:

3–5 Uhr: Die Energie, mit der die Lunge nun verstärkt versorgt wird, weckt alle Zellen im Körper und erfrischt den Geist.

5–7 Uhr: Der Energiefluss erreicht nun den Dickdarm – die ideale Zeit, um aufzustehen und den Darm zu entleeren. Das befreit nicht nur von körperlichen, sondern auch von seelischen Abfallprodukten des vorangegangen Tages.

7–9 Uhr: In diesen beiden Stunden erhält der Magen Priorität. Denken Sie immer an den Ausdruck »die Natur verabscheut das Vakuum«: Der untere Teil des Verdauungstraktes ist nun leer, weshalb oben nachgefüllt werden muss, damit wir genügend Energie für den Tag haben.

9–11 Uhr: In diesem Zeitraum steht die Milz im Mittelpunkt. Sie wandelt um, was wir aufgenommen haben, und schenkt uns die Energie, um Körper und Geist zu nähren und zu bewegen.

11–13 Uhr: Nun wird das Herz verstärkt mit Energie versorgt. Nehmen Sie sich Zeit, um sich zu entspannen und sich mit anderen Menschen zu treffen – vielleicht zu einem gemeinsamen Essen oder zu einem konstruktiven Arbeitsmeeting.

13–15 Uhr: Über diesen Zeitraum herrscht der Dünndarm mit seiner Fähigkeit, zu sortieren und zu filtern. Das sollte sich auch in Ihrem Tagesablauf widerspiegeln: Nehmen Sie sich Zeit, um sich zu konzentrieren und zu organisieren.

15–17 Uhr: Nun übernimmt die Harnblase. Die meisten sehen dieses Organ lediglich als Aufbewahrungsort für Urin; in der Traditionellen Chinesischen Medizin aber gilt die Blase als Verwalter der Energiereserven. Trinken Sie tagsüber immer ausreichend Wasser, damit Sie in dieser Tagesphase nicht in das berüchtigte Nachmittagstief fallen.

17–19 Uhr: Die Energie fließt weiter zu den Nieren und reinigt Körper und Geist von Fremd- und Giftstoffen – die ideale Zeit, um zur Ruhe zu kommen.

19–21 Uhr: Dies ist die Zeit für Ihren »Herzbeschützer« – den Kreislauf und die Fortpflanzungsfähigkeiten – und damit die ideale Zeit, sich mit anderen zu treffen, sich zu entspannen oder um Sex zu haben. Vermeiden Sie allzu üppige Abendmahlzeiten und amüsieren Sie sich stattdessen auf andere Weise, denn der Magen hat nun seine Ruhephase.

21–23 Uhr: Die Energie fließt jetzt verstärkt zum Dreifachen Erwärmer, der alle Regionen des Körpers und des Geists auf die korrekte physikalische und emotionale Temperatur bringt, mit der wir uns nach dem Tag entspannen können. So sind wir ideal auf den Schlaf vorbereitet.

23–1 Uhr: Am Ende des Tages tritt die Gallenblase in den Vordergrund. Dieses Organ zeichnet sich besonders durch seine »Urteilskraft« aus und dirigiert die Regeneration von Körper und Geist. Die perfekte Zeit zum Ruhen und Schlafen.

1–3 Uhr: In diesem Zeitraum verlagert sich die Energie zur Leber. Sie reinigt Körper und Geist, damit wir tief schlafen können und gut auf den nächsten Tag vorbereitet sind.

Was mir an den Prinzipien der Organuhr besonders gefällt, ist die natürliche Intelligenz, die darin steckt und die uns zur Ruhe kommen lässt, wie beschäftigt Körper und Geist auch immer sein mögen. Arbeiten wir mit diesen Naturgesetzen zusammen, rückt alles ganz natürlich an seinen Platz: Wir sind ruhig und gelassen, und das Leben nimmt zwar seinen Lauf, muss aber nicht mehr als Kampf empfunden werden.

SICH AUF DEN KÖRPER EINSTIMMEN

Haben Sie je Inventur in Ihrem Körper gemacht? Das bedeutet, sich hinzusetzen und jede einzelne Region des Körpers zu scannen, um festzustellen, was sich gut anfühlt und was nicht. Ich sitze gerade an meinem Küchentisch und spüre deutlich, welche Gegenden meines Körpers zufrieden und entspannt sind und welche sich angespannt und gestresst anfühlen. Meine Schultern sind verspannt und müde vom Herumtragen der Kinder und vom Sitzen am Laptop. Mein Magen ist voll und zufrieden mit dem Abendessen, das er gerade bekommen hat. Meine Augen sind ein wenig gereizt, weil ich zu wenig geschlafen habe, meine Haut spannt sich etwas, wahrscheinlich weil ich heute mal wieder zu wenig getrunken habe. Den Körper in einer ruhigen Minute auf diese Weise zu registrieren kann sehr hilfreich sein. Wie fühlt er sich an? Wo haben sich Spannungen und Sorgen festgesetzt? Wirken sie sich auf den Magen und den Verdauungstrakt aus? Auf Rücken und Schultern? Auf die Haut? Jeder von uns hat seine persönlichen Schwachstellen, die sich bemerkbar machen, wenn wir erschöpft sind oder uns nicht ausreichend Ruhe gegönnt haben.

Ich bekomme z. B. Kopfschmerzen, wenn ich auf der geistigen Ebene zu viel schaffen will, und ich habe oft auch Rückenschmerzen – nicht nur vom Herumtragen der Kinder, sondern auch weil sich dort meist meine Spannungen festsetzen. Meine Sorgen und Ängste klammern sich an Schlüsselbein und Nackenmuskeln und schlagen dort in der Regel für eine Weile ihr Lager auf. Und je mehr mir der Kopf schwirrt, desto mehr zerren sie an den Zeltschnüren.

Inventur im eigenen Körper zu machen ist für unsere allgemeine Gesundheit sehr wichtig. Wenn wir den Körper und seine Grenzen respektieren, können wir physischen Stress abbauen und zur Ruhe kommen. Zeichnen Sie in die nebenstehenden Umrisse ein, wo Sie Spannungen in Ihrem Körper verspüren. Versuchen Sie herauszufinden, warum diese Spannungen da sind und was sie vielleicht lindern könnte.

WARNSIGNALE

Regionen, die sich nicht gut anfühlen, senden Warnsignale, die wir beachten sollten. Der kluge Körper versucht es uns leicht zu machen, ungesunde Denk- oder Verhaltensmuster zu ändern. Natürlich tappen wir alle in die Falle und ignorieren die Signale – oder spüren sie nicht. Doch egal, um welche Beschwerde es geht, sie ist ein Anzeichen dafür, dass der Körper nicht glücklich ist und uns darauf aufmerksam machen will. Wir sollten uns weniger mit dem Kopf als mit dem Rest des Körpers befassen.

Ein Erlebnis dazu: In meinem ersten Buch, »Happy«, habe ich in dem kurzen Kapitel über Angst geschrieben, dass ich selbst davon nicht sehr betroffen sei. Ich hatte immer gedacht, Depressionen seien mein Hauptproblem. Eines Tages war ich im Auto mit einer guten Freundin unterwegs. Auf der langen Fahrt unterhielten wir uns über alles Mögliche, als mir plötzlich heiß wurde. Ich öffnete das Fenster und arbeitete mich aus meiner Jacke heraus, ohne etwas zu Clare zu sagen. Sie hat vor vielen Jahren einen schlimmen Autounfall gehabt, weshalb ich besonders vorsichtig fahre, wenn sie mit im Auto sitzt. Doch als Nächstes blieb mir die Puste weg. Unkontrolliert schnappte ich nach Luft, während die Welt um mich herum sich zu drehen begann. Das ist nicht günstig, wenn man mit 120 Sachen auf einer belebten Autobahn unterwegs ist, und so versuchte ich, links ranzufahren – was mir glücklicherweise sicher gelungen ist – und Clare zu erklären, warum unser Gespräch über Prinz Harry ein so abruptes Ende gefunden hatte und wir eine halbe Stunde vor dem Ziel nun auf dem Standstreifen standen. Ich fühlte mich wie ausgewrungen und war völlig durcheinander. Was zum Teufel war passiert? Ich hatte bis dahin geglaubt, dass mein körperlicher Zustand eine direkte Folge meiner Gedanken sei. Denke ich an etwas Negatives, verspannt sich mein Körper. Bin ich gestresst, ist mein Körper unruhig. Bin ich traurig, wird mein Körper weich. Doch dazu passte das, was eben geschehen war, überhaupt nicht. Wir hatten uns prächtig unterhalten, waren fröhlich gewesen, ich etwas aufgekratzt, weil ich bald wieder zu Hause bei meinen wunderbaren Kindern sein würde. Kein Stress, kein Drama – nur schien mein Körper das anders zu sehen. Ich hatte eine Panikattacke gehabt.

Da ich so etwas vorher noch nie erlebt hatte, wusste ich nicht, wie ich damit umgehen sollte. Es hatte sich angefühlt, als wäre meine Seele im wahrsten Sinne des Wortes aus meiner Haut gefahren und hätte dann wie ein Geist über mir geschwebt – ein sehr intensives Gefühl des Getrenntseins. Mein Herz hatte für zwei geschlagen, und meine Augen waren verzweifelt bemüht gewesen, die beiden Perspektiven in Einklang zu bringen. So hatte ich mir eine Panikattacke nicht vorgestellt. Ich hatte mich schon einmal etwas panisch und außer Atem gefühlt, doch das hier war wie eine riesige Welle über mich geschwappt und hatte mich unendlich schwach zurückgelassen.

Jemand vom britischen Automobilclub hat mich an diesem Tag nach Hause gefahren. Dort versank ich dann in einen Zustand der Verwirrung. Nachdem ich mehrere Stunden darüber nachgegrübelt hatte, warum mir mein Körper so laut ins Gesicht geschrien hatte, dass es ihm nicht gut ging, kam ich ihm langsam auf die Schliche. Viele Menschen leiden über einen viel längeren Zeitraum hinweg an Panikattacken, und die Gründe und Auslöser dafür sind ausgesprochen vielfältig – siehe dazu auch das folgende Gespräch mit Dr. Annette Twigg –, doch ich war einfach nur erschöpft gewesen. Mein Kopf hat die Angewohnheit, mir stets und ständig zu sagen, dass ich weitermachen muss, es weiter versuchen muss, und ich gehorche. Jetzt aber hatte ich es wohl zu weit getrieben, und so schrie mein Körper nach Aufmerksamkeit. Ich bin von Natur aus nicht gerade gut im Abschalten und Entspannen, weshalb ich oft zu viel Aktionismus verbreite. Ich liebe es, Mutter und Ehefrau zu sein, ich vergöttere meinen Beruf, will ständig etwas Neues lernen. Aber das lässt mir keine Zeit, mich um mich selbst zu kümmern (darüber mehr gegen Ende des Kapitels). Das Erlebnis auf der Autobahn stellte eine neue und unmissverständliche Regel auf: **Hetz dich nicht immer wie eine Bekloppte ab!**

Ich dachte, es wäre eine einmalige Erfahrung gewesen, doch da irrte ich mich leider: Nur eine Woche später passierte es wieder. Der Auslöser war die Angst davor, was passieren *könnte*. Zum Glück verschwand diese Angst langsam im Laufe der folgenden Monate, in denen ich aber immer wieder Panikattacken hatte. Mittlerweile kann ich wieder ohne Angst Auto fahren, wie es so viele Jahre vor der ersten Panikattacke der Fall gewesen war. Ein bisschen Angst hat sich zwar festgefressen; wenn ich mich jedoch mit ihr auseinandersetze, bleibt sie, wo sie hingehört: in der Vergangenheit. Viel wichtiger ist, dass mir endlich bewusst geworden ist, wie sehr ich selbst mich immer antreibe.

Mein Kopf ist oft mein chaotischster Teil, und so bin ich dankbar, dass ich mir über den Rest des Körpers Ruhe verschaffen kann: durch tiefes Atmen, Entspannen und Herunterfahren des Nervensystems. Es ist wichtig, dass wir uns einen Raum ohne Nachdenken schaffen, und das gelingt uns meist leichter durch körperliche Aktivität.

Ich habe es eher auf die harte Tour gelernt, auf meinen Körper zu hören. Vielleicht müssen auch Sie einige Anstrengungen unternehmen, um es in Zukunft ruhiger angehen zu lassen. Das trifft wohl auf alle zu, denn wir alle haben Ziele und Wünsche. Doch vergessen Sie nicht: All das ist mit Ruhe und Gelassenheit vereinbar.

HALLO ... ANNETTE

Annette Twigg ist Allgemeinärztin, die schon viele Menschen mit Panikattacken behandelt hat. Nach meinem angsteinflößenden Erlebnis auf der Autobahn wollte ich vor allem wissen, was da in meinem Körper vor sich gegangen war. Ich denke gerne mal außerhalb von Schubladen, doch in diesem Fall schien es mir in erster Linie wichtig, die medizinischen Ursachen zu verstehen und zu erfahren, was ich dagegen tun konnte. Im Folgenden erläutert Annette etwas genauer, was bei einer Panikattacke im Körper geschieht.

Fearne: Hi, Annette! Können Sie uns erläutern, was genau eine Panikattacke ist und warum manche Menschen darunter leiden?

Annette: Mit »Panik«symptomen reagieren wir auf eine Bedrohung oder auf Stress. Sie bilden die Grundlage für unsere Kampf-oder-Flucht-Reaktion. In einer solchen Situation nehmen die Augen eine visuelle Bedrohung wahr und leiten die Information ans Gehirn weiter, das seinerseits eine chemische Reaktion in Gang setzt. Es werden beispielsweise Stresshormone ausgeschüttet, die wiederum eine Reihe weiterer physiologischer Prozesse bewirken. Zweck dessen ist es, die Muskeln verstärkt mit Blut zu versorgen, damit wir entweder vor der Bedrohung weglaufen, uns verteidigen oder sogar selbst angreifen können.

Infolge der Panikreaktion steigen die Herz- und Atemfrequenz sowie der Blutdruck, damit den Muskeln so viel Sauerstoff und Energie (Glukose) wie möglich zur Verfügung steht. All das dient dazu, dass wir schneller rennen oder besser kämpfen können. Daher rühren das Herzrasen und die Atemlosigkeit.

Da nun die Muskeln mehr Blut brauchen, werden für Flucht oder Kampf weniger wichtige Regionen wie die Haut kurzfristig unterversorgt. Deshalb werden wir blass; die Haut fühlt sich feuchtkalt an und prickelt, es wird vermehrt Schweiß abgesondert, um die Muskeln zu kühlen. Zudem kann sich der Mund trocken anfühlen, weil die Körperflüssigkeiten im Blutkreislauf zurückgehalten werden. Nur so kann das Maximum der Sauerstoff- und Glukoseversorgung der Muskeln aufrechterhalten werden.

Darüber hinaus können aber auch andere Symptome auftreten, etwa das Gefühl des Kontrollverlusts, Schluckbeschwerden oder das Gefühl, einen Kloß im Hals zu haben. Oft stellen sich auch Schlafstörungen ein, weil der Körper ja vermeintlich laufend auf der Hut sein muss. Bei vielen Menschen mündet all das in ein Gefühl der Angst oder Panik. Andere werden vielleicht wütend oder sogar aggressiv.

Die individuelle Reaktion darauf hängt von vielen verschiedenen Faktoren ab, etwa von generellen Bewältigungsstrategien, früheren Erlebnissen und der allgemeinen Widerstandsfähigkeit. Im Alltag kann die »Bedrohung«, die wahrgenommen wird, ein Mensch, ein Ort, eine bestimmte Situation oder ein Tier wie eine Spinne, ein Hund oder ein Insekt sein. Es kann sich aber auch um jahrelang aufgebauten Druck handeln, z. B. aufgrund von Erwartungen anderer oder dem Wunsch, niemanden im Stich zu lassen, etwa Familienmitglieder, Freunde oder Arbeitskollegen.

Wichtig ist es, zu verstehen, dass die körperlichen Symptome nicht von etwas ausgelöst werden, das wirklich schaden kann, auch wenn sie sich natürlich äußerst unangenehm anfühlen.

Häufen sich Fälle mit solchen Symptomen in Ihrer Praxis?

Ich glaube, dass unser momentaner Lebensstil tatsächlich dazu beiträgt, dass Panikattacken vermehrt auftreten. Wir sind einfach nicht mehr sehr gut darin, uns auch einmal Ruhe und dem Gehirn eine Auszeit zu gönnen – eine Zeit, in der es nicht stimuliert, nicht gereizt wird. Das tut uns auf Dauer nicht gut. Andererseits stehen wir Angststörungen und anderen psychischen Problemen heute sehr viel aufgeschlossener gegenüber; die Hemmschwelle für den Patienten, damit zum Arzt zu gehen, ist deutlich gesunken.

Was kann man generell gegen Panikattacken tun?

Alles, was eine allgemeine Ängstlichkeit verringert, mindert auch spezifische Ängste und Auslöser; zumindest bis zu einem gewissen Grad. So kann beispielsweise jemand, der sich gegen seine Höhenangst mit Hypnotherapie behandeln lässt, oft feststellen, dass er plötzlich auch keine Angst mehr vor Spinnen, Schlangen o. Ä. hat.

Darüber hinaus spielen Schlafprobleme bei Angst und Panik eine große Rolle, ebenso bei allgemeinem Stress. Grundsätzlich haben wir regelmäßig Tiefschlafphasen und Phasen, in denen wir leichter schlafen, sogenannte REM-Phasen (von englisch rapid eye movement). In den Letzteren träumen wir oder denken, wir schlafen, während unser Geist die verschiedensten Dinge wälzt – die meist am Morgen gar nicht mehr so dramatisch aussehen. Um wirklich ausgeruht aufzuwachen, müssen Tiefschlaf- und REM-Phasen ausgewogen sein.

Bei Angst, Stress und/oder Panikattacken grübeln wir oft viel zu viel über bestimmte Dinge nach; der fachsprachliche Ausdruck dafür lautet Ruminieren. Leider gönnt sich das Gehirn dann auch nachts keine Ruhe, weshalb sich die REM-Phasen häufen, die weniger erholsam sind und uns am Morgen übermüdet aufwachen lassen. Im Laufe der Zeit sinkt unsere Stressresistenz immer mehr, die Lebensperspektive insgesamt ändert sich, und die Stimmung sinkt. Wir stecken dann in einem Teufelskreis, denn auch diese Reaktionen beeinflussen unser Schlafverhalten negativ.

Der Betroffene muss unbedingt versuchen, diesen Teufelskreis zu durchbrechen und das Grübeln zumindest phasenweise zu unterbinden. Dabei helfen beispielsweise Atemtechniken und Achtsamkeitsübungen ganz hervorragend. Auch körperliche Aktivität ist sehr nützlich – alles, wobei man abschalten kann, sei es nun Fußball, Zumba, Tennis o. Ä. Zu Hause empfiehlt sich meiner Meinung nach das Laufband eher als das Ergometer, weil man beim Fahrradfahren noch nachdenken kann, sich beim Laufen aber darauf konzentrieren muss, nicht vom Gerät zu fallen.

Haben Sie abschließend noch ein paar Tipps für uns?

Das größte Problem vieler Patienten ist ihr Gefühl von Kontrollverlust. Ich sage ihnen immer, dass sie schon begonnen haben, die Kontrolle wiederzuerlangen – schlicht indem sie den Termin bei mir vereinbart haben. Ein weiteres Problem sind meiner Meinung nach die sozialen Netzwerke. Dort wird den Betroffenen vorgegaukelt, allen anderen außer ihnen ginge es fantastisch und sie seien die Einzigen mit einem solchen Problem. Ich bin neulich in einem Buch, das ich gerade lese, über eine wunderbare Formulierung gestolpert. Dort beschrieb jemand sein Haus als frei vom »Tinnitus der Technologie«, also frei von Computer, Fernseher etc. Ich denke, das verdeutlicht ganz gut, dass wir unbedingt einen Ort brauchen, an dem kein überflüssiger Lärm herrscht.

Doch schließlich kann ich Ihnen nur dringend raten, einen Arzt aufzusuchen, wenn Sie an den beschriebenen Symptomen leiden. Er kann Ihnen ganz gewiss helfen.

TREIBSTOFF FÜR DEN KÖRPER

Wie beeinflusst Stress Ihre Essgewohnheiten? Behandeln Sie Ihren Körper wie einen Mülleimer? Werfen Sie alles Mögliche hinein, um die Löcher zu füllen, die Sorgen und Ängste eingefressen haben? Oder zieht sich Ihr Magen zusammen und weigert sich, Nahrung und Trost anzunehmen? Bei mir ist es, glaube ich, beides. Aber gerade unter Belastung braucht der Körper guten Treibstoff. Manchmal versetzt mich das Familienleben nebst meiner seltsamen und vielseitigen Arbeit in den Adrenalinmodus. Dann brauche ich nur Miniportionen an Essen, dafür aber viel Kaffee. Bin ich wegen Stress niedergeschlagen, werfe ich einen Snack nach dem anderen ein, bis mir klar wird, dass dieses Trostessen weder Zufriedenheit noch innere Ruhe bringen wird.

Und weder das eine noch das andere ist gut für unser allgemeines Wohlbefinden. Ich bin sogar der Meinung, dass sich diese Arten von Essgewohnheiten einschleichen, wenn unser Gehirn »nicht ganz da« ist.

Heutzutage kommt man um das Wort »achtsam« ja kaum mehr herum, obwohl hinsichtlich seiner wahren Bedeutung größtenteils Unklarheit herrscht. Eine meiner besten Freundinnen, Zephyr Wildman, bevorzugt deshalb das Wort »wachtsam«, denn ihrer Meinung nach geht es darum, wach und achtsam zu sein, sich also dessen bewusst sein, was man tut. Statt etwas mechanisch zu tun, in Verhaltensmuster zu verfallen oder das Offensichtliche zu ignorieren, müssen wir uns der Realität stellen und möglichst zu den Ursachen einer Situation durchdringen. Bei den Essgewohnheiten bedeutet »wachtsam« zu sein, innehalten zu können und sich zu fragen, ob Trostessen oder Nahrungsverweigerung uns wirklich innere Ruhe bringen. Eigentlich ist es ganz einfach: Wenn Sie Hunger haben, essen Sie; wenn Sie satt sind, sollten Sie damit aufhören.

Gedankenloses Essen hat mit Hunger nichts zu tun. Wenn Ihnen eines der beschriebenen Essensmuster bekannt vorkommt (oder beide), dann führen Sie sich die Folgen vor Augen. Ich fühle mich oft schuldig, eine halbe Packung Kekse gegessen zu haben, wenn ich gar nicht wollte. Wenn mein Magen Nahrung ablehnt, bin ich aufgekratzt und unruhig. Hat der Körper jedoch bekommen, was er *wirklich* braucht, zieht auch der Kopf nach, und wir fühlen uns auch geistig wohl und fit. Seit mir diese Muster klar sind, frage ich mich, was ich bei Stress tun kann, damit es meinem Körper gut geht, auch wenn der Kopf Probleme wälzt. Der erste Schritt ist, sich einzugestehen, dass solche Muster vorliegen, denn dann kann man sich fragen, warum das so ist, und in den entsprechenden Situationen bewusster reagieren. Will ich dieses Stück Käse am offenen Kühlschrank und mit vollem Magen wirklich essen oder sollte ich lieber den Kühlschrank schließen, wenn der Körper nach Aufmerksamkeit schreit? Haben wir die Muster erkannt, können wir mit Selbstliebe darauf reagieren. Wenn Sie sich selbst lieben und für Ihren Körper sorgen wollen, welche Entscheidung vor dem offenen Kühlschrank würden Sie dann treffen? Das frage ich mich jedes Mal, wenn mir bewusst wird, dass ich aus Stress esse.

Jeder von uns isst mal, um sich zu trösten, oder isst nichts, weil Ängste und Sorgen ihn plagen. Dafür müssen wir uns dann nicht auch noch geißeln, sondern sollten versuchen, uns das Verhalten und seine Gründe bewusst zu machen. Kleine Veränderungen führen zu größeren und sind sicherlich ein guter Ausgangspunkt auf unserem Weg zu innerer Ruhe. Vergessen Sie nicht, Ihrem Körper den Treibstoff zukommen zu lassen, den er braucht. Sprühen Sie geradezu vor Energie und Ideen, sollten Sie Ihrem Körper Nahrung geben, damit Sie Ihre Ziele erreichen können. Fühlen Sie sich hingegen niedergeschlagen und lethargisch, sollten Sie Ihren Körper mit Liebe füttern. Genießen Sie jeden einzelnen Bissen des Essens und hören Sie auf, wenn Sie satt sind. Lieben Sie Ihr Essen, und es wird Sie zurücklieben.

Kochen und Essen können ausgesprochen achtsame Tätigkeiten sein. Zum Glück liebe ich das Kochen und verbringe ungeheuer viel Zeit mit dem Schneebesen in der Hand. Ich liebe es zu hacken, zu reiben, zu rühren und zu kneten, denn dabei kann ich meinen ewig plappernden Geist zum Verstummen bringen und mich voll und ganz auf meinen Körper einstimmen. Ich liebe den Rhythmus und die Kniffligkeiten des Kochens und Backens, und ich liebe es noch mehr, das von mir zubereitete Essen, in das ich so viel Zeit und Liebe gesteckt habe, zu genießen, Geschmack und Konsistenz voll auszukosten! Versuche ich, E-Mails zu schreiben und zugleich ein schnelles Essen hinunterzuwürgen oder rasch etwas zu mir zu nehmen, während ich meinen Kindern das Abendessen koche, fühle ich mich furchtbar. Dann kann mich hinterher kaum an das erinnern, was ich gegessen habe, und es scheint mir in der Speiseröhre stecken geblieben zu sein. Natürlich ist es nicht immer leicht, sich in all der Hektik Zeit fürs Essen zu nehmen, doch versuchen Sie, dem immer Priorität einzuräumen. Selbst kleinste Veränderungen in dieser Hinsicht werden sich riesig auf Ihre Gesundheit auswirken.

Stress ist wie ein Schneeball – wenn Sie ihn nicht aufhalten, sobald Sie ihn bemerkt haben, wird er auf seinem Weg ins Tal immer größer werden. Suchen Sie sich einen der unten genannten Vorschläge aus, um Stress zu reduzieren.

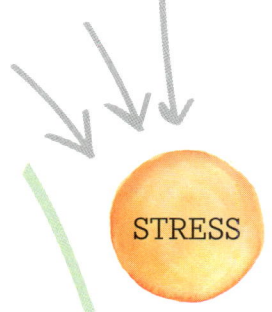

STRESS

Ruhe

Nehmen Sie ein Bad.

Gehen Sie spazieren.

Setzen Sie sich fünf
Minuten ans offene Fenster.

Hören Sie sich einen
Lieblingssong an und
tun Sie nichts anderes.

Führen Sie eine der Atem-
übungen ab Seite 67 aus.

Schließen Sie die Augen und stellen
Sie sich eine friedliche Aussicht vor.

Umarmen Sie jemanden.

Folgen Sie einer geführten
Meditation (gibt's auch online).

Kritzeln Sie ein Blatt Papier mit
kleinen Malereien voll.

BEWEGUNG FÜR DEN KÖRPER

Ich war schon immer ein Sportfreak. Mir ging es dabei nie um Sixpack-Bauchmuskeln oder teure Fitnessstudios, sondern darum, Kopf und pumpendes Herz in Einklang zu bringen und mir so viel Endorphin zu verschaffen, wie das mit verschwitzten Händen möglich ist. Für mich bedeutet Sport Herunterkommen, und zwar im Handumdrehen. Wenn ich mich bewege, kommt mein plappernder Geist fast augenblicklich zur Ruhe, weil er sich auf das, was der Körper tut, konzentrieren muss. Diese sofortige innere Stille ist meine persönliche Ruhezone, der Raum zwischen dem brodelnden Topf an Problemen, die ich zu haben glaube, und der absoluten Stille. An diesem Ort wird jeder Gedanke, wird jede Sorge still verarbeitet, während das Blut durch meine Adern strömt. Hier weiß ich: Es geht mir gut. Und wenn ich weiß, dass es mir gut geht, bin ich ruhig.

Was ich tue, ist ganz unterschiedlich, und ich verfolge dabei auch kein sportliches Ziel. Manchmal gehe ich laufen, und es fühlt sich zunächst beschwerlich an, entwickelt sich dann aber zu einem befriedigenden 30 Minuten langen Joggen. Ein andermal setze ich zu einem ehrgeizigen Sprint an, der in langsamem Gehen endet. Solange ich mich bewege und mein Kopf zur Ruhe kommt, ist der Rest irrelevant!

Neben diesem sofortigen Effekt wirken sich Sport und Bewegung auch langfristig auf meine Fähigkeit aus, zur Ruhe zu kommen, und auf meine allgemeine Gesundheit. Wenn ich spazieren gehe, laufe, schwimme, Yoga mache oder mit den Kindern in der Küche zu Justin Timberlake tanze, werden mein Herz gekräftigt, mein Kreislauf stabilisiert und mein Wohlbefinden insgesamt gesteigert. Ich treibe fast nie Sport, um mich an meine körperlichen Grenzen zu bringen, denn ich will meinen Körper ja gerade *nicht*

noch mehr stressen. Natürlich habe auch ich in der Vergangenheit ein paar verrückte Dinge getan, bin auf hohe Berge geklettert und tagelang Rad gefahren. Heute ziehe ich körperliche Betätigungen vor, die mir so gut wie möglich tun. Leider wird heutzutage oft Widersprüchliches über Sport verbreitet, was mich persönlich eher verwirrt und mir die Ruhe raubt, oder es wird uns weisgemacht, dass wir diesen oder jenen neuen Adrenalinkick unbedingt ausprobieren müssten. Stark ist das neue Schlank, und auf Instagram wimmelt es von gestählten, sonnengebräunten Körpern. Bei der riesigen Auswahl an Zumba-Pilates-Kursen kommt wohl jeder durcheinander, und kaum einer weiß mehr, wie trainiert ein Wadenmuskel nun sein darf oder nicht.

Meiner Meinung nach spielt all das jedoch keine Rolle. Uns sollte es allen nur darauf ankommen, uns durch Sport besser zu fühlen. Wenn es das Laufen ist, bei dem Sie sich frei und lebendig fühlen, dann laufen Sie! Wenn es das Gassigehen mit dem Hund ist, das Ihnen guttut und Sie zur Ruhe kommen lässt, dann nichts wie her mit der Leine und dem Vierbeiner! Tun Sie, was immer sich gut für Sie anfühlt. Ob kräftig, dünn, kurvenreich, gestählt, schlank, wunderbar mollig oder was auch immer – solange Sie sich gesund und munter fühlen, ist alles erlaubt. Eine gute Energiebilanz mündet in einen ruhigeren Geist, und das ist es doch, worauf es uns ankommt, oder?

Das Sportprogramm, auf das ich schwöre, besteht darin ... dass es keines ist. Manchmal gehe ich im Park laufen, um die Natur zu bewundern oder den Sonnenaufgang zu genießen. Manchmal finde ich die Zeit, mich zu einem Yogakurs anzumelden, oder ich gehe mit den Kindern spazieren oder Fahrrad fahren, um auch ihre Lungen mit frischer Luft zu füllen und den Kopf freizumachen. Tun Sie, was immer Ihnen Spaß macht. Das beschert Ihnen auf jeden Fall innere Ruhe und Gelassenheit.

DAS BESTE ÜBERHAUPT

Schlaf. Oh ja, dieser kostbare, tröstliche Zustand, in den wir sinken, wenn die Vögel aufhören zu zwitschern und sich der Himmel in schwarzen Samt kleidet. Guter Schlaf kommt einem Orgasmus gleich, schlechter Schlaf ist wie Folter. Seit ich Kinder habe, ist Schlaf manchmal mehr Luxus als Notwendigkeit, eine Art schlechte Angewohnheit, die aber unerlässlich ist, will man nicht verrückt werden und mit Mitte 30 aussehen wie 90. Die Eltern unter Ihnen wissen, was ich meine. Auch wenn die Kleinen durchschlafen, ist eine Hälfte immer wach und horcht. Auch wer nachts arbeiten muss oder unregelmäßige Schichten hat, kennt das Gefühl des gestörten Schlafs, die Angst vor dem Wecker oder das Hochschrecken bei dem Lärm, der tagsüber oft herrscht.

Schlafmangel führt fast unweigerlich zu Unruhe. Wer schlecht schläft, fühlt sich nicht gut. Konzentration, Geduld und Toleranz gehen gegen null. Wenn ich erschöpft bin und nicht gut geschlafen habe, habe ich das Gefühl, ein bisschen irre zu sein. Dann ist es eine Tortur, simpelste Entscheidungen zu treffen. Ich stand schon minutenlang im Coffeeshop und überlegte, ob ich Kaffee oder Tee wollte, bevor mich eine gelangweilte Freundin zu einer Entscheidung zwang. Kaffee oder Tee? Selbst auf so belanglose Fragen scheint es dann keine Antwort zu geben, ganz zu schweigen natürlich von wirklich wichtigen Dingen. Wir brauchen alle Schlaf, und zwar guten. Ohne ihn können wir tagsüber nicht funktionieren und das tun, was wir tun wollen und müssen.

Ich bin von Natur aus ein Morgenmensch. Ich liebe es, den neuen Tag mit freiem Kopf und frischen Ideen zu beginnen, und freue mich auf jedes Abenteuer, das da kommen mag. Natürlich mangelt es auch mir hin und wieder an Enthusiasmus, an einem guten Tag aber kann ich es kaum erwarten, mich ins Leben zu stürzen. Am Abend sehnen sich Körper und Geist dann recht früh nach dem Bett. Ich verspüre das innere Bedürfnis, die Batterien aufzuladen und mich für das Chaos des kommenden Tages neu zu kalibrieren. Auch ich gehe manchmal gern aus, bin aber normalerweise von meinem umtriebigen Alltag erschöpft. Man kann jedoch auch zu früh zu Bett gehen – eine schlechte Angewohnheit, die sich bei mir im Laufe des vergangenen Jahres eingeschlichen hat. Tatsächlich?, fragen Sie mich jetzt. Das geht? Ja, das geht! Ich war immer schon gegen 21 Uhr in den Federn und habe noch etwa eine Stunde gelesen, bevor ich noch vor Mitternacht in den Tiefschlaf gefallen bin. Jaja, ich weiß: Das gilt als uncool. Nach Mitternacht hat dann die postnatale Inkontinenz zugeschlagen und mich noch vor Sonnenaufgang mehrmals auf die Toilette gejagt – keine gute Voraussetzung für eine in Familie und Beruf ausgeglichene Fearne.

Irgendwann beschwerte ich mich dann über meinen unterbrochenen Schlaf bei einem Freund, der mir etwas von Schlafhygiene erzählte. Nein, nein, wehrte ich ab, meine Laken sind absolut sauber, in der Richtung hätte ich wirklich kein Problem! Er lachte und erklärte mir, was der Begriff »Schlafhygiene« bedeutet und wie er mir vielleicht helfen könnte. Das Konzept stammt aus den 1970er-Jahren und umfasst bestimmte Regeln, die man bei Schlafstörungen anwenden sollte. Tatsächliche Schlaflosigkeit ist mir zum Glück unbekannt, und ich bedaure alle Menschen zutiefst, die darunter leiden. Doch ein wenig Feintuning konnte auch mir und meinen Zwei- bis Drei-Stunden-Schlafphasen nicht schaden. Also recherchierte ich ein wenig, und obwohl alles eher selbstverständlich klang, beschloss ich, der Sache eine Chance zu geben. Der einfachste Rat wird auch einfacher ignoriert, hilft aber oft am besten.

Die Regeln basieren darauf, dass das Bett allein dem Schlaf und dem Sex vorbehalten ist. Sonst hat dort keine Tätigkeit etwas verloren! Schluss mit Frühstück im Bett, Schluss mit TV-Abenden, mit Mal-eben-E-Mails-Checken. Für mich war der Verzicht auf das Lesen im Bett mit am schwersten. Was zum Teufel sollte ich sonst in der gemütlichen Zeit zwischen Abendessen und Schlafen tun? Heute lese ich in der Badewanne.

Nun war mein Bett also nicht mehr der Ort von Geschichten und Büchern, sondern diente nur noch dem sanften Schnarchen. Und das sollte helfen? Es scheint funktioniert zu haben! Eine Woche lang versuchte ich zu mogeln, dann hielt ich mich aber daran und muss heute nur noch einmal nachts raus. Manchmal habe ich gefühlt gar keinen Tiefschlaf, doch das ist heute selten – dank meines neuen Schlafhygiene-Mantras!

Zur richtigen Zeit ins Bett zu gehen ist ebenfalls sehr wichtig, und das ist, wenn wir bereit sind, sofort einzuschlafen. Ich war also lange viel zu früh ins Bett gegangen und hatte davor meinen Kopf so richtig auf Touren gebracht, bevor ich müde wurde. Viel sinnvoller ist es, Körper und Geist nur außerhalb des Schlafzimmers zu beschäftigen und diesen Raum erst zu betreten, wenn man wirklich schlafen will. Insgesamt empfiehlt es sich ohnehin, in den Stunden vor dem Zubettgehen nicht noch einmal voll aufzudrehen. Also sollte auch zwischen Sport und Schlafen eine gewisse Zeit vergehen.

Der verlockendste Schlafräuber ist wohl das Smartphone. Nur noch ein kurzer Blick auf Instagram. Nur noch einmal kurz die Online-Nachrichten checken. Doch die Sache hat einen gewaltigen Haken: Die Geschichten, Ideen und Fotos stimulieren unser Gehirn, statt ihm zu signalisieren, dass es sich nun ausruhen darf. Das Leuchten des Displays gaukelt dem Kopf zudem vor, es sei helllichter Tag – ein weiterer Grund, Smartphone, Laptop & Co. schon lange vor dem Zubettgehen auszuschalten. Ich halte

FREIER KOPF, GUTER SCHLAF

Da auch ich hin und wieder schlecht schlafe, habe ich es mir angewöhnt, alles aufzuschreiben, was mir vor dem Zubettgehen noch im Kopf herumschwirrt. Nutzen auch Sie die Zeilen unten dafür, denn es ist sehr hilfreich, auf diese Weise den Kopf freizubekommen. Ob es sich nun um eine Einkaufsliste handelt, um Menschen, die Sie noch zurückrufen müssen, oder um größere Zukunftssorgen – überantworten Sie sie dem Papier und kümmern Sie sich erst wieder nach einer guten Mütze Schlaf darum.

mich schon eine ganze Weile an diese Regel. Früher lag das Smartphone immer neben meinem Bett, damit ich eben noch mal schnell nach meinen beruflichen E-Mails sehen konnte. Mit der Zeit wurde ich so abhängig davon, dass ich heute alle Geräte gegen 21 Uhr aus- und erst am nächsten Morgen wieder einschalte. Die Welt wird sich weiter drehen, da bin ich mir sicher, auch wenn ich eine berufliche E-Mail erst nach ein paar Stunden beantworte und einmal nicht mitbekomme, welchen Teil ihres Körpers Kim Kardashian heute wieder unverhüllt gezeigt hat.

Wir sind es alle viel zu sehr gewohnt, jederzeit Zugang zu jeglicher Information zu haben, weshalb wir sehr intolerant sind, wenn andere in unseren Augen verspätet reagieren. Wir wollen Antworten, und wir wollen sie sofort – eine Einstellung, mit der man kaum zu innerer Ruhe und Gelassenheit findet. Wir haben weder Geduld noch Verständnis dafür, dass jemand vielleicht gerade mit etwas anderem beschäftigt ist, und nehmen an, der Betreffende sei unhöflich oder faul, wenn er sich nicht innerhalb einer Stunde meldet. Gönnen Sie sich eine Auszeit von den Anforderungen Ihres Smartphones und lassen Sie auch andere vom Haken. Ich selbst muss daran noch arbeiten, weiß aber, wie wohltuend es sich auf meinen Schlaf auswirkt.

SICH UM SICH SELBST KÜMMERN

Wenn wir innere Ruhe finden wollen, müssen wir uns auch um uns selbst kümmern. Das ist enorm wichtig für das allgemeine Wohlbefinden. Wir müssen selbst die Verantwortung übernehmen, denn andere können es nicht für uns tun. Wir Briten scheinen ein besonderes Problem damit zu haben, und ich frage mich, woher das kommt. Ich nehme an, es hat kulturelle Hintergründe. Für uns bedeutet Selbstfürsorge ein Luxusgut, das nur der Elite oder einzelnen Glücklichen vorbehalten ist; dabei sollte es doch für alle ein selbstverständlicher Teil des Alltags sein – egal ob es uns gerade gut geht oder wir schwierige Zeiten durchmachen. Die Ausreden sind im Grunde immer dieselben:

Dafür habe ich keine Zeit.

Ich muss mich um so viele andere Menschen kümmern.

Ich brauche das nicht.

Dafür bin ich viel zu beschäftigt.

Sich um sich selbst zu kümmern steht auf der täglichen Prioritätenliste ganz unten – doch wie sollen wir die Dinge weiter oben schaffen, wenn wir uns selbst vernachlässigen? Eine Stolperfalle, in die wir alle immer wieder tappen. Wir sind so mit anderen beschäftigt oder sind so auf Ziele fixiert, dass wir das Offensichtliche übersehen. Welchen Sinn hat ein toller Job, wenn wir seinetwegen krank werden? Welchen Sinn haben eine gut organisierte Familie und wohlerzogene Kinder, wenn wir das Leben mit unseren Liebsten nicht genießen können? Welchen Sinn hat ein vollgepackter Terminkalender, wenn uns die Kraft fehlt, uns an unseren Unternehmungen zu erfreuen?

Wir verrennen uns derart in all das »Müssen«, dass wir darüber das Grundlegende vergessen. Wenn wir zu innerer Ruhe zurückfinden wollen, hilft meiner Erfahrung nach nur, das Leben auf die einfachsten Dinge herunterzubrechen. Leider sind einige Bereiche unseres Lebens unvermeidbar kompliziert, auf andere hingegen können wir durchaus Einfluss nehmen. So können wir beispielsweise um Hilfe bitten, uns einfach etwas weniger vornehmen oder auch einmal neue Regeln aufstellen.

Kümmern wir uns um uns selbst, um zu Wohlbefinden zu gelangen, wirkt sich das gleich sehr entspannend auf Körper und Geist aus. Und sind wir körperlich und geistig entspannt, sind wir auch viel ruhiger, treffen Entscheidungen voller Zuversicht und wissen, dass schließlich und endlich alles gut wird. Haben wir jedoch Schmerzen, fühlen wir uns unwohl oder sind wir geistig erschöpft, wird alles im Leben zur Last. Dann wirft uns selbst die unbedeutendste Entscheidung, die wir treffen müssen, aus der Bahn, wir gehen anderen lieber aus dem Weg, statt uns ruhig mit ihnen auseinanderzusetzen, und uns wird vom Tempo des Lebens schwindelig. Gönnen wir uns Zeit und Raum, das zu tun, was uns guttut, lösen sich Probleme in allen möglichen Bereichen des Lebens plötzlich in Luft auf, und die innere Ruhe kann Wunder wirken.

SELBSTFÜRSORGE – WIE GEHT DAS?

Sich um sich selbst zu kümmern ist gar keine so luxuriöse Angelegenheit, wie Sie vielleicht denken. Wir müssen dazu kein mondänes Spa aufsuchen oder uns mit absurd teuren Cremes einreiben. Für mich bedeutet Selbstfürsorge etwas viel Simpleres: Ich versuche, mich selbst als Freundin zu sehen. Käme eine Freundin zu mir und erzählte mir, sie sei müde und erschöpft, würde ich ihr raten, sich auszuruhen und alles etwas langsamer angehen zu lassen. Das gönne ich mir selbst manchmal nicht und treibe mich weiter an, während mir mein inneres Teufelchen zuflüstert, ich sei faul.

Das Gleiche tue ich, wenn ich aufgewühlt und durcheinander bin. In einer solchen Situation würde ich einer Freundin vielleicht ein wenig frische Luft und Bewegung emp-

fehlen. Ich würde ihr raten, früh zu Bett zu gehen oder sich einen lustigen Film anzusehen. Wir sind häufig zu streng mit uns selbst. Wenn wir uns einen anderen Menschen in der gleichen Situation vorstellen, wissen wir instinktiv, was das Richtige für denjenigen wäre. Im Grunde geht es darum, nett zu sich selbst zu sein, sich Fehler zu verzeihen, sich Bewegung und Ruhe zu gönnen.

Für mich bedeutet Selbstfürsorge, auf meinen Körper zu hören; zu ruhen, wenn er nach Ruhe verlangt, mich zu bewegen, wenn sich im Kopf alles dreht. Es sind ganz einfache Mittel, die uns auf die richtige Bahn bringen und für die wir uns vom Standpunkt der liebevollen Selbstfürsorge aus entscheiden können. Sie ist also weder übertriebene Nachsicht noch ein Luxusgut; es geht darum, mit sich weniger streng zu sein. Das kann vor allem für Frauen recht knifflig sein, weil wir ständig daran erinnert werden, was wir alles leisten könnten und sollten: so viele Dinge, mit denen wir uns beschäftigen oder nach denen wir streben sollten, so viele Dinge, um die wir uns kümmern sollten, vom Anti-Aging, Muskeltraining, Abnehmen und den richtigen Klamotten über das Erklimmen der steilen Karriereleiter bis zum Finden des perfekten Partners. Der Druck und die Anforderungen sind enorm. Nur allzu leicht vergleichen wir uns mit anderen und verzweifeln an uns selbst. Wenn es uns gelingt, uns auch nur einen Augenblick aus all dem herauszuhalten, können wir einfach sein, wie wir sind, und uns in diesem Augenblick wohlfühlen. Dann müssen wir uns nicht dafür schelten, über ein bestimmtes Thema einmal nicht Bescheid zu wissen, ein Problem einmal nicht bei den Hörnern packen zu können oder an einem Tag einmal nicht die perfekte Frisur zu haben. Denken Sie immer daran, was Sie einem Menschen, den Sie gern haben, in der gleichen Situation empfehlen würden – und tun Sie es dann selbst. Genau das ist Selbstfürsorge.

Wenn mir bewusst wird, dass ich wieder einmal zu streng mit mir selbst bin, stelle ich mir vor, was ich einer Freundin in einer ähnlichen Situation raten würde. Nutzen Sie den Platz unten, um sich selbst einen Brief zu schreiben, so als schrieben Sie einer Freundin. Sie werden feststellen, dass Sie gleich viel freundlicher, weicher und nachsichtiger sind. Versuchen Sie anschließend, Ihren eigenen Ratschlag zu beherzigen.

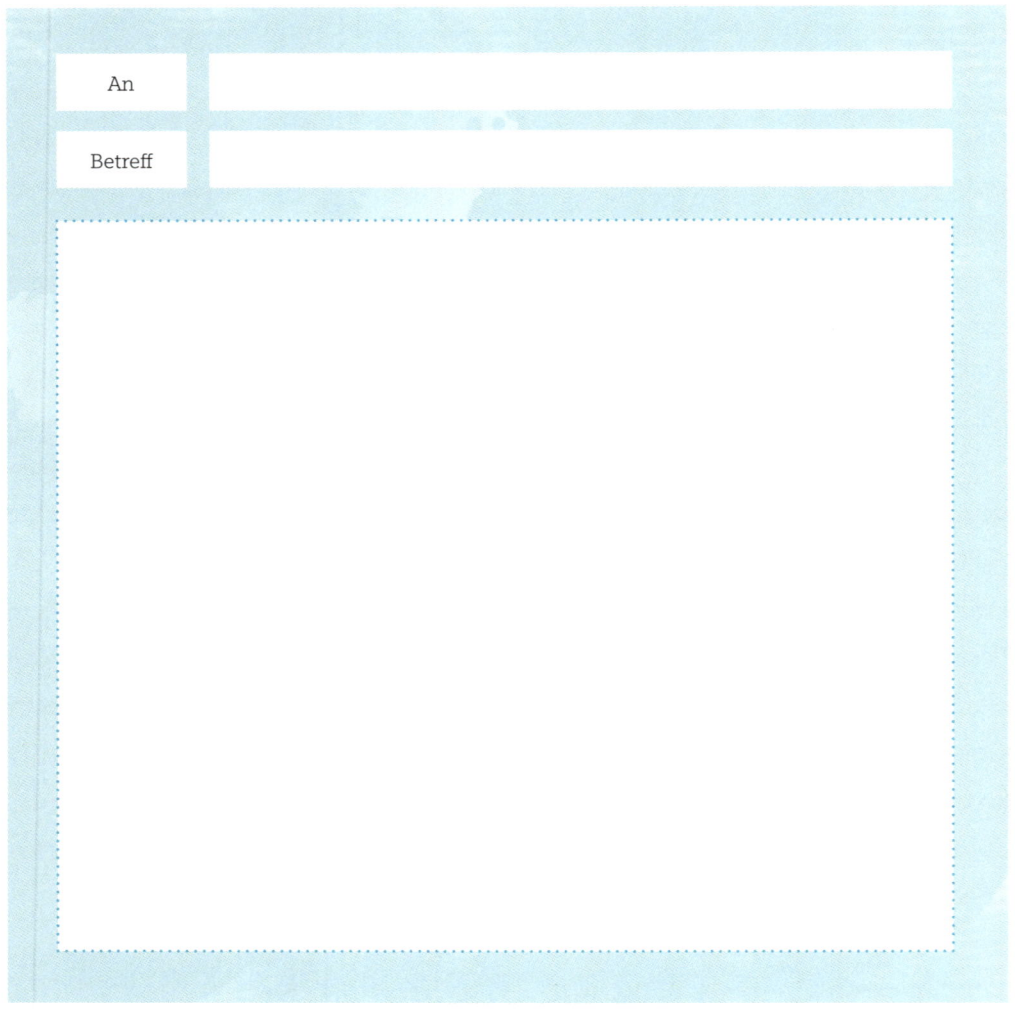

An	
Betreff	

Wie sieht Selbstfürsorge im Alltag aus? Versuchen Sie schon beim Aufwachen einen positiven Gedanken über sich selbst zu denken. Denken Sie an eine positive Eigenschaft oder liebenswerte Eigenart, die Sie an sich selbst schätzen, und freuen Sie sich darüber von dem Moment an, in dem Sie die Augen öffnen. Beginnen wir den Tag in Freude an uns selbst, wird das auf den Rest des Tages abfärben. Horchen Sie in Ihren Körper hinein und finden Sie heraus, an welcher Stelle Ihres persönlichen Wohlfühlbarometers Sie stehen. Strotzen Sie nur so vor Energie und Optimismus, können Sie sich an diesem Tag ordentlich anstrengen. Verlassen Sie Ihre Komfortzone, denn Sie haben die nötige Kraft dazu. Fühlen Sie sich hingegen angeschlagen, sollten Sie darauf Rücksicht nehmen und sich nicht bis zum Äußersten antreiben. Akzeptieren Sie, dass Sie nicht immer Vollgas geben können. Gönnen Sie sich Ruhe und Erholung, wenn Sie sie brauchen.

Wenn Sie dann abends zu Bett gehen, tun Sie dies in der Überzeugung, Ihr Bestes gegeben zu haben. Sie haben Fehler gemacht? Kein Beinbruch, denn Fehler sind Teil unserer Geschichte; nur aus ihnen können wir lernen. Wir lernen, machen weiter und versuchen es noch einmal. Das tun alle Lebewesen ohne Ausnahme. Wir machen alle Fehler und bekommen alle die Chance eines neuen Versuchs. Zermürben Sie sich nicht, akzeptieren Sie Ihre Aktionen und Reaktionen und ruhen Sie sich in dem Wissen aus, Ihr Bestes getan zu haben.

Zusammenfassung

NETT ZU SICH SELBST SEIN

Kümmern Sie sich um Ihren Körper: Geben Sie ihm den richtigen Treibstoff und genießen Sie die Art, wie er sich bewegt.

AUSREICHEND SCHLAFEN

Schlaf ist kein optionales Extra. Nehmen Sie sich Zeit dafür und machen Sie sich bewusst, wie wichtig guter Schlaf ist.

IN DEN KÖRPER HINEINHORCHEN

Horchen Sie in jeden Teil Ihres Körpers hinein und nehmen Sie Bestand auf, welche Teile besondere Aufmerksamkeit brauchen.

IHRE PERSÖNLICHE VORSTELLUNG VOM
RUHIGEN KÖRPER

Fassen Sie in einem Wort oder in einer Zeichnung zusammen,
was ein ruhiger Körper für Sie bedeutet.

Ruhiger Atem

Unsere Lunge mit Luft zu füllen und sie anschließend aus der Lunge
zu entlassen ist eine Reflexhandlung, der wir meist keine Aufmerksamkeit
schenken und für die wir uns deshalb oft auch keine Zeit nehmen.
Dabei kann man beim Atmen tatsächlich eine Menge falsch machen.
Die meisten Menschen entwickeln dabei ausgesprochen schlechte
Angewohnheiten; mich eingeschlossen. Denken Sie einmal daran
zurück, als Sie das letzte Mal aufgeregt oder gestresst waren:
Höchstwahrscheinlich haben Sie viel schneller geatmet als
sonst oder kurzzeitig sogar damit aufgehört.

VERSCHIEDENE ARTEN DES ATMENS

Ich habe mich schon in »Happy« mit dem Thema Atmen beschäftigt, wollte nach meinen Panikattacken aber tiefer in die Materie eintauchen, da das Erste, was mir in diesen wenigen, aber ungeheuer beängstigenden Minuten auffiel, die Tatsache war, dass ich keinerlei Kontrolle über die kurzen, keuchenden Atemstöße mehr hatte, die meinen gesamten Körper in Angst und Schrecken versetzten. Meine Lunge fühlte sich an, als zöge sie sich bloß krampfhaft zusammen, statt dass sie mir den Sauerstoff, den ich so dringend brauchte, sanft und ruhig zur Verfügung gestellt hätte. Ich hätte in diesen panischen Augenblicken gern tiefer und gleichmäßiger geatmet, konnte es aber nicht. Verzweifelt versuchte ich, die Luft bis in meinen Bauch hinein zu atmen und sie dann gleichmäßig wieder auszuatmen, doch die Panik verhinderte das und drückte meine Lunge nur noch mehr zusammen. So konnte ich nur winzige Mengen Luft aufnehmen und wieder aus dem Körper entlassen.

Wenn ich nervös bin, neige ich zur genau entgegengesetzten Art des Atmens. Liegt eine sehr schwierige Aufgabe vor mir und setze ich dann zum Sprechen an, atme ich höchstens bis in den Brustraum, wo sich die Luft dann staut. Dort bleibt sie in Erwartung des bevorstehenden Moments einer möglichen Katastrophe und weicht nicht, denn das könnte ja eine Art problematischen Dominoeffekt auslösen. Halte ich so still wie nur irgend möglich und spanne Lunge und Muskeln an, stähle ich mich für das, was da kommt, und es geht vielleicht gerade noch einmal alles gut. Das alles läuft natürlich im Unterbewusstsein ab; doch seit ich mich näher damit beschäftige, fällt mir dieses krampfhafte Atemverhalten viel öfter auf.

Die Gebärtechnik, die ich bei der Geburt meiner Tochter Honey anwandte, habe ich bereits erwähnt. Meine Freundin Hollie de Cruz, eine Hypnobirthing-Expertin, riet mir, mir während der Wehen bei Honeys Geburt einen großen, bunten Luftballon vorzustellen. Mit jeder Wehe sollte ich einatmen und imaginieren, der Ballon dehne sich aus. Anschließend sollte ich die Luft ganz langsam und kontrolliert ausatmen. Wie genau der Zauber dieser simplen Technik funktioniert, weiß ich nicht, aber er hat funktioniert – und wie! Er beruhigte meinen Körper und meinen Geist und überzeugte mich davon, dass alles gut war und ich das schon schaffen würde. Sonst war keinerlei Magie im Spiel, auch niemand, der mir mit einem Salbeistängel oder Ähnlichem vor dem Gesicht herumgewedelt hätte. Ich hatte das Gefühl, das Heft in der Hand zu haben und vollkommen ruhig zu sein; und zwar allein durch das Atmen.

Doch weil ich die enorme Wirkung der bewussten Atmung bei der Geburt erfahren hatte, speicherte mein Gehirn sie irgendwie unter dem Stichwort »Kinderkriegen« ab, und ich atmete im Alltag einfach so weiter wie bisher.

ATMEN LERNEN

Muss einem jemand also erst beibringen, wie man atmet? Allerdings, und es ist möglich. Ich habe die Atemtrainerin Rebecca Dennis durch eine Freundin entdeckt, war fasziniert von ihr und habe sie im Zuge der Vorbereitungen auf dieses Buch getroffen. Mein ausführliches Interview mit Rebecca nebst einigen ihrer Atemübungen finden Sie ab Seite 60; hier nur eine kurze Zusammenfassung dessen, was ich bei ihr erlebte.

Unser Kopf platzt schier vor Informationen, Ideen, Sorgen, Träumen… Manchmal geht es dort wie auf einem Marktplatz zu. Schreiben Sie in die Illustration unten, was Ihnen gerade alles im Kopf herumschwirrt und wie Sie sich fühlen.

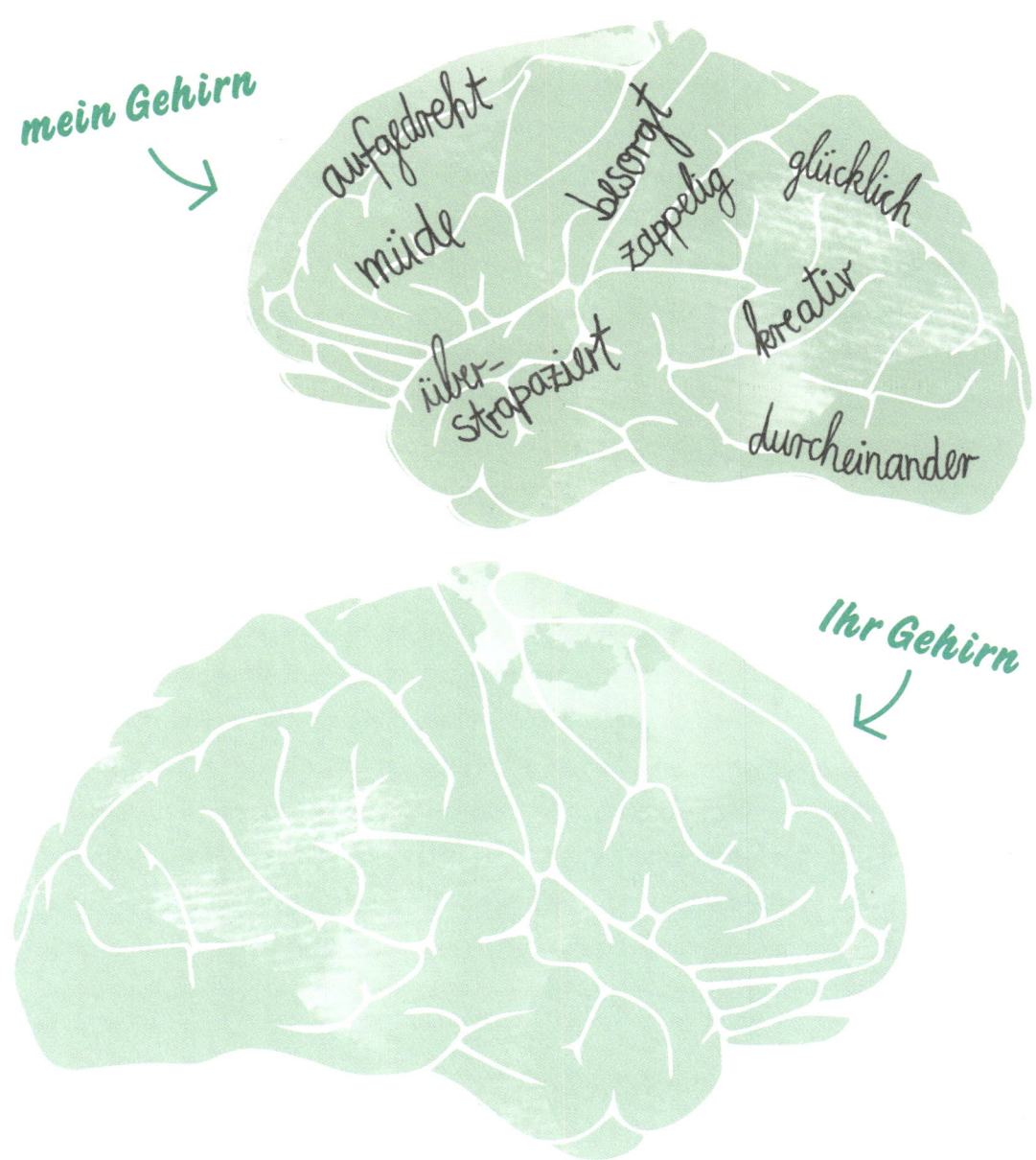

Zuerst erzählte Rebecca mir ihre unglaubliche Geschichte und wie sie die Techniken entdeckt hat, die sie nun mit so vielen Anhängern übt. Dann erzählte sie mir, dass wir durch kontrolliertes und geführtes Atmen Emotionen und vergangene leidvolle Erfahrungen, Traumata und Sorgen, die in uns stecken, freisetzen können, um uns von dort aus weiterentwickeln zu können. Sie sagte mir auch, dass ich nichts erwarten, sondern loslassen und ohne Nachdenken sehen sollte, was passiert.

Tatsächlich frage ich mich oft, ob das in unserer heutigen Welt nicht unser größtes Problem ist: **Wir denken zu viel.** Pausenlos Ideen, Sorgen, Bedenken, Vergleiche, Annahmen … Unaufhörlich, und abends fallen wir ausgelaugt ins Bett. Zum Glück konnte ich relativ rasch abschalten: Ich war so konzentriert darauf, beim Atmen alles richtig zu machen (Lehrers Liebling!), dass alle anderen Gedanken außen vor blieben. Die Zeit war bedeutungslos geworden. Also weiß ich nicht genau, wann es anfing, aber kurz nachdem ich mich dem geheimnisvollen Zyklus des Atmens überlassen hatte, öffnete sich auf einmal alles. Meine Brust verlor ihre übliche Enge, meine Luftröhre schien sich auszudehnen und mehr Luft durchzulassen, mein Bauch wurde locker und versuchte nicht mehr, nach zwei Geburten flach und makellos auszusehen. Als sich Rebecca auf dem Boden um mich herum bewegte, spezielle Druckpunkte berührte und stärkende Mantras sprach, fühlte ich mich wie ein Alien bei der Autopsie. Mir wurde klar, dass ich mich vom Menschsein entfernt hatte, mich unablässig angetrieben, immerzu gedacht hatte, immer leicht gestresst und nie in meiner Mitte gewesen war, also entfremdet und ganz und gar nicht so, wie ein Mensch sich fühlen sollte. Denn wir alle kommen auf Mutter Erde ohne vorherige Erfahrungen, Leid oder Verletzungen an und sind auf Freude, Lachen und Liebe programmiert. Wie kommt es dann, dass sich so viele

Menschen so weit von diesem wunderbaren Urzustand entfernen? Als Kinder streifen wir umher, beobachten, lauschen, nehmen Gerüche wahr und suchen immer die Freude im Augenblick. All das brachte Rebecca mit ihren Worten und Händen zum Vorschein, während sie die ganze Last der modernen Welt aus meinem Körper verbannte. Ich konnte spüren, wie sie aus meinem Körper wich und sich auflöste.

Und das war der Moment, in dem die Tränen zu fließen begannen. Kein dramatisches, hollywoodreifes Schluchzen, eher ein wildes Wimmern, das intensiv aus mir herausbrach. Heiße Tränen flossen mir die Wangen hinunter, während Schmerz und Stress von Millionen von Augenblicken mich durchspülten. Das Aufblitzen von Bildern; die Geburten; Menschen, die mir wehgetan hatten; Sorgen, die eigentlich längst der Vergangenheit angehörten; Momente, in denen ich am Boden zerstört gewesen war … All das schoss aus diesen neuen, offenen Räumen empor.

KUMMER UND SORGEN HÄUFEN SICH AN

Ich hatte mehrere Erkenntnisse, als die Schleusen geöffnet waren. Eine davon: Kleine belastende Momente sammeln sich an, sodass selbst bei den belanglosesten Anlässen plötzlich alles aus dem Ruder läuft. Das liegt daran, dass die kleinen Momente nur wie kleine Spitzen auf dem Kopf riesiger Eisberge sitzen. Diese bestehen aus unzähligen Augenblicken und Gefühlen, die sich im Laufe der Zeit ansammeln und verfestigen, bis uns endlich klar wird, dass wir sie loswerden müssen. Was für eine Offenbarung! Es lag allein an mir, mich von all diesen belastenden Momenten, die nur noch hinderlich

waren, zu verabschieden. Die Momente, die der Vergangenheit angehörten und in der Gegenwart nichts mehr zu suchen hatten.

Eine weitere Erkenntnis war, dass ich es mir ungern eingestehe, wenn jemand mich verletzt hat. Ich schätze mich glücklich, ein Dach über dem Kopf und Essen im Kühlschrank zu haben und bislang gesund zu sein. Warum also sollte ich zugeben, wenn ich verletzt bin? War das wirklich so wichtig, und hielt ich daran fest? Ja, das tue ich, wurde mir in der Stunde mit Rebecca klar, und das wiederum trägt viel zu dem Stress bei, den die kleineren Probleme des Alltags verursachen.

Manche Menschen haben mich im Laufe der Jahre sehr verletzt. Einige davon gehören noch heute zu meinem Leben, doch machte mir die Sitzung mit Rebecca klar, dass der Schmerz, der mir manchmal zu schaffen macht, immer noch an mir nagt und das Leben insgesamt grauer und dorniger macht. Ich will kein Mitleid dafür; wir alle sind schon einmal von anderen verletzt worden. Mir wurde nur klar, dass diese Gefühle absolut in Ordnung sind und dass man sie auch laut aussprechen darf.

Aber ich habe noch etwas gelernt: Die Gefühle, so berechtigt sie auch sein mögen, haben ein Verfallsdatum. Wenn wir nicht loslassen und wieder lernen zu vertrauen, tragen wir diesen riesigen Sack voll Mist unser ganzes restliches Leben lang mit uns herum, und zwar ganz unnötigerweise. Den Schmerz zu erkennen, ihn anzuerkennen und dann aus all seinen kleinen Verstecken im Körper zu entlassen fühlte sich befreiend an, um es mal vorsichtig zu formulieren.

Gegen Ende der Sitzung fühlte ich mich leichter, wusste mehr darüber, was in mir vorging, und war ganz kribbelig. Ich hatte das Gefühl, den Raum auf einem fliegenden Teppich zu verlassen, der aus all dem neuen Platz in mir drin bestand.

Die Atemübungen sind ungeheuer wirkungsvoll, und ich will sie auf jeden Fall fortführen; nicht zuletzt aus der Erkenntnis heraus, dass das, was mich heute belastet, auch aus Dingen besteht, an denen ich unnötigerweise festhalte. Loslassen heißt das Stichwort. Loslassen scheint manchmal unmöglich zu sein. Doch mit ein wenig Achtsamkeit, Selbstliebe und Geduld gelingt es uns vielleicht. Ich für meinen Teil weiß, dass ich noch viel mehr loslassen muss und einen ganzen Haufen Selbstakzeptanz brauche, um es tatsächlich zu tun; doch darauf freue ich mich eher, als dass es mir Angst machen würde. Mein Atemabenteuer hat eben erst begonnen.

Dieses wahrhaft außergewöhnliche geistige und körperliche Abenteuer hat viele Fragen aufgeworfen. Auf den folgenden Seiten erklärt Rebecca, wie der Zauber des Atems funktioniert, und taucht ein wenig tiefer ins Thema ein.

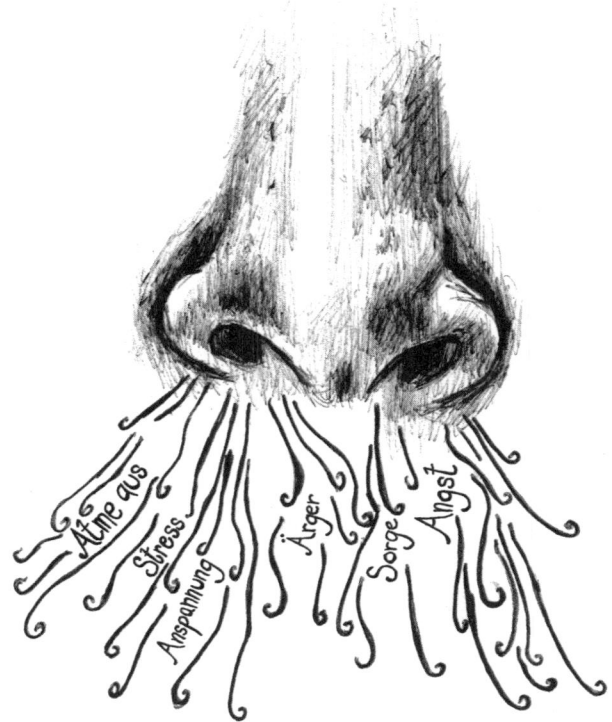

HALLO ... REBECCA

Fearne: Hallo Rebecca. Es war so schön, deine verblüffenden Transformational-Breath-Sitzungen zu entdecken. Was hat uns diese Art von Atemübungen zu bieten?

Rebecca: Allen Atemübungen liegt das Verstehen unserer Atemmuster und der Bauchatmung zugrunde. Dabei lässt man das Zwerchfell bewusst nach unten sinken und weitet den Brustkorb, damit die Lunge mehr Platz hat, sich auszudehnen. In einem meiner Kurse sollen sich die Teilnehmer vorstellen, bis in den Beckenboden zu atmen, sodass sich der Atem in den unteren Bauchmuskeln ausbreitet. Diese tiefe Zwerchfellatmung hilft beim Ausgleich des Nervensystems. Ist das parasympathische Nervensystem aktiv, sind wir ruhig: Herzfrequenz und Blutdruck sinken, und das Blut fließt verstärkt zu den Verdauungs- und Fortpflanzungsorganen statt zu Muskeln und Gehirn. Zugleich sinkt die Aktivität des sympathischen Nervensystems, das für die Kampf-oder-Flucht-Reaktion zuständig ist. In diesem Zustand bereiten uns Herzfrequenz, Blutdruck und Atemfrequenz auf das Handeln vor; außerdem werden Stresshormone wie Adrenalin und Cortisol ausgeschüttet.

Vielen ist nicht bewusst, dass sie dauernd im Kampf-oder-Flucht-Modus befinden und halten ständige unterschwellige Angstgefühle für normal. Der Mensch sollte aber nur kämpfen oder flüchten, wenn er tatsächlich in Lebensgefahr ist – nicht wenn er sein E-Mail-Programm öffnet oder in den Terminkalender schaut. Das Problem ist, dass die meisten Menschen die ganze Zeit über schnell, kurz und flach atmen oder den Atem anhalten. Viele meiner Klienten sind Brustatmer. Das erzeugt Spannung in den Muskeln, die den Atemapparat stützen, also in der Schulter-, Nacken-, Hals- und Zwischenrippenmuskulatur. Wir lassen den Atem nur bis in den oberen Brustkorb und nicht weiter und verzichten so darauf, das ganze Lungenvolumen zu nutzen.

Die Begründerin der Transformational-Breath-Methode Dr. Judith Kravitz beschäftigt sich seit 40 Jahren mit der Atmung und bestätigt, dass auch ihrer Erfahrung nach die meisten Menschen nur rund 25 bis 30 Prozent ihrer Lungenkapazität ausschöpfen.

Jeder weiß, wie man atmet. Trotzdem verlieren wir im Teenager- und Erwachsenenalter größtenteils unsere natürliche Fähigkeit, tief und vollständig ein- und auszuatmen. Schon in der Kindheit werden wir darauf konditioniert, unsere Gefühle unter Kontrolle zu halten, was zur Folge

hat, dass sich unsere Muskeln verkrampfen und wir uns eingeschränkte Atemmuster angewöhnen. Die Auswirkungen auf unser geistiges und körperliches Wohlbefinden sind enorm.

Wenn wir uns bewusst mit dem Atem verbinden und seinen natürlichen Rhythmen folgen, können wir Körper und Geist harmonisieren, das Leben in vollen Zügen genießen und zu emotionaler Freiheit, innerer Ruhe und zu unserer Mitte finden. Das bewusste Atmen kann in vielen Bereichen heilsam wirken, und natürlich ist der Atem für unser Überleben absolut notwendig: Durch ihn nehmen wir Sauerstoff auf, er kurbelt die Produktion roter Blutkörperchen an und transportiert Kohlendioxid, ein Nebenprodukt des Stoffwechsels, ab.

Das Erste, das wir auf der Welt tun, ist Atmen, und es ist auch das Letzte, wenn wir sie verlassen. Deshalb sollten wir unsere Atemfähigkeit pflegen. Wir sind alle einzigartig, und jeder von uns hat sein eigenes Atemmuster. Es zeigt, wie wir in der Welt funktionieren, welche Bewältigungsstrategien wir haben. Als Atemcoach bin ich dazu ausgebildet, diese Muster zu lesen.

Babys sind tolle Atemgurus, von denen wir viel lernen können. Ihre Atmung ist offen und gesund. Babys leben in der Gegenwart, ihnen schwirren noch nicht die 50.000 Gedanken pro Tag im Kopf herum. Ein Baby, das in seiner Wiege liegt, atmet in Bauch, Mitte und Brust — ohne Blockaden oder Einschränkungen. Das gilt auch noch für Kleinkinder, doch Teenager und Erwachsene sind überwiegend Brustatmer, Bauchatmer, Flachatmer oder Atemanhalter. Forschungen zufolge nutzen wir nur rund 33 Prozent unseres gesamten Atemapparats. Die tiefe Zwerchfellatmung hilft uns dabei, eingeschränkte Atemmuster zu erkennen und zu ändern. Die Methode öffnet unseren Atemapparat, und wir können endlich wieder seine volle Kapazität ausschöpfen, was uns körperlich, geistig und emotional ausgesprochen guttut.

Wie kann uns bewusstes Atmen im Alltag helfen?

Die Atemarbeit ist eine Therapieform ohne Worte, was manchen Menschen sehr entgegenkommt. Es geht nicht darum, etwas immer wieder durchzukauen; es geht eher ums Loslassen. Unsere Erfahrungen bestehen aus Wahrnehmungen, und die Atemarbeit gibt uns Zugang zu unserem Bewusstsein und Unterbewusstsein. Der Körper ist eine Art biologische Aufzeichnung unserer Vergangenheit. Angst, Wut oder Stress können unsere Physiologie ins Chaos stürzen. Dann steigt der Puls, die Muskeln spannen sich an, auch Verdauung und Immunsystem können beeinträchtigt werden. Das sympathische Nervensystem wird aktiviert, Adrenalin und Cortisol werden ausgeschüttet. All das zeichnet der Körper auf und hält es fest. Das zeigt sich darin, wie wir auf Ereignisse oder Menschen reagieren. Das Gehirn sendet unablässig Daten an den Rest des Körpers und umgekehrt, und alles wird gespeichert wie auf einer Festplatte.

So, wie wir mit den Augen blinzeln, wie unser Herz schlägt und unser Verdauungstrakt arbeitet, atmen wir auch: automatisch. Wird uns der Atem bewusst, erkennen wir, wie wir atmen, und können den Atem kontrollieren. Damit liegt eine große Macht in unseren Händen, und wir können zu Ruhe, Gelassenheit und Entspannung finden.

Wie bist du zu dieser Technik gekommen und wie hat sie dein Leben verändert?

Ich habe 20 Jahre lang Depressionen gehabt, 15 davon mit Psychopharmaka. Irgendwann zwischen 30 und 40 hatte ich dann fast alles probiert, und nichts hatte geholfen, von der kognitiven Verhaltenstherapie über die Psychotherapie bis hin zu Yoga und anderen alternativen Methoden. Ich wusste, dass ich Hilfe brauchte, aber nicht, wo ich sie herbekommen sollte.

Ich hatte schon als Teenager Depressionen. In den 1980er-Jahren waren Depressionen noch ein Tabuthema. Ich fragte mich oft, ob es den anderen wohl auch so schlecht ging wie mir – anmerken ließ sich niemand etwas. In den dunkelsten Stunden hatte ich Selbstmordgedanken. Ich schleppte mich nur dahin. Ein Gefühl von Gesundheit und Lebenskraft war mir schon lange abhanden gekommen. Teilen konnte ich diese Gedanken mit niemandem. Ich wollte niemandem zur Last fallen, versteckte mich, mied jeglichen Kontakt, fühlte mich benommen und einsam und war verzweifelt, dass ich meine Stimmung nicht ändern konnte. Wenn man Depressionen hat, kann man anderen ganz schlecht zeigen, dass es einem nicht gut geht. Das ist nicht so einfach wie mit einem Gipsbein oder ähnlich Offensichtlichem.

Zwei Monate bevor ich von der Methode des Transformational Breath erfuhr, versuchte ich, mir mit einer Kombination aus Tabletten und Alkohol das Leben zu nehmen, und landete im Krankenhaus. Zum Glück war es für mich wohl noch nicht an der Zeit gewesen.

Als ich das erste Mal an einem Atemworkshop teilnahm, hatte ich keine Ahnung, was mich erwartete. Ich hatte auf einmal das Gefühl, dass sich jede einzelne Zelle in meinem Körper entspannte und locker ließ. Ich befand mich physisch, psychisch und emotional absolut im Fluss. Ich weinte und schwitzte, mein ganzer Körper vibrierte. Was für ein Gefühl! Ich hatte vollständig die Kontrolle verloren und überließ mich dem Sog der Emotionen und Körperreaktionen.

Danach fühlte ich mich leichter und hatte zum ersten Mal seit sehr, sehr langer Zeit wieder Hoffnung. Ich konnte wieder Entscheidungen treffen und hatte mehr Zuversicht. Mir war bewusst, dass ich da auf etwas ganz Besonderes gestoßen war, und hatte nicht die Absicht, es wieder aus meinem Leben verschwinden zu lassen.

Trotzdem: Die Veränderungen kamen nicht von heute auf morgen. Ich wendete die neue Atemtechnik jeden Tag an und arbeitete eng mit meinem Arzt zusammen. Für mich waren die Medikamente einfach nichts, andere aber brauchen sie. Man sollte sich also unbedingt mit seinem Arzt absprechen. Auch jetzt noch habe ich die eine oder andere dunkle Stunde und überlege, die Medikamente wieder zu nehmen, doch zum Glück war das bisher nicht nötig.

Ich fühlte mich zunehmend wieder vollständig und körperlich präsent. Mein Kopf war viel klarer, mein emotionaler Zustand ausgeglichener. Die Arbeit mit dem Atem hat mir mein Leben zurückgegeben. Dadurch halfen mir auch andere Methoden besser, etwa das Yoga oder die Meditation. Ich konnte mich besser konzentrieren und hatte nicht mehr solche selbstzerstörerischen Gedanken. Nach Jahren der Angst und chronischen Depression entdeckte ich die heilende Kraft des Atems. Ihr habe ich auch mehr Verständnis für andere und mehr Empathie zu verdanken, und meine tägliche Belohnung besteht in meiner andauernden Reise und den wundervollen Veränderungen, die meine Klienten durch die Arbeit mit dem Atem erfahren.

Glaubst du, dass wir die Kraft des Atems unterschätzen?

Unbedingt! Ich bin davon immer wieder überwältigt. Wir können uns auf vielen Ebenen selbst heilen, indem wir uns wieder mit unserem Atem verbinden. Ich habe unzählige wunderschöne Momente miterleben dürfen, in denen die Menschen endlich ihren physischen und emotionalen Schmerz loslassen konnten. Das ist wundervoll, oft entsteht eine tiefe spirituelle Verbindung zwischen diesem Menschen und dem, was immer er anstelle des Schmerzes findet. Wir suchen alle mehr oder weniger nach innerem Frieden, und für mich ist die Arbeit mit dem Atem eine Abkürzung dorthin. Wir haben alle andere Glaubenssysteme, sei es nun eine Religion oder eine Verbindung mit dem Göttlichen, dem Universum, mit der eigenen Seele oder der Natur – und unser Atem kann uns dabei helfen, diese Verbindung zu vertiefen. Eine gute Atmung stimmt uns zuversichtlicher und befreit uns von falschen Glaubenssätzen und negativen Gedankenmustern, die wir längst nicht mehr brauchen. Können wir alte Geschichten und vergangene Dramen loslassen, an die wir uns im Unterbewusstsein bisher immer geklammert haben, verleiht uns dies emotionale Tiefe. Und als wäre das noch nicht genug, kann der Atem auch unsere sexuelle Energie stärken, unseren kreativen Ausdruck verbessern, uns zu einem erholsamen Schlaf verhelfen und den Blutdruck senken.

Das tiefe und vollständige Ein- und Ausatmen entspannt auch den Geist und verhilft uns zu besserer Konzentration, Lern- und Erinnerungsfähigkeit. Das Gehirn braucht eine Menge Sauerstoff, um richtig zu funktionieren, und die Arbeit mit dem Atem verhilft uns zu mehr Klarheit und Produktivität. Außerdem fühlen wir uns geerdeter. Sie mindert Stress, Ängste und Depressionen und befreit uns von negativen Gedankenmustern. Darüber hinaus kann man mit der richtigen Atmung Suchtverhalten sowie Essstörungen in den Griff bekommen.

Eine Statistik am Rande: Wir atmen rund 20.000-mal am Tag ein und aus, und trotzdem achten die meisten kaum darauf und wissen auch nicht, wie sehr uns unsere Atmung beeinflusst. In unserer zunehmend fordernden und komplexen Welt wissen nur die wenigsten Menschen um die schädliche Wirkung einer falschen Atmung für Gesundheit und Wohlbefinden.

Es ist nicht leicht, Arbeit, eigene Interessen und Familie unter einen Hut zu bringen. Die heutige Gesellschaft übt auf jeden Einzelnen enormen Druck aus, und es scheint nur noch *ein* Tempo zu geben: Alles muss möglichst schnell gehen. Wir sind zu Sklaven unserer Smartphones, Laptops und Tablets geworden. Und es ist paradox: Wir sind durch Internet und soziale Netzwerke enger miteinander verbunden denn je, und doch fühlen sich die Menschen immer einsamer.

Im Grunde ist es so: Das Leben findet statt, wir verheddern uns im Multitasking, halten Deadlines ein und fühlen uns in bestimmten Situationen unter Druck gesetzt. Deshalb verbrauchen wir viel mehr Energie, als eigentlich nötig wäre. Wir sind von Reizen, Hektik und Anforderungen umgeben. Wir sind nur noch auf der Überholspur unterwegs, und Verantwortungsgefühl, Engagement und Sorgen halten uns davon ab, auch einmal zur Ruhe zu kommen und im Augenblick zu leben.

Deshalb vergessen wir manchmal sogar das Atmen. »Dieser ganze Stress raubt mir den Atem«, denken wir vielleicht, wir verspüren ein Engegefühl in der Brust und wünschen uns, endlich wieder einmal *durchatmen* zu können. Und genau da setzt die Methode des bewussten Atmens als effektives Mittel zur Stressreduzierung an.

Wie wir atmen, spiegelt unsere Lebenseinstellung wider. Unsere Atemmuster korrelieren mit unseren Emotionen, Gedanken und Erfahrungen. Sind wir glücklich und entspannt, atmen wir frei und leicht. Sind wir hingegen traurig oder deprimiert, atmen wir flach. Auch wenn wir wütend oder ängstlich sind, ändern sich unsere Atemmuster und unsere Körperchemie.

Atemtechniken sind für den Atem das, was für den Körper das Fitnessstudio und für das Auto der TÜV ist. Wollen wir, dass alles rund läuft, müssen wir etwas dafür tun. Der Atem hilft uns dabei, die Systeme von Körper und Geist neu zu kalibrieren.

Bei dir im Kurs hatte ich dieses wunderbar befreiende Gefühl, als Energie und Emotionen aus mir herausgeflossen sind. Wie genau funktioniert das?

Bei der Atemarbeit geht es ums Fühlen statt ums Analysieren und Grübeln. Das kann manchmal unangenehm sein, aber eben auch befreiend und läuternd. Emotionen sind nichts anderes als Energie in Bewegung. Häufig unterdrücken oder verdrängen wir sie, bis sie irgendwann ungebeten wieder auftauchen, oder wir klammern uns an sie. Schwere Emotionen wie Trauer oder Wut können unser Leben zerstören, wenn wir zu lange an ihnen festhalten. Diese unterdrückten Gefühle setzen sich dann beispielsweise im Kiefer fest, was bei manchen Menschen dazu führt, dass sie nachts mit den Zähnen knirschen. Andere verspüren Emotionen wie Angst in der Magengegend oder haben »Schmetterlinge im Bauch«. Dies kann den Verdauungstrakt enorm beeinflussen und beispielsweise das Reizdarmsyndrom auslösen. Spannungen tragen wir oft in den Schultern mit uns herum, und sie können sich dann auch verheerend auf den Geist auswirken. Unser Körper verfügt über eine angeborene Intelligenz und sendet uns unablässig Signale, damit wir wissen, was gerade geschieht. Leider ignorieren wir diese Signale meist.

Gedanken können genauso giftig sein wie manches, was wir essen. Mit dem Atem – genauer: dem Ausatmen – können wir diese Giftstoffe aus dem Körper und Geist befördern. Wenn wir uns mit unserem Atem verbinden, schaffen wir gewissermaßen einen Schaltkreis, durch den wir Zugang zu dieser niedrigeren, dichteren Energie haben und durch den wir die Schwingungen erhöhen und damit unschädlich machen können.

Wie können wir den Atem im Alltag nutzen, um unser Wohlbefinden zu steigern?

Je mehr wir den Rhythmus des Ein- und Ausatmens wahrnehmen, desto besser verstehen wir unser Atemmuster. Sich des Atmens bewusst zu sein kann im Alltag schon hilfreich sein. Mit regelmäßigen Atemübungen kann man viel erreichen, und sei es auch nur für ein paar Minuten am Tag. Sich täglich zu einer einstündigen Atemmeditation zu zwingen bringt nicht viel; das hält man nicht lange durch. Macht man sie aber etwa beim Spazierengehen und konzentriert sich bei jedem Schritt auf den Atem, geht das sehr gut. Für mich funktionieren Laufen und Schwimmen mit verschiedenen Atemübungen sehr gut. Jeder sollte das tun, was ihm oder ihr guttut.

Wenn wir gestresst sind oder Angst haben, scheint der Atem das Erste zu sein, was sich verändert. Wie können wir dann zu ruhigerem Atem und mehr Stabilität finden?

Stress kann etwas Gutes sein, uns wachsam machen und uns Gefahren aufzeigen. Diese Art von Stress hilft uns bei der Arbeit. Negativ wird Stress, wenn er andauert und keine Pausen zulässt. Wenn wir überarbeitet sind, sammeln sich stressbedingte Anspannungen im Körper an.

Bei Stress oder Angst beschleunigt sich die Atmung, und wir atmen vermehrt in die Brust. Dann wird uns vielleicht ein wenig heiß, oder wir werden nervös. Wir sollten wahrnehmen, wo der Atem gerade ist. Ist er nur in der Brust, sollten wir versuchen, in den Bauch zu atmen. Durch die Nase einatmen, dann eine kleine Pause machen und durch den Mund wieder ausatmen. Beim Einatmen den Bauch weiten, beim Ausatmen senkt sich die Bauchdecke wieder. Das hilft uns dabei, wieder in unsere Mitte zu kommen und im Hier und Jetzt zu sein.

ATEMÜBUNGEN
VON REBECCA DENNIS

1) Entspannung und Ruhe für den Geist

- Setzen oder legen Sie sich an einen bequemen, ruhigen Ort.
- Schließen Sie die Augen. Sind Ihre Schulter- und Kiefermuskeln entspannt? Ist Ihr Rücken gerade?
- Atmen Sie lang und vollständig durch den Mund aus.
- Schließen Sie den Mund und atmen Sie tief durch die Nase ein. Lenken Sie den Atem bis ganz hinunter in den Bauch. Stellen Sie sich dabei vor, Sie füllten einen Ballon in Ihrer Körpermitte mit Luft.
- Atmen Sie nun sanft durch den Mund wieder aus. Stellen Sie sich dabei vor, dass der Ballon wieder in sich zusammensinkt.
- Spüren Sie allen Empfindungen in Ihrem Körper nach. Nehmen Sie sie wahr und richten Sie Ihre Aufmerksamkeit dann wieder auf Ihren Atem.
- Nehmen Sie auch Ihre Gedanken zur Kenntnis. Versuchen Sie jedoch nicht, sie mit Gewalt beiseitezuschieben. Lassen Sie sie einfach vorübertreiben und kehren Sie wieder zum Ein- und Ausatmen zurück.
- Stellen Sie sich vor, wie Ihr Atem Ihren Geist und alle Körpersysteme beruhigt und entspannt. Lassen Sie beim Ausatmen alle Anspannung los.
- Versuchen Sie, dies 15 Minuten lang zu tun, und achten Sie darauf, wie Sie sich für den Rest des Tages fühlen.

2) Sorgenvoller Weckruf

Sie sind wieder einmal zu früh aufgewacht? Es ist 4 Uhr, und Sie sind hellwach. Sie gehen alle möglichen Dinge im Kopf durch und können einfach nicht wieder einschlafen. Versuchen Sie es in dieser Situation einmal mit der folgenden simplen, aber effektiven Übung, mit der Sie wieder zur Ruhe kommen können. Sie funktioniert! Glauben Sie mir.

Atmen Sie 4 Sekunden lang durch die Nase ein, halten Sie den Atem dann 7 Sekunden lang an und atmen Sie schließlich 8 Sekunden lang durch den Mund aus. Das hilft uns, das Gedankenkarussell anzuhalten, den Herzschlag zu verlangsamen und das parasympathische Nervensystem, das für Entspannung zuständig ist, zu aktivieren.

3) Atemübung für Menschen mit übervollem E-Mail-Eingang

Sie öffnen Ihr E-Mail-Programm, und rund 100 E-Mails warten auf Sie. Wo anfangen? Versuchen Sie es einmal mit der folgenden Übung, um sich zu zentrieren und den Geist wieder ins Gleichgewicht zu bringen.

Schließen Sie die Augen. Legen Sie einen Daumen an den rechten Nasenflügel; atmen Sie durch das linke Nasenloch aus, zählen Sie dabei bis 8. Atmen Sie durch das linke Nasenloch wieder ein; halten Sie den Atem an und zählen Sie noch einmal bis 8. Wiederholen Sie die Übung anschließend auf der anderen Seite. Führen Sie bis zu 10 Wiederholungen durch und nehmen Sie dabei die Veränderungen in Ihrer Atmung wahr.

4) Raum im Kopf schaffen

»Wenn wir loslassen, fügt sich alles. Wer loslassen kann, kann alles. Wer sich hingegen unablässig bemüht, erreicht nichts.«   Laotse

Wir verbringen sehr viel Zeit in unserem Kopf und können dabei laufend wiederkehrende negative Gedankenmuster entwickeln. Glauben Sie nicht alles, was Ihr Kopf Ihnen weismachen will! Manchmal meint er es nicht allzu gut mit Ihnen. Mit der folgenden einfachen Übung können Sie das unablässige Geplapper Ihres Geistes abstellen und Raum für neue Klarheit und Ruhe schaffen.

Lassen Sie dafür erst einmal alles außen vor, was Sie gerade beschäftigt. Was immer Sie heute oder morgen noch tun oder hätten tun müssen und noch nicht geschafft haben – all das kann warten.

- Schließen Sie die Augen und setzen Sie sich gerade hin.
- Spüren Sie den Boden unter Ihren Füßen und ebenso auch die Unterlage, auf der Sie sitzen.
- Entspannen Sie Ihre Schultern und seufzen Sie tief.
- Achten Sie nun auf Ihren Atem. Sie atmen ein… und aus.
- Stellen Sie sich Ihren Atem wie Wellen am Strand vor, die heranspülen und sich wieder zurückziehen.
- Atmen Sie sanft und tief durch die Nase ein und nach einer kleinen Pause durch die Nase wieder aus.
- Lenken Sie beim Einatmen den Atem in Ihren Bauch. Sie führen nun eine tiefe Zwerchfellatmung durch.
- Wandern Sie mit Ihrer Aufmerksamkeit zum Atem. Wenn Sie feststellen, dass sie abschweift, lenken Sie sie sanft zurück.

- Richten Sie Ihre gesamte Aufmerksamkeit auf das Auf- und Absteigen des Atems.
- Lassen Sie den Atem fließen – drängen Sie ihn nicht, erzwingen Sie nichts. Atmen Sie sanft weiter.
- Dehnen Sie Ihre Aufmerksamkeit nach innen aus, lassen Sie das Außen los.
- Sie müssen nirgendwo hin, Sie müssen nichts tun. Sie sollen nur hier, genau hier, bei Ihrem Atem bleiben.
- Alles ist gerade, wie es im Augenblick sein sollte. Es gibt in diesem Moment kein richtig und kein falsch.
- Bleiben Sie bei Ihrem Ein- und Ausatmen.
- Nehmen Sie auftauchende Gedanken neutral zur Kenntnis und lassen Sie sie dann weiterziehen.
- Treten Sie neben Ihre Gedanken und nehmen Sie sie von außen wahr.
- Halten Sie sich nicht mit Gedanken auf, lassen Sie sie vorüberziehen wie Wolken am Himmel.
- Sie atmen ein … und aus … und lassen alles los, das Ihnen nicht mehr von Nutzen ist.
- Atmen Sie Anspannungen und Sorgen aus.
- Atmen Sie neue Energie, Positivität und Licht ein.
- Lassen Sie den Sog der Zukunft und den Sog der Vergangenheit los.
- Dringen Sie nun immer weiter nach innen vor, erkunden Sie Ihr Inneres und dehnen Sie Ihr Bewusstsein mit jedem Atemzug aus.
- Bleiben Sie im Augenblick, bleiben Sie im Jetzt.
- Fahren Sie in dieser Weise 2 bis 3 Minuten fort und spüren Sie nach, wie sich Ihr Kopf nun anfühlt.

Zusammenfassung

PAUSE MACHEN

Erkunden Sie Ihre Atemmuster und wie sie sich bei Stress verändern.

GEFÜHLSBALLAST ABWERFEN

Werden Sie nicht zum Sklaven Ihrer Gefühle. Lassen Sie sie raus – und dann los.

... UND EIN- UND AUSATMEN!

Versuchen Sie es einmal mit einer von Rebeccas Atemübungen, wenn Sie unter Stress stehen.

Ruhiger Geist

Unser Kopf will pausenlos Einfluss auf unser Leben nehmen und hält
uns von innerer Ruhe ab. Die Ruhe in uns zu entdecken verhilft uns zu der
Ausgeglichenheit, die wir so dringend brauchen.
Ich stelle mir Ruhe als leuchtende Kugel in der Mitte des Brustbeins vor,
die mir Trost spendet. Dorthin haben wir Zugang, wenn wir ausgeglichen
und entspannt sind; dann durchdringt die Ruhe den Körper. Ruhe ist für
mich ein warmgelbes Licht, das nicht nur in jede Körperzelle, sondern auch zu jedem Menschen und überallhin dringen kann –
ein kraftvoller, erdender, tief wurzelnder Ort, an den
wir uns zurückziehen können, wenn wir uns
nur an ihn erinnern.

DEN RUHEPUNKT FINDEN

Warum erinnern wir uns so selten an diesen Ort? Wir werden andauernd abgelenkt. Irgendwas ist ständig los. Wir müssen Dinge erledigen, Termine vereinbaren, Leute treffen, arbeiten, uns um andere kümmern … Ganz zu schweigen von unseren Zielen, Wünschen und Bedürfnissen. **Ablenkungen!** All das, worauf wir uns scheinbar ständig konzentrieren müssen, führt uns vom inneren Ruhepunkt weg. Was hat das mit dem Kopf zu tun? Räumlich ist der Kopf nicht weit von diesem Ruhepunkt entfernt – doch neigt er dazu, uns so radikal von ihm zu trennen, dass wir das Gefühl haben, ihn nie wieder erreichen zu können. Mein Kopf kann mich Lichtjahre davon entfernen und an einen Ort versetzen, an dem ich mich entwurzelt, im Chaos und fremd fühle, unendlich fern von zu Hause. Denn zu Hause – das ist jener magische Ruhepunkt im Inneren, von dem uns unser Geist in Sekundenschnelle wegkatapultieren kann.

Ich weiß, dass ich mich von meinem inneren Ruhepunkt entferne, wenn es drunter und drüber geht, wenn ich vor lauter Arbeit und Kümmern um die Kinder nicht weiß, wo mir der Kopf steht, und das ungute Gefühl habe, jemanden zu vernachlässigen. Dann verliere ich den Boden unter den Füßen und versuche, die komplexen Teile meines Lebens irgendwie zusammenzuführen. Dann haut mir mein Kopf Gedanken und Sorgen um die Ohren, die mich immer weiter entführen. Die Stimmen, die mir zuflüstern, ich sei in manchem nicht gut genug. Der Gedanke an frühere Fehler etwa kann bei mir blitzschnell Angst und Panik auslösen. Wir können gegen diese Gedanken und Gefühle ankämpfen, doch schon meldet sich wieder das Ego zu Wort und sorgt dafür, dass wir noch weniger auf unsere Instinkte und die innere Stimme der Ruhe hören.

Dieses Ego, das gemeine, das unser Selbstwertgefühl demontiert – labt sich an solchen Momenten, um über all die egozentrischen Befindlichkeiten zu lamentieren, die eigentlich unwichtig sind. Es stürzt sich auf unsere wunden Punkte und erstickt unser Selbstvertrauen. Dieses Ego hat keinen Tiefgang und kümmert sich nur um Äußeres. Selbstzweifel und Sorgen facht es zu einem Flächenbrand an, der so lange wütet, bis wir endlich zur Ruhe zurückfinden. Dann bleibt dem Ego keine andere Wahl, als sich zurückzuziehen. Manche denken, beim Ego ginge es nur um Angeberei und Arroganz, doch die Sache ist viel komplizierter. Auch wenn sich das Ego selbstbewusst gibt, entstammt es eigentlich einem Gefühl von Mangel und Angst. Wirkliches Selbstbewusstsein erwächst aus Liebe und nicht aus Angst – ein gewaltiger Unterschied.

DEN RICHTIGEN WEG WÄHLEN

Wie können wir uns in diesen Krisen neu ausrichten und zu geerdeter Leichtigkeit zurücknavigieren? Zuerst müssen wir uns klarmachen, dass das überhaupt möglich ist. Jeder kann zu innerer Ruhe finden! Die einen brauchen dazu vielleicht etwas länger als andere, etwa weil sie sich schwerer von alten negativen Mustern verabschieden können, doch möglich ist es uns allen. Der eine oder andere hat es sich in den Dramen des Egos vielleicht schon sehr gemütlich gemacht: Wir sind sie gewohnt, diese Dramen, und so können wir uns ein Leben ohne sie kaum vorstellen. Die Entscheidung, das Leben auf neue Art zu sehen und neue Denkweisen auszuprobieren, ist eine sehr persönliche, und deshalb ist sie immer *Ihre* Entscheidung. Legen Sie los, wenn Sie bereit sind.

Es gibt viele Wege zur inneren Ruhe, doch sind einige vielleicht weniger geeignet als andere und führen eventuell in die Irre. Wer unter Stress steht und etwa mit einer Flasche Wein versucht, das Sorgen- und Gedankenkarussell anzuhalten, mag damit kurzfristig Erfolg haben – aber meist eben auch nur kurzfristig. Irgendwann ist der Alkohol abgebaut, die Sorgen kehren zurück, wahrscheinlich in Begleitung eines Katers. Wir alle kennen unsere eigenen kleinen Schwächen ganz genau und wissen, wann wir in welche Falle tappen. Deshalb liegt es bei jedem Einzelnen, diese Fallen zu umgehen und neue Wege auszuprobieren. Diese Wege führen uns direkt zu der warm leuchtenden Kugel und dem Gefühl des Geerdetseins zurück – auf Dauer und ohne Kater.

TRAUMATA ÜBERWINDEN

Manche Menschen verlieren ihre Balance nach Schicksalsschlägen, und auch darauf möchte ich eingehen. Traumata gehen oft mit einem Schock einher und wirken leider meist dauerhaft nach. Ich spreche hier nicht von Kleinigkeiten, sondern von lebensverändernden Ereignissen, die tiefe Wunden reißen. Das Trauma hat viele Gestalten, doch die seelischen Narben ähneln einander oft verblüffend.

Ich selbst hatte schon traumatische Erlebnisse. Die Zeit hat mir beim Heilen geholfen, und ich konnte Schmerz, Stress und Wut hinter mir lassen. Die Wochen und Monate, die mich behutsam vorwärtsgeschoben haben, und die Unterstützung von Freunden und Familienmitgliedern waren ungeheuer hilfreich. Trotzdem gibt es noch heute dunkle Momente, die mich an die Quelle des Schmerzes erinnern und die mich im

Wer etwas besonders Traumatisches oder Schockierendes erlebt hat, verliert ein Stück seiner selbst und lässt es in den Trümmern zurück. Es kann sehr schwierig sein, wieder ganz zu werden. Kommt Ihnen das bekannt vor? Denken Sie an den Vorfall zurück, bei dem Sie von sich selbst einen Teil verloren haben. Befindet er sich bei einem anderen Menschen? An einem bestimmten Ort? In einer bestimmten Situation? Schreiben Sie es in die Illustration unten und stellen Sie sich vor, wie Sie sich dieses Stück Ihrer selbst zurückholen und wieder dort platzieren, wo es hingehört.

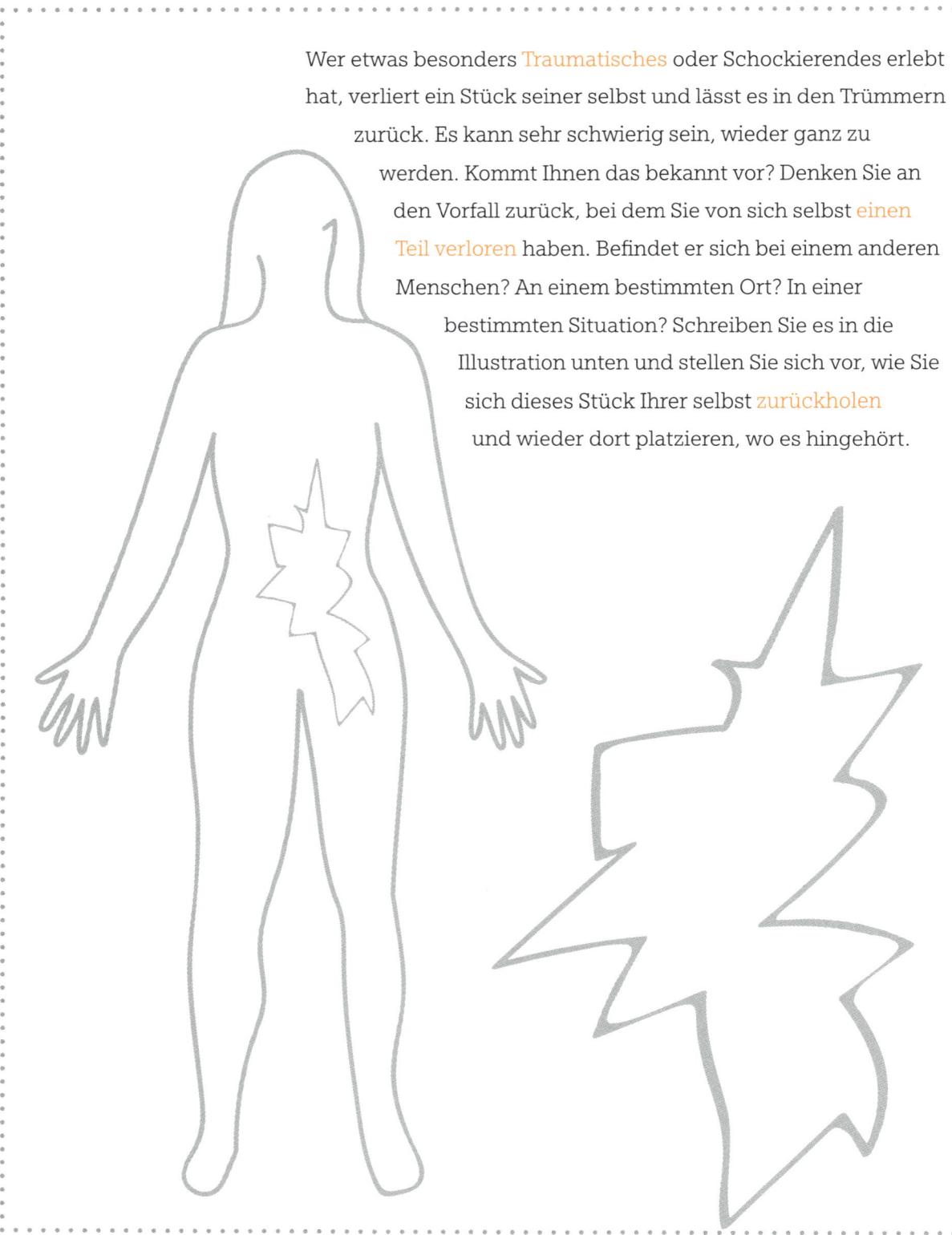

Nu in mein früheres Leid versetzen. Wer z. B. einen schlimmen Unfall in einem gelben Mini erlebt hat, wird so ein Auto nicht mehr sehen können, ohne dass es ihm kalt den Rücken hinunterläuft. Wer aus heiterem Himmel einen geliebten Menschen verloren hat, muss nur dessen Namen hören oder dessen Parfüm riechen, um den schrecklichen Verlust noch einmal zu erleben. Wir können weiterleben und sogar im Augenblick leben, doch gibt es eine Art »Schmerzgedächtnis« im Gehirn, das wir bearbeiten müssen, wenn wir den Schmerz wirklich loslassen wollen.

Meine Freundin, die wunderbare Yvonne Williams, berät Klienten mit posttraumatischer Belastungsstörung (PTBS). In einem unserer sehr erhellenden Gespräche verglich Yvonne die traumatische Erfahrung mit einem zersplitternden Glas. Bei einer Katastrophe zerspringen Körper und Seele in winzige Bruchstücke, die wir hinterher mühsam wieder zusammenfügen müssen. Das gelingt uns vielleicht ganz gut, doch meist bleibt ein winziges Fragment am Ort des Geschehens zurück.

Yvonne bat mich, mir vorzustellen, wo dieses Stück meiner selbst sein könnte. Das gelang mir fast sofort, und ich war plötzlich sehr traurig. Sie bat mich, mir weiter vorzustellen, wie ich dieses Stück aufhebe. Das war eine sehr emotionale Erfahrung für mich: Ich stellte mir vor, wie ich zu diesem winzigen Stück meiner selbst ging und es wie ein kleines Kind an die Hand nahm. Seitdem hüte ich es wie meinen Augapfel, denn es schenkt mir Ruhe und hilft mir dabei, weiter zu heilen. In Krisen, wenn ich das Gefühl habe, dass meine traurige Vergangenheit mich einholt, weiß ich jetzt, wo ich nach diesem fehlenden Stück meiner selbst suchen muss und wie ich es wieder zu einem Teil von mir mache. Diese schlichte Visualisierung ist unglaublich wirkungsvoll. Probieren Sie es aus, wenn auch Sie etwas Traumatisches erlebt haben.

HALLO ... YVONNE

Fearne: Hey, Yvonne! Was versteht man unter posttraumatischer Belastungsstörung?

Yvonne: PTBS ist ein Erinnerungssyndrom nach belastenden Ereignissen oder Traumata. Die komplexe Erkrankung kann sich individuell ganz unterschiedlich auswirken. Da die Auslöser einer PTBS so vielfältig sein können, verläuft auch die Erkrankung nicht immer auf die gleiche Weise. Bei einigen Patienten zeigen sich nur wenige Symptome, andere weisen eine ganze Reihe verschiedener Belastungsreaktionen auf. Trotzdem kann man die Erkrankung heutzutage recht in den Griff bekommen, denn es gibt inzwischen zahlreiche einfühlsame und erprobte Behandlungsmethoden, die wirklich helfen.

Welche Symptome können sich zeigen?

Da gibt es ganz unterschiedliche. Einige Patienten durchleben das traumatische Ereignis immer wieder, etwa in Albträumen oder in einer Art Rückblende. Ebenfalls nicht selten sind emotionale Ausbrüche von Wut, Angst oder extremer Reizbarkeit, Weinkrämpfe, körperliches Ungleichgewicht, Muskelschmerzen und Schwäche.

Auf der körperlichen Ebene ist das Nervensystem in den meisten Fällen stark betroffen, und die Patienten befinden sich in einem andauernden Kampf-oder-Flucht-Modus. Die Angst kann sie im wahrsten Sinne des Wortes bewegungsunfähig machen. Manche Patienten ziehen sich in den Zustand des »inneren Kindes« zurück, also in einen Zustand der absoluten Hilflosigkeit. Das Gehirn rast und will unbedingt eine Lösung finden, weshalb es oft zu Verwirrungszuständen kommt. Die wiederum verstärken das Trauma natürlich noch, und so besteht die Gefahr, ganz in der Erfahrung stecken zu bleiben.

Und auf der psychischen Ebene?

Dort kann es zu einer Art »Seelenverlust« kommen, zu einer Fragmentierung der Seele, oder wie immer man das Bewusstsein nennen mag. Der Betroffene fühlt sich nach einem Trauma ungeheuer verloren. Erfahrene Ärzte und Heiler können helfen, diese Fragmentierung aufzuheben, bei der häufig von einem Gefühl des buchstäblichen »Außer-sich-Seins« berichtet wird. Hier ist die Arbeit mit Schwingungen und positiver Energie enorm hilfreich.

Geht es dabei auch um kognitive Erinnerung?

Der Geist ist ein mächtiges Instrument, und jeder unserer Sinne kann Erinnerungen an ein Trauma auslösen. Dagegen kann die kognitive Verhaltenstherapie helfen. Es gibt aber auch noch weitere Behandlungsmöglichkeiten. Das Wichtigste ist aber, dass sich der Betroffene überhaupt Hilfe sucht. Schon diese Initiative allein kann ihm das Gefühl der Kontrolle wiedergeben.

Wo genau finden Betroffene Hilfe?

Zum Glück gibt es viele speziell ausgebildete Traumatherapeuten, die ausgezeichnet mit ihren Klienten arbeiten und ihnen einen sicheren Raum schaffen, in dem Verstehen und Heilung stattfinden können. Daneben wirken sich aber auch Meditation, Yoga, Rückführungen, Atemarbeit, Entspannungstechniken, Natur und Musik wunderbar heilend auf Geist und Seele aus.

Auch geführte Visualisierungen können helfen, wenn der Betroffene für diese Methode empfänglich ist. Ansonsten bieten sich auch die Kunst- und Musiktherapie sowie andere kreative Tätigkeiten an. Im Bereich der Musik habe ich mit den Solfeggio-Frequenzen mit ihren spezifischen Schwingungen besonders gute Erfahrungen gemacht. Diese seit dem Frühmittelalter bekannte Sechstonleiter wirkt wunderbar beruhigend und heilsam.

Wie findet man heraus, ob man an einer PTBS leidet?

Besteht der Verdacht, sollte man sich unbedingt Hilfe holen. Nur so kann man sich Klarheit verschaffen. Glücklicherweise ist die Akzeptanz der Erkrankung mittlerweile enorm gestiegen, sodass es viele gute Anlaufstellen für Betroffene gibt.

WENN DER GEIST DURCHGEHT

Visualisierungen können uns dabei helfen, zu heilen und uns zu entwickeln. Meine Fantasie malt Bilder von Zukunftsplänen und Ideen mit dicken Pinselstrichen und in starken Farben. Es ist eine schwierige Aufgabe, diesen überbordenden Teil meines Kopfs in den Griff zu bekommen, weil ich nicht will, dass sich mit ihm meine Träume und meine Kreativität in Luft auflösen. So versuche ich, ihn wenigstens etwas im Zaum zu halten, damit er sich nicht zu weit von geerdeten, positiven und ruhigen Gedanken entfernt.

Ich gebe Ihnen ein Beispiel für diese Ausreißversuche meines Geistes. Hin und wieder ist mein Mann beruflich unterwegs, und ich klettere abends ins Bett, die Kinder schnarchen schon sanft ganz in der Nähe, bin müde und erschöpft und freue mich auf eine ordentliche Mütze Schlaf. Doch plötzlich meldet sich meine Fantasie zu Wort und gaukelt mir vor, jedes einzelne Fenster im Haus stünde weit offen. Im Grunde weiß ich zwar, dass ich die Fenster geschlossen habe, doch nun fragt mich eine leise Stimme in meinem Kopf, ob ich mir dessen wirklich sicher sei. Also stehe ich auf, sehe nach und stelle fest, dass die Fenster alle zu sind. Was auch sonst? Schließlich habe ich sie ja selbst geschlossen! Aber gibt meine Fantasie nun Ruhe? Nicht die Bohne! Jetzt erinnert sie mich an den Herd und daran, was ich abends so alles gekocht habe. Wiederum weiß ich, dass ich den Herd ausgeschaltet habe, doch mittlerweile rast mein Kopf schon in Panik und raubt mir den letzten Rest klaren Erinnerungsvermögens. Also wieder raus dem Bett und nachsehen! Das geht dann meist noch eine Weile so weiter, bis ich schließlich so nervös bin, dass an Schlaf kaum mehr zu denken ist. Das Einzige, was mir in diesen Situationen hilft, ist Visualisierung. Ich stelle mir einen riesigen Engel mit gewaltigen, weißen Schwingen vor, der wie ein Vogel auf unserem Haus sitzt. Er umhüllt es mit seinen Flügeln und lächelt milde und ruhig auf uns Schlafende herab. Gelingt mir diese Visualisierung, beruhigt sich mein Geist augenblicklich und ich sinke in den heiß ersehnten Schlaf.

Bei anderen Gelegenheiten gaukelt meine Fantasie den vernünftigeren Bereichen meines Gehirns vor, ich sei schwer krank. Panisch denke ich dann, ich litte an einer tödlichen Krankheit, die mich bald dahinraffen würde. Der Gedanke raubt mir den Atem und erschöpft mich körperlich, was nicht gut für die Gesundheit ist. Auch hier versuche ich es mit einer Visualisierung: Ich stelle mir vor, dass weißes Licht aus meinem Körper strömt und meine Haut mit wohltuender Wärme bedeckt. Ich versuche, meine Aufmerksamkeit auf Gefühle wie Dankbarkeit und Wohlbefinden zurückzulenken, bis sich meine Fantasie schließlich beruhigt und von ihrer Panik ablässt.

In solchen Augenblicken des geistigen Chaos können Visualisierungen sehr hilfreich sein und uns rasch Ruhe bringen. Manchmal hat man bei Panik das Gefühl, sich von seinem Körper losgelöst zu haben. Dann ist es sehr wichtig, sich wieder im physischen Selbst zu verwurzeln und zu erden. Meine Visualisierungen mögen fast zu simpel klingen, aber sie funktionieren! Probieren Sie es selbst aus, wenn Sie in Panik geraten, ängstlich oder gestresst sind. Sie können natürlich auch eigene Visualisierungen erfinden, wenn die genannten Ihnen nicht helfen. Vielleicht hilft Ihnen eher die Vorstellung eines stillen Teichs in Ihrem Inneren mit einer Oberfläche wie aus Glas, die sich nicht im Geringsten kräuselt. Oder Sie stellen sich Hände vor, die Ihre Schultern ganz sanft nach unten drücken und Ihnen Ruhe schenken. Was immer Sie sich vorstellen, tun Sie es mit der ganzen Kraft Ihrer Fantasie und glauben Sie daran.

DIE KRAFT DES GEISTES LENKEN

Bestimmt waren auch Sie schon einmal in einer Situation, in der einfach etwas geschehen musste. Sie waren beispielsweise spät dran, mussten wegen eines Termins aber unbedingt pünktlich im Büro sein, der Fahrer im Bus an der Bushaltestelle hatte schon den Blinker gesetzt, um sich von der Standspur in den Verkehr einzufädeln. Plötzlich die Stimme in Ihrem Kopf: »Den Bus kriegst du noch! Lauf, lauf wie Usain Bolt!« Sie haben den Bus gekriegt, und zwar locker.

Vielleicht sind Sie mal einen Marathon gelaufen und hatten bei Kilometer 37 plötzlich keine Kraft mehr in den Beinen. Da hat sich Ihr Kopf zu Wort gemeldet: »Los! Wir schaffen das! Es ist nicht mehr weit!« Und das hat Ihnen so viel Power verliehen, dass Sie die letzten 5,195 Kilometer fast geflogen sind.

Bei mir bestand diese Situation im Schreiben eines Buchs. Ich war mir nicht sicher, ob ich es schaffen würde oder – falls ja – ob jemand es lesen würde. Aber die sanfte Stimme in meinem Kopf blieb dabei: »Doch, du schaffst das, schreib einfach weiter. Denk jetzt nicht an Kritik. Schreib einfach!« Das habe ich getan. Mein Kopf hat mir erlaubt, meine Zweifel zum Schweigen zu bringen, und so habe ich diesen Teufel verbannt. Der innere Kritiker erzeugt meist unnötigen Stress, weil er nur davon spricht, was geschehen *könnte*, nicht davon, was tatsächlich geschieht. Graben wir tief genug, stoßen wir auf Selbstvertrauen und Zuversicht und können ruhig und realistisch arbeiten. Ich bin froh, dass ich damals auf meinen Kopf statt auf meinen inneren Kritiker gehört habe, denn das Ergebnis war »Happy«. Es hat mir dann sehr viel Spaß gemacht, das Buch zu schreiben, und ich höre immer wieder, dass es auch andere happy macht.

Suchen auch Sie in Ihrem Kopf nach Worten, die Sie ermutigen und anfeuern. Ignorieren Sie negative Gedanken und Befürchtungen zugunsten positiver Ermunterungen, die Ihrer inneren Ruhe entspringen. Lernen Sie, die Stimmen in Ihrem Kopf zu unterscheiden, und Sie sind definitiv auf dem richtigen Weg.

LOSLASSEN

Loslassen: Ein wichtiges Wort, an das wir denken und das wir beherzigen sollten. Viele Menschen haben große Probleme damit, dieses Wort in die Tat umzusetzen, und ärgern sich manchmal, wenn sie es von anderen hören.

Ich bin ab und zu so verspannt, dass ich befürchte, meine Welt fiele in sich zusammen, hörte ich auch nur einen Augenblick auf, zu denken und zu planen. Was, wenn ich die eine Sache vergesse, die ich brauche, damit an diesem Tag alles glatt läuft? Was passiert, wenn ich nicht genug über mein Projekt nachdenke und mein Gehirn nicht auf Hochtouren laufen lasse? Wenn ich heute nichts Neues lerne? Wenn ich damit aufhöre, die Person, die mir so unangenehm ist, so zu verabscheuen? Was wäre, wenn ich einfach aufhörte? Grundgütiger, unser Oberstübchen kann so gnadenlos sein! Auch solche Gedanken können uns in heilloses Chaos stürzen, und wieder sorgen wir uns, statt uns sanft durch den Tag treiben zu lassen.

Wie schaffen wir die Balance zwischen methodischem Handeln und Engagiertsein und der Fähigkeit, die Dinge um uns herum auch mal genießen zu können? Ich versinke manchmal in Hausarbeit, hingekritzelten To-do-Listen, Zeitplänen für die Kinder und für die Familie. Ich stopfe meinen Kopf so voll mit diesem Kram, dass ich vergesse, sie zu genießen, wenn es dann so weit ist. Ich bin gern organisiert. Das verdanke ich meinem Sternzeichen Jungfrau und meiner zielstrebigen Mutter, vergesse darüber aber manchmal das Leben. Das Kontrollbedürfnis führt oft dazu, dass ich wütend werde, wenn mal etwas nicht nach Plan läuft. Ich kann dann trotzig und bockig sein wie ein kleines Kind, was mich meilenweit von Ruhe und Gelassenheit entfernt. Ich weiß das alles und kann es trotzdem manchmal nicht verhindern.

In Krisen habe ich es besonders nötig loszulassen. Das Leben stellt sich uns unweigerlich auch in den Weg, konfrontiert uns mit dem Unerwarteten und pfeift auf unsere Listen und Pläne. Schreiben Sie ruhig weiter Listen und Pläne, doch machen Sie sich darauf gefasst, von ihnen abzuweichen, wenn das Leben Ihnen die Gelegenheit dazu gibt. Erst auf einem Umweg hat der Geist die Chance, sich flexibel, offen und bereit für Veränderungen zu zeigen. Mehr zum Thema Veränderungen finden Sie ab Seite 222.

Loszulassen kann sich so anfühlen, als ob es uns jeden Augenblick aus der Bahn werfen könnte. Das trifft vor allem auf Menschen wie mich zu, die generell Angst davor haben, die Kontrolle zu verlieren. Dann hilft nur eines: **Vertrauen.** Wenn wir dem Leben und allem, was es für uns bereithält, Vertrauen entgegenbringen, können wir auch loslassen. Das bedeutet nicht, dass wir glauben und erwarten, dass alles perfekt sein wird; es bedeutet vielmehr, darauf zu vertrauen, aus dem, was kommt, zu lernen und es zu akzeptieren. Wer die Kontrolle haben will, hofft auf ein bestimmtes Ergebnis, und das führt leider oft zu Enttäuschungen und Kummer. Ich kenne die Regeln – und trotzdem muss ich sie mir immer wieder klarmachen. Deshalb noch einmal: Vertrauen ist das Stichwort. Vertrauen führt uns zu innerer Ruhe zurück.

MIT MEDITATION EXPERIMENTIEREN

Eine altbekannte Methode, den Geist zur Ruhe zu bringen, ist die Meditation. Ich selbst praktiziere diese weitverbreitete Methode hin und wieder, aber sehr unregelmäßig, und nehme mir immer wieder vor, mehr zu meditieren. Auch wenn Sie glauben, Sie seien nicht für die Meditation geschaffen, sollten Sie ihr eine Chance geben.

Bei der Meditation geht es nicht unbedingt darum, sich im Schneidersitz auf den Boden zu setzen und zu versuchen, den Geist zu leeren; es geht vielmehr darum, Ruhe zu finden und das Gedankenkarussell zumindest zu verlangsamen. Ich wiederhole beim Meditieren manchmal lautlos ein Mantra, das mir dabei hilft, mich auf eine Sache zu konzentrieren und alles andere möglichst außen vor zu lassen. Eines meiner Mantras lautet beispielsweise: »Ich bin gut genug. Ich bin gut genug.«

Die Konzentration auf diese Worte gibt mir die Chance, dem Gedankenfeuerwerk in meinem Kopf zu entkommen und in unserer verrückten Welt ein wenig Erholung zu finden, die wir alle so dringend brauchen, und sei es auch nur für die fünf Minuten vor dem Schlafengehen. Ich wiederhole das Mantra so lange, bis ich es glaube, und sinke dann dankbar in den Schlaf.

Eine weitere gute Möglichkeit sind geführte Meditationen, die es auch online gibt. Die Auswahl ist riesig: Wenn ich erschöpft bin und weiß, dass es an diesem Tag wieder einmal spät wird, suche ich im Internet nach dem Stichwort »Meditation für einen erholsamen Schlaf« oder – wenn mir der lange Tag buchstäblich in den Knochen steckt – nach »heilsame Meditation«. Ich kann mich glücklicherweise gut auf geführte Meditationen einlassen. Ich konzentriere mich auf die Worte und kann alles andere erst einmal aus-

blenden. Dann weichen Gedanken, Sorgen und Bedenken einer wunderbaren Ruhe und Zuversicht.

Natürlich gibt es auch Meditationen, bei denen der Übende tatsächlich versuchen soll, alle Gedanken für längere Zeit aus dem Kopf zu verbannen. Mir fällt das ungeheuer schwer, weil mein Geist wie ein wilder Hund an der Kette zerrt, wenn man ihm Regeln aufzwingen will. Allerdings sollte ich genau aus diesem Grund mehr meditieren, denn je mehr man praktiziert, desto leichter wird es. Auch wenn sie unregelmäßig durchgeführt werden, sind Meditationen wie Wellnesstage für den Geist: eine Möglichkeit innezuhalten, neue Energie zu tanken und Raum und Klarheit zu gewinnen. Ich versuche immer, mit meinem Geist zu feilschen: Wenn er in den nächsten rund zehn Minuten stillhält, wird er vielleicht mit einer neuen, aufregenden Idee oder einer Klarheit belohnt, die er so noch nie erlebt hat. Und wie bei einem kleinen Hund funktioniert das manchmal sogar.

Sollten Sie noch nie meditiert haben, es aber einmal versuchen wollen, wählen Sie am Anfang eine kurze Zeitspanne. Begeben Sie sich in Ihren Lieblingsraum und dimmen Sie das Licht oder schalten Sie es aus. Zünden Sie vielleicht eine Kerze an. In einem gemütlichen, schön gestalteten Raum funktionieren Meditationen besser. Setzen Sie sich bequem auf einen Stuhl und entspannen Sie Arme und Beine. Ich lege mich beim Meditieren gern hin wie am Ende einer Yogastunde, entweder auf eine Matte oder mein Bett, mit flachem Rücken und den Armen an der Seite. Schließen Sie die Augen, entspannen Sie sich und verlangsamen Sie die Atmung. Versuchen Sie nun, jeden Gedanken, der kommt, wieder ziehen zu lassen. Zuerst werden die Gedanken über Sie hereinbrechen wie gewaltige Wellen. »Ich muss die Wäsche noch aufhängen... Vielleicht ziehe ich morgen meine neue Hose an … Soll ich mir heute Abend etwas kochen oder liefern lassen?« Nehmen Sie all diese Gedanken zur Kenntnis und lassen Sie sie weiterziehen. Stellen Sie sie sich vielleicht als kleine Luftblasen vor, die davonschweben; sie können ja wiederkommen, wenn es Ihnen besser passt.

Das ist ein guter Anfang, auch wenn Sie diese ersten zehn Minuten ausschließlich damit verbringen, Gedanken ziehen zu lassen. Je mehr Sie üben, desto leichter wird Ihnen die Technik fallen, und im Laufe der Zeit werden die vorbeiziehenden Gedanken immer größere Lücken des Nichts hinterlassen. Sie können Meditationen auch mit Visualisierungen verbinden. Ich stelle mir oft ein großes drittes Auge zwischen meinen geschlossenen Augen vor. Ich konzentriere mich darauf und lasse es verschiedene Farben und Formen annehmen. Und je mehr es mir gelingt, mich darauf zu konzentrieren, desto weniger Gedanken funken dazwischen. Wählen Sie eine für Sie angenehme Visualisierung. Dies ist kein Wettbewerb; es geht nicht darum, wer die Technik am Ende besser beherrscht. Auch wenn es am Anfang nur ein paar Minuten sind, ist das wunderbar. Vielleicht sind Sie zu Beginn ein wenig zappelig oder gelangweilt, aber das ist nur Ihr Geist, der Ihnen weismachen will, Sie verschwendeten Ihre Zeit. Ihr Geist mag es gar nicht, wenn ihm der Mund verboten wird, und so versucht er mit aller Macht, Sie abzulenken und von Ihrem Ziel – innere Ruhe und Gelassenheit – abzubringen. Rufen Sie sich in diesen Augenblicken ins Gedächtnis, wie sehr sich der weniger eloquente Rest Ihres Körpers nach genau dieser Ruhe sehnt. Zuerst wird Ihr Geist andauernd in die Stille hineinplappern, doch mit zunehmender Übung wird auch er sich immer mehr an sie gewöhnen und die Sendepause genießen.

Probieren Sie aus, was Ihnen liegt; Sie werden mit Ruhe und Klarheit belohnt.

Manchmal erscheint es uns unmöglich, zu meditieren. Es mangelt uns an Konzentration, Lust oder Disziplin. Ich finde Visualisierungen immer sehr hilfreich und versuche, mir ein Auge zwischen meinen geschlossenen Augen vorzustellen, auf das ich mich konzentrieren kann. Malen Sie das Auge unten aus und verwenden Sie es bei Ihrer nächsten Meditation als Vorlage.

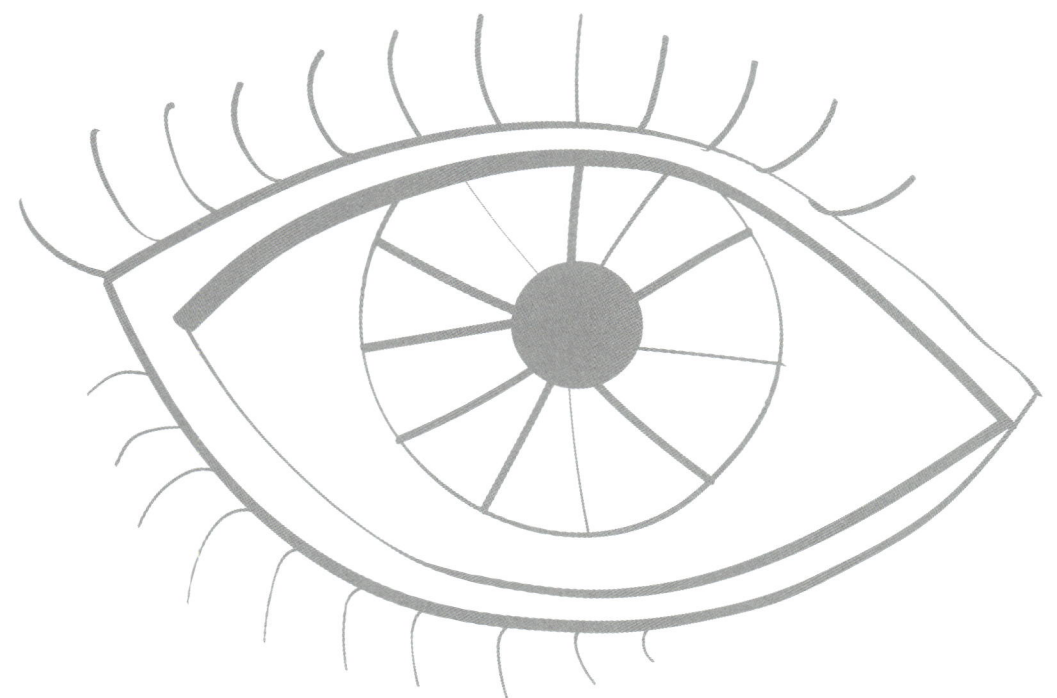

REGENBOGEN DER EMOTIONEN

Die Nadel des moralischen Kompasses schlägt bei jedem anders aus, und das, was wir
für richtig oder falsch halten, ist nur unsere subjektive Sicht. Zu Ruhe und Gelassenheit
gelangen wir nur, wenn wir uns innerhalb der Mauern unserer Vorstellungen frei bewegen und unsere eigenen emotionalen (Un-)Tiefen kennen. Ein Beispiel: Vielleicht fühlen
Sie sich sehr gestresst, wenn Sie glauben, bei der Arbeit versagt zu haben. Wir versehen
Misserfolg gern mit dem Etikett »falsch«. Doch wer hat diese Regel aufgestellt und
warum sollten Sie ihr folgen? Es gibt keine Garantie, dass es Sie glücklich macht oder
Ihnen zu einer entspannteren Lebenseinstellung verhilft, wenn Sie der oder die Beste
bei etwas sind. Das Gleiche gilt für die Etiketten, mit denen wir unsere Emotionen
versehen. Die Gesellschaft bestimmt, welche Emotionen gut und welche schlecht sein
sollen. Verspüren wir nun eine der schlechten, bereitet uns das Stress.

Ich hielt Traurigkeit immer für etwas Negatives. Es ist nicht leicht, es in Ordnung
zu finden, dass man traurig ist. Aber wir können einsehen, dass es uns viel besser geht,
wenn wir das Gefühl nicht ständig bekämpfen. Ich bin überzeugt, dass es gesünder
ist, die Emotion herauszulassen, statt sie einzusperren; denn irgendwann wird sie sich
zeigen, vermutlich viel schlimmer, etwa als Depression oder extreme Wut.

Wenn Sie traurig sind, lassen Sie es zu. Hören Sie traurige Musik, weinen Sie in der
Küche, rufen Sie einen Freund an und sagen Sie ihm, wie verletzlich Sie sich fühlen,
schluchzen Sie in Ihr Kopfkissen. Lassen Sie es raus, bis das Gefühl aus jeder einzelnen
Zelle Ihres Körpers geschwemmt ist und Sie belebt zurücklässt. Traurigkeit muss nicht
negativ sein; sie ist nur eine Art, das, was im Leben geschieht, zu verarbeiten. Weinen

ist kein Zeichen von Schwäche, sondern der einfachste und wirksamste Weg, eine Emotion hinter sich zu lassen. Wenn wir das gesamte emotionale Spektrum akzeptieren, können wir die Dinge viel leichter verarbeiten und loslassen. Wenn wir wissen, dass jede Emotion ihre Berechtigung hat, können wir ihr mit innerer Ruhe begegnen.

FLÄCHENBRÄNDE VERHINDERN

Das Gefühl, das mir am meisten Probleme bereitet, ist Wut oder auch nur Verdruss. Das scheint sich bei mir noch stärker festzusetzen als Traurigkeit. Ihr kann ich durch Tränen zumindest ein Ventil verschaffen, das all die Traurigkeit erleichtert. Wut aber macht mir manchmal ein wenig Angst. Ich weiß, dass auch sie in Ordnung ist, dass man durchaus leidenschaftlich sein oder in Rage geraten darf, wenn man auf Ungerechtigkeiten oder wunde Punkte stößt. Was meiner Meinung nach jedoch nicht in Ordnung ist, ist, diese Wut an anderen auszulassen, auch wenn sie vielleicht irgendetwas damit zu tun haben. Wut ist ein sehr heftiges Gefühl, das sehr viel Wucht entwickeln kann. Nutzen Sie diese Energie klug und lenken Sie sie in die richtige Richtung. Wut kann uns viel über unsere Emotionen lehren und uns bei unserem persönlichen Wachstum helfen. Hat sie jedoch kein Ventil und setzt sich in uns fest, kann sie sich mitunter in ständige Reizbarkeit verwandeln. Wie ein juckender Stich, an einer Stelle, an der man sich nicht kratzen kann. Ich selbst habe schon Wut auf bestimmte Menschen oder Situationen in meinem Leben viel zu lange mit mir herumgeschleppt und die Erfahrung gemacht, dass sie sich irgendwann in körperlichen Symptomen äußert. Ob Kopfschmerzen, Verdauungsstörungen oder

Wir alle haben tagtäglich Tausende von Empfindungen. Manchmal haben wir das Gefühl, an einem einzigen Tag Frühling, Sommer, Herbst und Winter gleichzeitig erlebt zu haben; so vielfältig waren unsere Emotionen. Halten Sie unten die Emotionen fest, die Sie heute verspürt haben, ebenso wie die, die Sie im Augenblick haben. Trauen Sie sich, absolut ehrlich zu sein, sich alles einzugestehen. Akzeptieren Sie die Emotion, halten Sie aber nicht unnötig lang an ihr fest. Stellen Sie sich vor, dass Emotionen in Wellen kommen und gehen.

ein schwaches Immunsystem – die Wut sucht sich ihren Weg. Deshalb ist es ungeheuer wichtig, Wut loszulassen, denn auf Dauer ist sie schädlich.

Ich habe im Zustand der Rage schon fragwürdige Entscheidungen getroffen. Ich habe mich gestritten, Dinge gesagt, die ich besser nicht gesagt hätte, und ich habe die Wut statt mein Herz sprechen lassen. Ich habe das zwar immer noch nicht im Griff, bemühe mich aber immer **innezuhalten,** bevor ich handle. Wenn jemand Sie verärgert hat, haben Sie vielleicht das dringende Bedürfnis, ihm das laut zu sagen. Die brennende Wut in Ihrem Bauch erzeugt eine Energie, die freigesetzt werden will. Ihr Herz rast, Ihre Wangen leuchten feuerrot, und Sie lassen sich lauthals über diese furchtbare Ungerechtigkeit aus. Ich habe dann das Gefühl, dass weitere übergriffige Dinge geschehen, wenn ich mich nicht dagegen wehre, und bin der festen Überzeugung, den Gegner mit meiner herausgeschrienen Wut und einem einzigen, gewaltigen Hieb fällen zu können.

Und wie endet so etwas normalerweise? Für mich jedenfalls nicht gut. Ich bereue es hinterher immer und wünsche mir, ich hätte abgewartet, statt gleich zu handeln. Mittlerweile versuche ich, mit dem Handeln so lange zu warten, bis ich mich beruhigt habe. Es hat eine Weile gedauert, bis ich das begriffen habe, aber es hat sich gelohnt. Nicht dass es mir immer gelingen würde, aber ich versuche es wenigstens.

Wenn Sie sich ungerecht behandelt fühlen und das noch nicht ruhig äußern können, sollten Sie es in der Zwischenzeit einmal damit versuchen, anderen zu helfen, denen es Ihrer Meinung nach ähnlich geht. So verwandeln Sie Wut und Zorn in eine Form von Energie, die tatsächlich Gutes bewirken kann. Oder Sie toben sich körperlich aus, also etwa mit einem Spaziergang oder Sport.

WAS UNS DAS GEFÜHL SAGEN WILL

Es ist vollkommen in Ordnung, wenn man einmal niedergeschlagen ist. Dieses Gefühl kenne ich seit Jahren. Mittlerweile habe ich gelernt, dass ich die Dinge dann langsamer angehen muss und erst einmal Bestand aufnehmen sollte. Ich sollte herausfinden, was mich runterzieht, oder besser gesagt: welchen Umständen ich gestatte, mich runterzuziehen. Die Verantwortung für die eigenen Gefühle zu übernehmen ist meist schon die halbe Miete. Manchmal sind wir niedergeschlagen, weil andere versuchen, uns schlecht zu machen. Dann übernehmen wir ihre Negativität oder glauben die Unwahrheiten, die sie über uns denken. Wir vergessen das Gute und konzentrieren uns auf das, worauf andere uns aufmerksam machen wollen.

Zu einem ähnlichen Gefühl kommt es, wenn wir uns nicht genug geliebt fühlen. Dann wirken wir bedürftig und leicht verzweifelt, weil wir zu klammern beginnen, in der Hoffnung, dadurch mehr geliebt zu werden.

Oder wir sind niedergeschlagen, weil wir das Gefühl haben, uns nicht gerade mit Ruhm bekleckert zu haben. Wir hätten netter sein, liebevoller handeln oder einfach die Klappe halten können. Wir machen uns deswegen Vorwürfe und fühlen uns schlecht.

Ich habe mich in meinen Beziehungen und in meiner Karriere schon oft unterlegen und am Boden zerstört gefühlt – und dann doch irgendwo in der Ferne ein winziges Licht gesehen. Das ist zunächst so, als erinnerte man sich an etwas wirklich Tolles, weiß aber nicht genau, was es ist. Dieses Gefühl nennt man Hoffnung, und wenn wir Glück haben, lässt sie uns erkennen, dass Veränderung und Erneuerung möglich sind. Manchmal bin ich nur niedergeschlagen, weil ich mich mit anderen vergleiche und weil meine eigene Geschichte und mein eigener Erfolg bei diesem Vergleich scheinbar schlechter abschneiden. Das klassische Halb-volles-halb-leeres-Glas-Ding eben. Höre ich auf, mich mit anderen zu vergleichen, sehe ich plötzlich ganz deutlich, dass ich nur meinen ganz persönlichen Weg gewählt und nicht etwa versagt habe. Man kann das eigene Leben, den eigenen Erfolg nie mit dem anderer vergleichen.

Strebt man ständig nur danach, die Erwartungen anderer zu erfüllen, wird man nie Ruhe finden und am Ende gar nicht mehr wissen, was man sich selbst vom Leben versprochen hat. Der eine glaubt vielleicht, Macht sei mit Erfolg gleichzusetzen, während für Sie Erfolg bedeutet, mit dem, was man tut, zufrieden zu sein. Andere halten sich für erfolgreich, wenn ihr Terminkalender überquillt, während Ihr Lebensziel vielleicht in einem gesunden Verhältnis zwischen Arbeit und Freizeit besteht. Bleiben Sie bei Ihrer Version! Sollten Sie sich einmal niedergeschlagen fühlen, benutzen Sie diese Emotion als Sprungbrett in neue Gefilde. Niedergeschlagenheit will uns vielleicht sagen, dass uns der Vergleich mit anderen nichts bringt, der Blick über den Tellerrand aber schon. Im Grunde ist Niedergeschlagenheit also doch gar kein so schlechtes Gefühl!

UND NICHT VERGESSEN ...

Sie dürfen Fehler machen. Wie sollten Sie sonst dazulernen? Ich habe schon Millionen von Fehlern gemacht: furchtbare Entscheidungen, die ich getroffen habe; dumme Dinge, die ich gesagt habe; Augenblicke, in denen ich mich mehr als unrühmlich verhalten habe. Aber so ist das Leben. Die sozialen Netzwerke und unsere Neigung, unsere Nase in

Häufig sind wir überfordert von all dem, was uns belastet. Mit dem folgenden Trick verschaffen Sie sich im Nu wieder Durchblick. Schreiben Sie in die Felder links, worüber Sie sich heute Sorgen machen. Spulen Sie im Kopf nun ein Jahr nach vorn und halten Sie in den Feldern rechts fest, wie Sie dann wohl über diese Dinge denken werden. Worüber werden Sie sich dann noch Sorgen machen? Konzentrieren Sie sich auf Lösungen dafür und machen Sie sich mittels Ihrer Zeitmaschine bewusst, dass die übrigen Sorgen in größerem Zusammenhang bedeutungslos sind.

ZEITMASCHINE

HEUTE

IN EINEM JAHR

LÄCHLE VON INNEN HERAUS

die Angelegenheiten anderer hineinzustecken, gaukeln uns etwas anderes vor, aber ich versichere Ihnen, dass es absolut okay ist, auch mal Mist zu bauen. Wenn unser Weg uns schnurgerade zur Glückseligkeit führen würde – Top-Examen, Traumjob, ewige Liebe und Freundschaft bis in den Tod –, würden wir viel weniger lernen. Wir würden uns weder emotional weiterentwickeln noch jemals etwas Neues ausprobieren. Natürlich ist es toll, wenn alles gut läuft, doch müssen wir Fehler machen, um das Schöne schätzen zu lernen, zu wachsen und manchmal zu neuen Ufern aufzubrechen.

Fehler belasten uns, weil die Meinung anderer darüber verletzend sein kann. Die kann wirklich sehr schmerzhaft sein. Glauben Sie mir: Ich mit meinem seltsamen Job weiß, wovon ich spreche. Wir müssen sehr viel Kraft aufbringen, um fremden Urteilen etwas entgegenzusetzen –, allerdings nur, wenn wir *glauben,* was andere sagen. Sind wir davon überzeugt, dass man ruhig auch Fehler machen darf und dass weder sie noch die Meinung anderer ausmachen, wer oder was wir sind, bleiben wir gelassen. Ich sage mir in solchen Situationen immer, dass diejenigen, die den Finger in die Wunden anderer legen, selbst schon unzählige Fehler gemacht haben und nur auf die Fehler anderer hinweisen, um ihre eigenen zu kaschieren.

Es ist in Ordnung, traurig, wütend und niedergeschlagen zu sein oder Fehler zu machen. Was zählt, ist, wie wir mit diesen Emotionen umgehen. Lassen Sie sie fließen und verurteilen Sie sich nicht dafür, dass Sie empfinden, was Sie empfinden. Halten Sie umgekehrt aber auch nicht unnötig lange an ihnen fest und lassen Sie sie nicht an anderen aus. All unsere Gefühle mit offenen Armen willkommen zu heißen mindert Stress umgehend, weil sie nicht auf inneren Widerstand stoßen. Wir akzeptieren, verarbeiten und freuen uns über die wiedergewonnene Ruhe.

Zusammenfassung

DEN RUHEPUNKT FINDEN

Finden Sie heraus, wo
im Körper die Ruhe sitzt,
damit Sie immer dorthin
zurückkehren können.

GEFÜHLE ZULASSEN

Tadeln Sie sich nicht für
Ihre Gefühle.
Lassen Sie sie kommen
und gehen.

VISUALISIERUN-GEN NUTZEN

Versuchen Sie es
bei Stress mit einer
Visualisierung, um zu
innerer Ruhe zu finden.

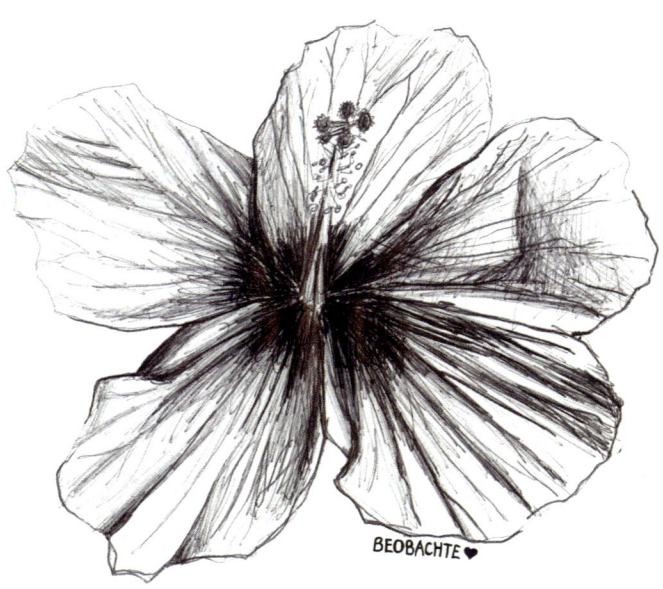

BEOBACHTE ♥

Fassen Sie in einem Wort oder in einer Zeichnung
zusammen, was ein ruhiger Geist für Sie bedeutet.

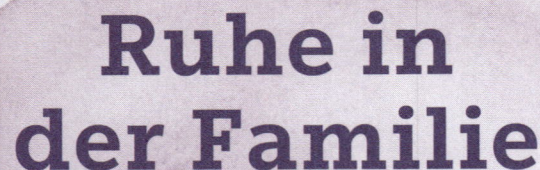

Ruhe in
der Familie

Es ist schon paradox: In der Familie treffen oft zwei Welten
aufeinander, die der Ruhe und die des Chaos. Sie verkörpert
beides: die turmhohen Wellen auf der Wasseroberfläche und die
Stille des Meeresbodens. Sicherlich gibt es auch in Ihrer Familie und
Verwandtschaft Menschen, deren Namen allein Ihnen Ruhe und
Gelassenheit vermitteln, während sich Ihnen bei der Erwähnung
anderer Zeitgenossen die Nackenhaare aufstellen. Diejenigen,
die Ihnen Fürsorge angedeihen lassen, die zuhören und klar
denken, sind wahrscheinlich eher diejenigen, an die Sie
sich wenden, wenn es Ihnen nicht gut geht
oder wenn Sie Hilfe brauchen.

AUS DEM NÄHKÄSTCHEN

Meine Mutter schenkt mir viel Kraft, doch verstrickt sie sich oft in Angst und Sorgen. Sie liebt mich und meinen Bruder über alles, verliert durch die Intensität dieses Gefühls ab und zu aber ihre Gelassenheit. Ich könnte mich jederzeit in ihre Arme stürzen, andererseits weiß ich jedoch auch genau, was ich ihr anvertrauen kann und was ich besser für mich behalten sollte. Das ist nun einmal das Schicksal einer Mutter, das weiß ich selbst am besten. Die Vorstellung, dass man ihrem Kind wehgetan oder es in irgendeiner anderen Form Schmerzen hat, kann eine Mutter völlig aus dem Konzept bringen.

Mein Vater ergänzt uns super. Er handelt überlegt, ist geerdet und offenbar immer gefasst. Er verliert sein Gleichgewicht eher durch Kleinigkeiten als durch große Katastrophen. Ein Beispiel: Wie ich geht er gern früh zu Bett. Ist er mit Freunden unterwegs, gibt es einen Punkt, an dem er definitiv ins Bett will. Von da an wird er nervös. Bei großen Dramen bleibt er hingegen bemerkenswert ruhig. Er versucht, alles objektiv und distanziert zu sehen, und kann so wertvolle Ratschläge geben, Bedenken zerstreuen und uns Klarheit verschaffen. Alles in allem schätze ich mich sehr glücklich, eine starke Mutter zu haben, an die ich mich jederzeit wenden kann, und einen Vater, der durch nichts aus der Ruhe zu bringen ist – solange er vor 22 Uhr zu Hause ist!

Ich habe auch wirklich coole Cousins und Cousinen sowie Tanten und Onkel. Die Cottons in meiner Familie sind sehr entspannt und strahlen große Ruhe aus. In ihrer Gesellschaft herrscht eine Atmosphäre der Leichtigkeit, wir haben Spaß und sind gut gelaunt. Mütterlicherseits lautet das Familienmotto: »nähren und Fürsorge angedeihen lassen«. Jedes Mitglied dieses Familienzweigs bringt bei Besuchen mindestens drei unerwartete Geschenke mit: Topfpflanzen, selbst gebackene Kekse in selbst bemalten Keksdosen, kleine Kristalle für die Handtasche … Sie gehören zu den großzügigsten und freigebigsten Leuten, die ich kenne. Sie würden jederzeit eine Kugel für ihre Lieben abfangen und dabei auch noch die Topfpflanze retten.

FAMILIENDRAMA

Wahrscheinlich gibt es auch in Ihrer Familie irgendein Drama. Ob Sie direkt davon betroffen sind oder nicht, die Nachwirkungen sind über Generationen zu spüren, werfen Fragen auf und verursachen mitunter Stress. Ich habe das selbst erlebt; es kann einen wirklich sehr durcheinanderbringen. Familienkonflikte, die sich über Generationen hinziehen, können den kräftigsten Stammbaum entwurzeln. Bei Freunden und Bekannten achten wir darauf, stressigen Menschen möglichst aus dem Weg zu gehen; bei Blutsverwandten, Ehepartnern oder angeheirateten Familienmitgliedern ist es leider nicht so einfach. Hier lassen sich gelegentliche Treffen kaum vermeiden, auch bei einer größeren räumlichen Distanz nicht.

Selbst wenn wir den Kontakt auf ein Minimum beschränken, gibt es da noch die Buschtrommeln, die brühwarm jede Neuigkeit verbreiten und uns aus der Fassung bringen können. Wie soll man bei so etwas die Ruhe bewahren? Wie kann man vermeiden, in den Sog von Drama und Stress gezogen zu werden?

Ich versuche immer als Erstes, Abstand zu nehmen. Betrifft uns das Drama nicht direkt, ist es das Beste, sich die Geschichte anzuhören, die Gefühle zur Kenntnis zu

In fast jeder Familie gibt es jemanden, der weiß, wie er andere auf die Palme bringen kann. Er kennt uns so gut, dass er uns manipulieren kann. Wenn Ihnen das bekannt vorkommt, schreiben Sie in die Tasten unten, welche Knöpfe bei Ihnen regelmäßig gedrückt werden. Schwächen zuzugeben ist ein guter Anfang, wenn Sie sie zu Stärken machen wollen.

nehmen, die damit einhergehen, und dann loszulassen. Wenn wir die Situation ohnehin nicht ändern können oder im Gegenteil durch unser Eingreifen nur verschlimmern würden, lautet das oberste Gebot: Halte dich heraus! Auch wenn es verführerisch ist, sich hin und wieder einem saftigen Drama hinzugeben, führt es meist nur dazu, dass alte Wunden aufreißen, und das ist selten von Vorteil. Wenn wir allerdings wissen, dass wir tatsächlich jemandem helfen können, sollten wir das natürlich tun. Der Stress, der damit verbunden sein kann, wird vielleicht ein wenig durch das Wissen abgemildert, dass wir aus Liebe handeln.

Mich inspirieren die Verwandten am meisten, die ihre Schritte wohlüberlegt tun und Ruhe ausstrahlen. Ich versuche, ihnen in kniffligen Situationen nachzueifern, da es mir häufig schwerfällt, den Mund zu halten. Ich habe schon oft etwas gesagt, ohne vorher nachzudenken –, was natürlich nicht gerade hilfreich war. Erst zu sprechen und zu handeln, nachdem man sich beruhigt hat, ist viel besser. Ich habe damit noch Schwierigkeiten und vergesse es von Zeit zu Zeit. Es lohnt sich aber, sich darin zu üben.

Oft bleibt uns nichts anderes übrig, als zu akzeptieren, dass wir mit dem einen oder anderen Verwandten eben nicht so gut auskommen und das auch nie tun werden. Das ist völlig in Ordnung. Lassen wir die Intriganten intrigieren, die Verantwortungslosen verantwortungslos handeln und die Narzissten nur sich selbst lieben. Fahren wir inzwischen mit unserem eigenen Leben fort und schnappen wir nicht nach jedem Köder, der uns vor die Nase gehalten wird. Spannungen im Familienclan sind schwerer erträglich als andere, weil uns die Menschen letztlich doch am Herzen liegen. Und wenn es sich dabei gar um sehr nahestehende Personen handelt, ist die Liebe tief, die Bindung stark und der Verlust viel schlimmer.

»GELASSENE« ELTERNSCHAFT?!

Als Mutter bin ich eine verwirrende Kombination aus Ruhe und Chaos. Mutter zu sein  hat Emotionen in mir zutage gefördert, von deren Existenz ich keine Ahnung hatte. Die Liebe zu meinen Kindern ist überwältigend und macht manchmal blind. Die Elternschaft ist komplex und anstrengend, aber auch lebensbejahend und berauschend. Zwischen 20 und 30 hatte ich plötzlich mütterliche Visionen von mir und meinen fünf oder mehr Kindern beim Picknick in der Sonne. Ich stellte mir mich selbst als super gechillte und sorgenfreie Mutter vor, die wegen ihrer Kinder nie ängstlich oder zögerlich sein würde.

Schnitt: Ich im dreckigen Jogginganzug mit meiner vierjährigen Tochter, die »bitte, bitte (verzweifelt) wenigstens *ein* Stück Brokkoli« probieren soll. Wo ist jetzt die kraftstrotzende, tiefenentspannte Mum? Sie hat nie existiert! Vom Augenblick der Geburt meines ersten Kindes an hat sich die Sorge an meinen aufgedunsenen postnatalen Körper geklammert und seitdem nicht mehr losgelassen. Ich glaube, ich habe noch nie eine Mutter getroffen, die völlig stress- und sorgenfrei gewesen wäre. Sollten Sie so eine Mutter sein: Bitte melden Sie sich bei mir und verraten Sie mir, wie das geht!

Die Ängste fangen lange vor der Geburt an. Als Schwangere wird man mit guten Ratschlägen und Weisheiten bombardiert, die kaum zu ertragen sind, wenn man gerade furchtbare Rückenschmerzen hat, an morgendlicher Übelkeit leidet und kratzende Stützstrumpfhosen tragen muss. Die erste Schwangerschaft ist mit Sicherheit die aufregendste Zeit des Lebens, aber auch die bizarrste, weil man keine Ahnung hat, was da wirklich auf einen zukommt. Hier mein Rat: Haben Sie den Eindruck, jemand will Ihnen diese Zeit mit einem guten Tipp tatsächlich erleichtern, seien Sie dankbar und nehmen

Sie ihn an. Hegen Sie dagegen den Verdacht, hier will nur jemand seine eigenen, »wunderbaren« Erinnerungen loswerden, nicken Sie, lächeln Sie und widmen Sie sich wieder Ihrem Leben. Bei Ihnen wird es sowieso anders sein: Keine Schwangerschaft gleicht der anderen. Schon zwischen meinen beiden Schwangerschaften gab es einen riesengroßen Unterschied, weshalb ich mir nicht einmal selbst gute Ratschläge erteilen konnte. Machen Sie einen Schritt nach dem anderen und versuchen Sie, sich treiben zu lassen.

Die Elternschaft bringt unser Bestes zum Vorschein, manchmal aber auch unser Schlimmstes. Manchmal ist das Leben mit den Kindern ein ruhiger, wunderschöner Fluss. Sie essen ihr Abendbrot ohne Tamtam, sie baden miteinander, ohne sich um eine Gummiente zu streiten, und schlafen nach zwei kurzen Geschichten ein, die sie schon eine Million Mal gehört haben. Dann gehe ich selbst zu Bett, glücklich, entspannt und … ja: ruhig! Diese goldenen Augenblicke sind unendlich wertvoll und wahrscheinlich die einzigen, an die ich mich erinnern werde, wenn die Kinder längst groß sind.

MÜTTERLICHE »KÄMPFE«

Manchmal ist es aber, als ob ich durch Sirup wate: jede Minute ein Kampf, und die Hoffnung auf ein tabletfreies Abendessen und ein Zubettgehen ohne Bestechung ist reine Illusion. Dann geht meine Gelassenheit flöten. Ich stecke gerade mitten im Chaos, denn meine Kinder sind beide noch unter fünf. Ich hoffe, dass mit zunehmendem Alter (der Kinder) alles besser wird. Glauben kann ich es noch nicht, wenn mir abends mal wieder ein Teller Nudeln um die Ohren fliegt. Meist läuft dann ein Monolog in mir ab, der so verworren und chaotisch ist wie das Verhalten der Kinder: »Sei streng, sonst lernen sie es nie. Sei konsequent; sonst werden sie dir nur noch auf der Nase herumtanzen.« Nach einer halben Stunde, in der wir null Fortschritte gemacht haben, fährt die Stimme fort: »Okay, spar dir deine Kräfte. Mach's dir ein bisschen leichter und gib ihm einfach den verdammten Keks. Ich weiß, er hatte heute schon ein Stück Kuchen, und Kekse bestehen zu 99 Prozent aus Zucker, aber, hey, du bist in den Achtzigern aufgewachsen, und damals war erst nach einer ganzen Packung definitiv Schluss.«

Und dann wird's verworren. Aus dem Monolog wird ein Dialog, weil die beiden Stimmen anfangen zu streiten und das Chaos, das ohnehin schon herrscht, noch größer machen. Und da gehen sie hin: meine Gelassenheit und meine Ruhe. Weg. Dann wird aus der verzweifelten Mum meist eine laute Mum. Diesen Teil meiner selbst mag ich gar nicht; aber leider gibt es ihn. Nicht jeden Tag, manchmal monatelang nicht, aber er lauert unter der Oberfläche und wartet auf Momente der Schwäche; etwa wenn mir Monolog und Dialog und die Auseinandersetzung mit den Kindern zu viel werden und ich obendrein an Schlafmangel leide. An dieser Art von Gelassenheit und Ruhe muss ich wohl am meisten arbeiten. Es wird ein wenig leichter mit der Zeit, weil ich eingesehen habe, dass Lautsein den Kampf nur noch befeuert. Meine Kinder übernehmen den Stress von mir, und dann wird alles nur noch schlimmer. Was mir in diesen Situationen am meisten hilft, ist, mir klarzumachen, dass ich mich so verhalte, weil ich sie liebe. Manchmal verheddert sich diese Liebe in Frust und Chaos, weil ich nur das Beste für meine Kinder will: die beste Ernährung, den besten Schlaf, das beste Verhalten und den größten Spaß. Und wenn wir auch nur einen Millimeter von diesem Pfad abweichen, gebe ich mir die Schuld dafür.

HALLO ... HEIDI

Wenn ich mal wieder einen Fast-Nervenzusammenbruch als Mutter habe, taste ich mit Spaghetti-Bolognese-verschmierten Fingern nach meinem Telefon und schicke meiner lieben Freundin Heidi eine SOS-SMS. In diesen Augenblicken braucht man Trost, Bestätigung und ein Ohr.

Ich lernte Heidi vor sechs Jahren kennen, damals hatte ich selbst noch keine Kinder. Unsere Männer spielen in derselben Band, und wir hörten ihnen vom überfüllten Rang aus zu. Ich hatte meine Haare gerade pink gefärbt, war etwas vom Gin beschwipst und sprach deshalb wahrscheinlich ein wenig zu laut. Ich bin mir ziemlich sicher, dass Heidis erster Eindruck von mir nicht allzu positiv ausgefallen sein kann, doch glücklicherweise gab sie mir eine zweite Chance. Zu diesem Zeitpunkt war Heidi schon vierfache Mutter und arbeitete an einem Film, bei dem sie Drehbuchautorin, Produzentin und Regisseurin in einer Person war. Dass ich ihre Energie, ihr Arbeitsethos und ihre Familienwerte bewunderte, ist eine dreiste Untertreibung. Ich brachte es damals kaum fertig, meinen Beruf und zwei Katzen unter einen Hut zu bringen.

Heute habe ich selbst Kinder, und unsere Freundschaft hat ein solides Fundament, das auch aus gemeinsamen Auffassungen von Leben und Arbeit besteht. Wir lieben es beide, Mutter zu sein. Wir können uns ein Leben ohne unseren kreativen Job andererseits aber auch nicht vorstellen. Das ist natürlich eine Herausforderung, über die wir dauernd miteinander reden, was allerdings eher bedeutet, dass ich mir bei Heidi vernünftigen Rat hole.

Heidis pragmatische Art passt perfekt zu ihrem messerscharfen und kreativen Verstand. Ihre Branche, die Filmindustrie, ist nicht gerade frauenfreundlich, und so musste sie kämpfen, um sich durchzusetzen. Trotzdem ist sie die entspannteste Mutter, die ich kenne. Ich habe keine Ahnung, wie sie es schafft, neben der Arbeit für fünf Kinder zu kochen und zu sorgen, doch sie schafft es. Manchmal stillt sie und schreibt dabei an einem Drehbuch, nimmt an Meetings teil, nachdem sie die Kinder in ihre fünf Schulen gefahren hat, und lässt sich insgesamt nie aus der Ruhe bringen, obwohl es nicht beruhigend ist, als Freiberuflerin mit einem Musiker als Mann eine große Familie ernähren zu müssen. An Heidi wende ich mich, wenn ich Rat in Familienangelegenheiten suche, quatschen oder lachen will. Und wie im Grunde nicht anders zu erwarten ist, sind ihre Kinder allesamt auch noch unglaublich höflich und gut erzogen. Als ihr Ältester, Louis, einmal bei uns übernachten durfte, hat er uns danach eine Dankeskarte geschickt. Wahnsinn.

Was auch immer Heidi in Angriff nimmt, sie macht es richtig. Ich will unbedingt mehr über ihre Familienalchemie und ihre Fähigkeit herausfinden, das Leben so bravourös zu meistern. Das Schreiben dieses Buchs gibt mir die Gelegenheit dazu.

Fearne: Du bist als Mutter eine meiner Heldinnen, und ich frage mich ständig, wie du es schaffst, mit so vielen Bällen gleichzeitig zu jonglieren. Gibt es überhaupt etwas, das dich aus der Ruhe bringt?

Heidi: Ich bin heute tatsächlich meistens sehr gelassen, doch das war keineswegs immer so. Ich glaube, für mich hat sich grundlegend etwas geändert, als ich die Entscheidung getroffen habe, das Chaos zu akzeptieren, statt dagegen zu kämpfen. Was mich dennoch aus der Ruhe bringt, ist, wenn andere mir bei der Arbeit dazwischenfunken. Ich habe ungeheuer wenig Zeit, wenn ich meine Arbeit schaffen und mich zugleich um meine Familie kümmern will. Man kann schlicht nicht alles unter Kontrolle haben und muss manchmal auch vertrauen und loslassen können. Eine meiner besten Freundinnen (du) hat mir mal gesagt: »Vergiss nicht, Heidi, die Sahne schwimmt immer oben.« Und seitdem denke ich daran.

Du hast fünf Kinder und eine atemberaubende Karriere. Was machst du, wenn Überforderung droht und der Lärm der Welt nicht aufhören will?

Tja, daran arbeite ich noch … Ich stamme von einer langen Reihe professioneller Hitzköpfe ab. Einer meiner Vorfahren war ein Gangster, den seine Kollegen, die berühmten Kray-Zwillinge, erschossen haben, als er ihnen irgendwann zu hitzig wurde. Wenn es mir äußerlich oder innerlich zu laut ist, gehe ich laufen, gehe spazieren oder übe Yoga. Jede Aktivität an der frischen Luft, vorzugsweise mit meinen Hunden, ist wie ein Allheilmittel. Außerdem erinnert mich mein Mann immer wunderbar daran, was wichtig ist und was nicht. Kurz nachdem wir uns kennengelernt haben, hat meine Bauchspeicheldrüse plötzlich verrückt gespielt. Bei einer Untersuchung wurde dann festgestellt, dass ich schwanger war. »Herzlichen Glückwunsch«, sagte der Arzt damals zu mir. »Aber leider müssen Sie sofort operiert werden, wenn Sie nicht sterben wollen. Das Baby hat dabei kaum eine Überlebenschance.« Das Baby ist heute 16.

Hältst du es für wichtig, dir auch einmal Zeit für dich zu nehmen, in der du einfach du selbst sein kannst und nicht immer Mutter, Drehbuchautorin, Ehefrau oder Freundin?

Ich bin am meisten ich selbst, wenn ich Mutter, Drehbuchautorin, Ehefrau und Freundin bin. Als ich mein letztes Baby bekommen hatte, fand ich es toll, mich voll und ganz mit ihm, seinen Brüdern und seiner Schwester zu beschäftigen. Nichts war zu dieser Zeit wichtiger, alles andere konnte und würde warten. Das war ein gutes Gefühl. Wahrscheinlich denken andere Frauen manchmal, sie dürften sich diese Zeit wegen all ihrer sonstigen Verpflichtungen nicht nehmen, doch sollten sie nie vergessen, dass sie die Wahl haben. Und wenn man sich entsprechend entschieden hat, fühlt sich das wunderbar an. Dann jongliert man nicht mehr, sondern genießt einfach. Für mich als Frau des 21. Jahrhunderts, die zu sich steht, sind auch meine Freundinnen sehr wichtig. Wofür ich im Moment tatsächlich keine Zeit habe, sind meine Haare – außer ich muss mal wieder mit dem Nissenkamm ran.

Du hast einen sehr kreativen Beruf. Musst du dafür immer absolute Kopffreiheit und Gelassenheit haben?

Ja. Hätte ich die am Set nicht, würden zwei Dinge passieren: Zum einen würde sich das wie ein Lauffeuer unter Cast und Crew verbreiten. Wenn der Regisseur anfängt zu brüllen, gehen sich alle anderen bald auch an die Gurgel, und der Tag ist gelaufen. Zum anderen würden mich meine Mitarbeiter für eine Vollidiotin halten, und keiner würde mehr auf mich hören. Ich bin so dankbar dafür, tun zu können, was mir wirklich Spaß macht, dass ich am Set immer die Ruhe selbst bin, damit es nur möglichst lange so bleibt.

Wie schaffst du es, dem Leben deiner Kinder gerecht zu werden, all ihren Bedürfnissen und Wünschen? Wird dir das manchmal nicht zu viel?

Mit fünf Kindern im Alter zwischen 1 und 16 ist es das Schwierigste, die unterschiedlichen Bedürfnisse möglichst schnell zu erkennen. Kinder sagen einem nicht immer, was sie wirklich brauchen; weshalb man aufmerksam sein muss. Ich versuche immer sicherzustellen, mit jedem von ihnen jeden Tag wenigstens etwas Zeit zu verbringen, und sei es auch nur am Telefon, wenn ich unterwegs bin. Zu viel wird es mir eigentlich nur, wenn ich aus der Badewanne steige und mich mit einem Gästehandtuch abtrocknen muss, weil die Kids mal wieder alle großen Handtücher in Beschlag genommen haben.

Wie kommst du im Chaos des Lebens zur Ruhe? Was hilft dir dabei? Eine körperliche Tätigkeit, eine geistige Arbeit, eine bestimmte Person?

Ich schreibe Drehbücher und tauche in imaginäre Welten mit imaginären Menschen ab, und ich schwöre, das hält mich bei Verstand! Oder bringt es mich gerade um denselben …? Na ja, darüber denke ich besser nicht zu viel nach. Ich höre gern laute Musik und tanze mit den Kindern dazu. Im Moment versuchen wir, wie Michael Jackson zu tanzen – eine sehr therapeutische Angelegenheit.

Kannst du dich an einen Augenblick in deinem Leben erinnern, in dem du dich innerlich absolut ruhig und gelassen gefühlt hast?

Ja, das war nach einem Geburtstagsessen mit meinem Mann, den Kindern und Freunden auf Sardinien. Wir sind bei Sonnenuntergang noch im Meer schwimmen gegangen, und da hatte ich wirklich das Gefühl absoluten inneren Friedens. Solche ruhigen Augenblicke sind sehr selten, doch das sollte uns nicht beunruhigen. Häufig entspringt gerade das, was uns antreibt und zu dem Menschen macht, der wir gern sein möchten, nicht der Ruhe, sondern dem Chaos.

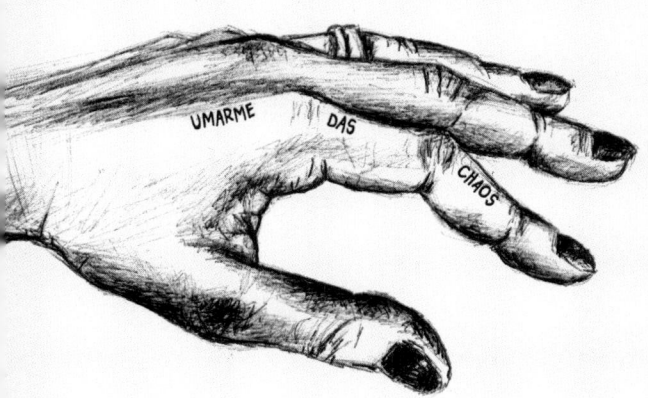

MÜTTERLICHE ZWEIFEL

Mutter zu sein stürzt mich in schreckliche Selbstzweifel, die mich neben dem tagtäglichen Chaos zusätzlich auslaugen. Ich vergleiche mich mit anderen, vergesse das Gute an mir und mache mir Vorwürfe, wenn es nicht nach Plan läuft. Trotzdem Abstand zu nehmen und daran zu denken, was man wirklich leistet – die harte Arbeit, die man in die Familie gesteckt hat, und die Liebe, die man für sie empfindet –, genügt, um wieder ruhiger zu werden; wohl nicht von jetzt auf gleich, aber sicherlich bald.

Dann kann ich entweder das Chaos um mich herum ignorieren und so nach und nach entschärfen oder ich gewinne meine Geduld wieder, mit der ich es hinkriege, dass ich und die Kinder endlich wieder an einem Strang ziehen. Manchmal klappt das, manchmal nicht, aber wenigstens weiß ich, dass auch das vorbeigeht und wir bald wieder ein Herz und eine Seele sind. Glauben Sie mir: Daran arbeite ich, die ganze Zeit, und ich bin fest davon überzeugt, dass es anderen Eltern hilft, wenn wir offen darüber reden.

Mutter oder Vater zu werden gibt uns Gelegenheit, eine Menge über uns selbst zu lernen. Ich bin extrem angespannt, wenn meine Kinder unglücklich auf mich wirken. Dann vergesse ich, dem Leben zu vertrauen. Aber ich muss lernen, dass Kinder die Höhen und Tiefen des Lebens kennenlernen müssen, ohne ständig von mir abgeschirmt zu werden. Das wiederum macht mir bewusst, wie sehr es mich selbst aus der Bahn wirft, wenn etwas anders läuft als gedacht. Mir wird gewissermaßen ein Spiegel vorgehalten, in den ich blicken kann, um mich weiterzuentwickeln.

Wir sind eine der ersten Generationen, die alles zugleich sein wollen: die besten Eltern, die Besten bei der Arbeit, immer auf dem Laufenden. Die Ansprüche, die wir an

uns selbst stellen, können uns Ruhe und Gelassenheit rauben. Machen Sie sich klar, dass Sie ein Mensch und damit fehlbar sind. Das hält zumindest mich bei Verstand.

Enorm hilfreich kann es sein, aufzuschreiben, was genau man unter einer »guten Mutter« versteht. Listen Sie alle Eigenschaften genau auf, lesen Sie sich die Liste anschließend durch – und Sie werden feststellen, dass Sie die meisten Bedingungen ohnehin schon erfüllen. Elternschaft ist Chaos pur, heißen Sie es willkommen! Doch wie in jedem Wirbelsturm gibt es auch hier ein ruhiges Zentrum. Und Sie werden es finden.

IST ES AUCH WAHNSINN ...

Außer Mutter bin ich auch noch Stiefmutter, was mich stolz und dankbar macht. Ich habe ein Riesenglück: Meine Stiefkinder sind sehr entspannt. Sie tragen kaum zum Chaos bei; im Gegenteil. Meine Stieftochter ist einer der ganz wenigen Menschen auf diesem Planeten, die meinen Sohn Rex bei seinen erdbebenähnlichen Trotz- und Wutanfällen beruhigen können. Sie lenkt ihn dann mit einer Grimasse oder einer lustigen Geschichte ab, und in Nullkommanichts hat er sich wundersamerweise in den kleinen Engel zurückverwandelt, der er vorher gewesen war. Sie kann sich auf eine Art und Weise auf seine Wellenlänge einlassen, wie ich es manchmal nicht hinkriege, weil ich mal wieder zu tief im Sumpf der pragmatischen Seite des Familienlebens stecke.

Das Chaos, wenn alle vier Kinder zugleich bei uns sind, wird von dem militanten Regime verursacht, an das mein Mann und ich uns halten müssen, wenn wir wollen, dass alles halbwegs rund läuft. Dann versuchen wir, das Chaos mit Organisation zu

Hin und wieder hege ich große Zweifel, ob ich wirklich eine gute Mutter bin. Ich bin wieder berufstätig und fühle mich deshalb oft schuldig. Tief in mir drin weiß ich zwar, dass ich mein Bestes tue, doch mitunter brauche ich dafür eine Bestätigung. Wie praktisch, dass eines meiner Lieblingshobbys das Listenschreiben ist! Ich schreibe einfach auf, was in meinen Augen eine gute Mutter ausmacht. Sehe ich mir die Liste dann an, wird mir klar, dass ich viele der genannten Attribute bereits besitze. Wir neigen dazu, unsere Rollen zu verkomplizieren; eine Liste kann Klarheit schaffen. Was immer Ihre Rolle ist – Mutter, Bruder, Tochter, Freundin –, schreiben Sie in die Zeilen unten, welche Eigenschaften Sie in dieser Rolle idealerweise haben sollten. Sie werden sehen: Die meisten davon besitzen Sie schon!

....

....

....

....

....

....

....

....

bekämpfen. Sport am Wochenende, die Kinder zu Veranstaltungen fahren, Hausarbeit, sechs volle Waschmaschinenladungen ... Ach ja, essen sollte man ja auch noch hin und wieder etwas ... Habe ich etwas vergessen? Natürlich: Spaß haben!

Wenn etwas nicht so läuft, wie ich es gerne hätte, gehe ich automatisch in diesen »Organisationsmodus«. Habe ich die Kontrolle oder glaube es zumindest, werde ich sofort ruhiger. Doch leider hat die Sache einen gewaltigen Haken: So mache ich nicht nur dem Chaos den Garaus, sondern auch dem Spaß. Der nämlich wird durch all die Listen und delegierten Aufgaben erstickt, und das Leben wirkt irgendwie nur gespielt statt gelebt. Es ist mein Mann, der mich in solchen Augenblicken immer an diese Fallstricke erinnert und mich aus der Planung ins wirkliche Leben zurückzerrt, wie sehr ich mich auch dagegen wehre. Denn es gibt Raum für alles. Listen anzufertigen und Dinge zu organisieren vermittelt mir ein gewisses Gefühl der Ruhe, das in Familien unserer Größenordnung sonst selten zu finden ist. Dennoch muss die Balance stimmen, und ich darf mich in meiner Welt der Listen nicht aus Versehen in Mrs Megalangweilig verwandeln. Ja, auch daran arbeite ich noch ...

Chaos und Ruhe haben eine ganz andere Bedeutung, wenn es um die Familie geht. Da kann der Haushalt noch so entspannt sein – ist die Familie involviert, entsteht automatisch Stress, und man kreiert persönliche Bewältigungsstrategien.

Seit ich Stiefmutter und Mutter geworden bin, habe ich Methoden entwickelt, das Chaos zu beherrschen, muss mich aber ständig daran erinnern, dabei auch mal spontan zu sein. Ich kann ganz schön streng sein, wenn es erforderlich ist, muss hin und wieder auch mal fünf gerade sein lassen, damit mir das Leben etwas Neues beibringen kann. Ich kann Listen schreiben, um das, was in unserem Haus ansteht, einigermaßen in den

Griff zu bekommen, sollte zwischendurch aber mal genießen. Schließlich gehört auch das Chaos zu den Dingen, die vorübergehen. Alles geht vorüber.

Das gilt nicht nur für die Beziehung zu unseren Kindern, sondern auch für die Beziehung zu Ehemann oder Partner. Ob man in einer Ehe, einer nichtehelichen Partnerschaft oder einer WG lebt, das Verhältnis zwischen Chaos und Ruhe sollte immer ausgewogen sein. Menschen haben nun einmal unterschiedliche Bedürfnisse, und deshalb ist es wichtig, sich so oft wie möglich in der Mitte zu treffen.

KOMPROMISSE EINGEHEN

Rücksicht. Dieses Wort kannte ich als Teenager und mit Anfang 20 noch nicht. Ich bin mit 19 ausgezogen und konnte dann als Single machen, was ich wollte. Ich aß, was ich wollte und wann ich wollte. Ich räumte die Wohnung auf oder auch nicht und sang lauthals, wann immer mir danach war. Lebt man mit jemandem zusammen, wird man mit der Nase auf all seine persönlichen Gewohnheiten und Schrullen gestoßen – ebenso wie auf die des anderen. Einer meiner Exfreunde flippte immer völlig aus, wenn ich sein Duschgel und Shampoo nach dem Duschen nicht wieder so hinstellte, dass das Etikett nach vorne wies. Mir war es schnurzegal, wie die Flaschen standen, doch mir wurde rasch klar, wie wichtig dieses Ritual für ihn war. Um es kurz zu machen: Mit uns hat es nicht geklappt, aber auch mein Mann und ich können uns mit unseren kleinen »Angewohnheiten« gegenseitig auf die Palme treiben. Nicht gerade die ideale Voraussetzung für Ruhe und Gelassenheit.

Ich bin ein Ordnungsfanatiker. Lässt mein Mann die Schranktür offen, nachdem er sich einen Tee gemacht hat, würde ich vor lauter Wut am liebsten jeden Teebeutel einzeln aus dem Fenster werfen. Umgekehrt ist dieses Bedürfnis nach Ordnung für Jesse zunehmend frustrierend, etwa dann, wenn ich Kleidung in den Schrank zurückhänge, die er sich erst einige Sekunden zuvor zum Anziehen rausgelegt hat. Wir können uns mit unseren Marotten schon mächtig auf die Nerven gehen. Weiß man aber um die eigenen Schwächen, kann man zumindest ein bisschen loslassen, und es sammelt sich nicht zu viel Frust an.

In einem gemeinsamen Haushalt ist das Delegieren von ganz entscheidender Bedeutung. Ich kann schlecht um Hilfe bitten, weil ich meine Unabhängigkeit über alles liebe, habe im Laufe der Zeit aber eingesehen, dass es mich ungeheuer stresst, wenn ich alles alleine machen will. Das hilft weder mir noch anderen. Nun ist mein Mann glücklicherweise ein sehr zuvorkommender Mensch und immer gern bereit, mir die Dinge im Leben abzunehmen, durch die ich mich überfordert fühle. Das führt auch bei Hausarbeit und Kindererziehung zu einer ausgesprochen kooperativen Partnerschaft. Sollte Ihnen dieses Gleichgewicht bei Ihrem Lebenspartner oder Freund fehlen, versuchen Sie, so ehrlich wie möglich zu sein. Die Verantwortlichkeiten im Haushalt müssen geklärt und gerecht verteilt sein, denn nur so kommen Ruhe und Gelassenheit ins gemeinsame Leben und die Beziehung. Auf diese Weise ehrlich zu sein ist nicht immer einfach, aber viel besser als in unausgesprochenem Frust und einem ganzen Rattenschwanz anderer Emotionen zu versinken, die Ruhe und Gelassenheit unmöglich machen.

Wenn wir uns von Familienmitgliedern gereizt oder provoziert fühlen, reagieren wir meist impulsiv, ohne nachzudenken. Sich diese Reaktionen bewusst zu machen und nach Mustern Ausschau zu halten hilft uns dabei, sie zu verändern. Vervollständigen Sie dafür die folgenden Sätze.

Manchmal bringt mich .... aus der Ruhe.

Wenn er/sie ....

reagiere ich so darauf: ....

....

....

Ich weiß, dass ich den anderen nicht ändern kann, also versuche ich,
beim nächsten Mal so zu reagieren: ....

....

....

Das wird mir wieder Ruhe und Gelassenheit schenken.

VERLIEBT BIS ÜBER BEIDE OHREN

Kommen wir zu etwas Schönem: dem Verlieben. Ich glaube, die meisten Beziehungen beginnen nicht mit Ruhe und Gelassenheit, und das ist völlig in Ordnung. Die meisten Beziehungen beginnen eher mit einem Wirbelsturm an Emotionen und komplettem Chaos, süßem, wunderbarem Chaos, ein wenig wie der Urknall. Partikel prallen aufeinander, schlagen wie Billardkugeln gegen die Bande oder werden wild durch die Gegend geflippert. Wir stehen unter Strom, die Pupillen weiten sich, das Herz klopft wild. Keine Spur von Gelassenheit! Alles neu, aufregend und unbekannt! Keine Garantien, kein Plan, nur der freie Fall mit glückseligem Lächeln im Gesicht. Ich liebe dieses Beziehungsstadium und denke vor allem an die ersten sechs Monate, nachdem mein Mann und ich uns kennengelernt hatten. Alle anderen Belange des Lebens scheinen sich in Luft aufzulösen und sich im sanften Licht eines Sommernachmittags zu verflüchtigen. Wein, lange Abende und gerötete Wangen anstelle des Gedankens an ungeöffnete Post, pünktliches Erscheinen zu Terminen und sonstigen Alltagsstress. Meist ist dies die Zeit im Leben, in der es den meisten Menschen gelingt, wirklich loszulassen.

Wenn man sich verliebt, ist man unweigerlich verletzlich, denn es ist der Schritt ins große Unbekannte. Sollten Sie schon einmal verletzt worden sein und deshalb Angst vor dem Verlieben haben, glauben Sie mir, die ich selbst im Laufe der Zeit oft genug verletzt worden bin: Trauen Sie sich! Es lohnt sich! Angesichts des romantischen Wirbelsturms verblassen Ruhe und Gelassenheit zeitweise. Vielleicht sehnen Sie sich nach der Sicherheit einer festen Beziehung oder Ehe und wollen die Zeit vorspulen, doch versuchen Sie zuerst, die Intensität des Augenblicks zu genießen. Vielleicht macht

Ihnen die Unsicherheit einer neuen Liebe Angst, aber die gibt es auch in der Ehe, erst recht wenn Kinder da sind. Eine gute Chance auf Ruhe haben Sie, wenn Sie den Augenblick genießen. Heißen Sie Adrenalin und emotionalen Aufruhr willkommen. Machen Sie es sich im Chaos gemütlich, dann werden Sie auch zur Ruhe kommen.

PANIK VOR DEM ERSTEN DATE

Gibt es einen Moment, in dem wir uns weniger ruhig und gelassen fühlen als beim ersten Date? An den Tag meines ersten offiziellen Dates mit meinem heutigen Mann erinnere ich mich als an einen Tag voller Blut, Schweiß und Tränen, der irgendwie in Zeitlupe ablief. Der Zeiger an der Uhr schien einfach nicht auf die verabredete Zeit 19 Uhr vorrücken zu wollen. Ich flatterte aufgescheucht durchs Haus und beschloss dann, einem meiner Freunde auf die Nerven zu gehen. Nicht eine Sekunde länger konnte ich dieses aufgeregte Chaos allein ertragen. Mein Freund Richard ist ein Experte in Liebes- und Beziehungsdingen. Er schreibt über dieses Thema, hat selbst eine langjährige Beziehung und vier Kinder. Er konnte mich sofort beruhigen, indem er mich daran erinnerte, wie wundervoll diese Art von Chaos ist. Diese innere Anarchie lässt uns alles mit anderen Augen sehen. Sie entzündet jede einzelne Zelle im Körper und gibt uns die Chance, einmal ein wenig leichtsinnig und mutig zu sein. Eine weitere Weisheit, die er mir damals mitgeteilt hat, gebe ich seitdem an meine Freunde weiter. Ich hatte ihn gefragt, was um Himmels willen ich anziehen sollte, um Eindruck zu schinden, und er hatte geantwortet, ich solle anbehalten, was ich gerade trug. Beim ersten Date, so Richard, trägt man am besten genau das, was man getragen hat, als man um das Date gebeten wurde, außer man war schon im Bett oder gerade auf einer Kostümparty.

Ich hatte ein George-Michael-T-Shirt und einen Rock an, in dem ich mich ein wenig underdressed fühlte. Doch Richard versicherte mir, dass das genau der entspannte Look war, nach dem ich suchte. Na, hoffentlich mochte Jesse Wham! so sehr wie ich … Dieser Ratschlag sagt: Sei du selbst! Verkleide dich nicht, verhalte dich nicht anders als sonst. Verstecke dich nicht hinter dem, wie andere dich vielleicht sehen wollen. Sei du selbst und fühl dich wohl dabei. Ich weiß nicht, ob ich Richard für die folgenden sieben Jahre Beziehung, davon drei Ehejahre, verantwortlich machen kann; aber ich weiß, dass er mir definitiv durch die Panik vor dem ersten Date geholfen hat. Danke, Richard!

SCHLIESSLICH DOCH ZUR RUHE KOMMEN

Manche Menschen sind nach dem Wirbelsturm der Gefühle zu Beginn einer neuen Beziehung geradezu süchtig und entwickeln sich nur schwer über diesen Punkt hinaus. Vielleicht weil sie annehmen, dass die Beziehung nach einer Weile langweilig wird und sie der Langlebigkeit keine Chance geben wollen. Ich bin wie erwähnt auch verrückt nach dieser ersten turbulenten Zeit, würde sie aber niemals gegen die Behaglichkeit und den gleichmäßigen Rhythmus tauschen, die meine Beziehung jetzt ausmachen. Ich liebe die Ruhe, die meine Beziehung zu meinem Ehemann umgibt. Die halten wir beide in der Ehe für wichtig. Andere mögen anderer Meinung sein; uns bietet sie ein solides Fundament im Leben. Wir mögen es beide nicht besonders lärmig, schlagen uns nicht gern die Nächte um die Ohren, und aus dem Alter spontaner Ausflüge ins Tattoo-Studio sind wir auch raus. Das heißt aber nicht, dass es bei uns langweilig zuginge. Wir lachen viel, wir lieben es, gemeinsam zu lernen – insbesondere in puncto Kindererziehung –, und helfen einander. Das sind die Dinge, die uns und unserer Familieneinheit wichtig sind. In sie investieren wir einen Großteil unserer Energie. Für uns zählen Familienleben, gestohlene Augenblicke als Paar, die Liebe unserer Kinder und überhaupt das ganze Chaos, das unser gemeinsames Leben mit sich bringt.

Die gesamte Reise von der neuen Liebe über die Ehe und die Fortpflanzung bis zum Tod oder einer Scheidung ist untrennbar sowohl mit Stress als auch mit Ruhe verknüpft. Das Leben ist eine Unbekannte, mit der wir zurechtkommen müssen. Keine Beziehung ist perfekt und völlig stressfrei. Für mich persönlich geht es darum, nicht zuzulassen, dass der Alltagsstress die tiefe Liebe überschattet, die wir in unserer Familie alle füreinander empfinden – und mich immer wieder daran zu erinnern, dass ich mich in den ruhigeren Augenblicken auch einmal entspannen darf.

DER KREISLAUF DES LEBENS

Die Erkenntnis, dass es in Beziehungen immer Höhen und Tiefen geben wird, weil Leben Veränderung bedeutet, kann uns auch ganz allgemein helfen. Wir müssen im Leben alle unterschiedliche Arten und unterschiedliche Grade von Stress bewältigen, doch einem sind wir alle unterworfen: Veränderungen. Und die können positiv und erhellend oder aber belastend und kompliziert sein.

Wie können wir uns wieder beruhigen, wenn uns jemand in der Familie auf die Palme bringt? Wir können uns vorstellen, in den Schuhen des anderen zu stecken. Überlegen Sie, warum derjenige handelt, wie er handelt, versuchen Sie, sich den Grund für sein Verhalten vorzustellen. Schreiben Sie in den ersten Schuh den Namen des Familienmitglieds und sein Verhalten und in den zweiten den möglichen Grund für dieses Verhalten.

Das tut er/sie.

Deshalb tut er/sie das.

Die meisten Menschen begegnen dem Phänomen Stress erstmals als Teenager. **Veränderung!** Sie ist einfach überall. Der Körper verändert sich zusehends, und der Geist versucht, damit Schritt zu halten. Wir fühlen uns in unserem Körper nicht mehr so frei wie als Kind, aber auch noch nicht so wohl wie als Erwachsener. Dieser Zwischenzustand kann aufregend und berauschend sein, aber auch belastend. Als Teenager erleben die meisten auch die erste Beziehung, während sie versuchen, sich durch all die Optionen zu ihrem Ich und ihrem Platz in der Welt hindurchzulavieren. Plötzlich ist Verantwortung etwas sehr Reales und Angsteinflößendes.

Dann werden wir mit der Veränderung konfrontiert, die Beziehungen mit sich bringen, etwa durch Zusammenziehen, das Eingehen von Kompromissen oder das Lernen, jemandem außerhalb der Familie zu vertrauen, wenn sich ein neuer Flügel des Clans entwickelt. Dies kann eine ganz neue Art von Unterstützung bedeuten, aber auch bedrohlich wirken. Als Nächstes kommt vielleicht Elternschaft oder Karriere oder beides. Kompromisse werden notwendig, Zeit bekommt eine andere Bedeutung, neue Sorgen und Ängste, neue Möglichkeiten persönlichen Wachstums tauchen am Horizont auf.

Dann werden wir mit dem Älterwerden konfrontiert, mit wieder neuen Ängsten und Sorgen. Wir müssen vielleicht unser Tempo im Leben bremsen. Auf jeden Fall ist auch dies eine Zeit umwälzender Veränderungen.

Veränderungen sind sicher, Stress ist wahrscheinlich; ebenso jedoch Freude, wenn man sie sucht. Es ist schon seltsam, dass uns in diesem ewigen Kreislauf des Lebens Veränderung und Tod immer noch so aus der Bahn werfen, obwohl wir doch wissen, dass es beides gibt und geben muss. Das ist seit Milliarden von Jahren so und wird immer so sein, doch flößt es uns Angst ein. Vielleicht gehört auch das einfach dazu. Umbrüche im Leben sind Lektionen, die wir entweder mit zusammengebissenen Zähnen ertragen oder in aller Gelassenheit kauen und verdauen können. Als ich mich neulich mit meinem 94-jährigen Großonkel Haydn getroffen habe, sagte er ganz beiläufig: »Komm mich doch bald wieder besuchen, bevor ich abkratze.« Vielleicht kann er den Tod mit 94 eher akzeptieren, vielleicht können wir uns dem Schicksal in diesem Alter leichter beugen, vielleicht kommt mit dem Alter auch die Weisheit. Vielleicht wird uns diese Erleuchtung nur nach einem Leben voller Lachen, Verlust und Liebe geschenkt.

Nun mag die ältere Generation möglicherweise ihren Frieden mit unser aller Schicksal gemacht haben, für die Hinterbliebenen aber bedeutet der Tod viel Schmerz und Leid. Als meine Großeltern gestorben sind, haben sie riesige Lücken an den Stellen hinterlassen, die vorher mit ihrer Liebe und Persönlichkeit gefüllt gewesen waren, und wie es Menschen geht, die Partner, Eltern oder gar Kinder vor der Zeit verloren haben, kann ich mir kaum vorstellen. Diese Art von Veränderung ist sehr schwerwiegend. Der Verlust raubt einem die Ruhe, weil er sich anfühlt, als wäre ein tragender Stein im Fundament des eigenen Lebens plötzlich weggebrochen. Verlust kann ungeheuer viel Chaos verursachen, und so sollten wir ihn vielleicht besser akzeptieren, als verzweifelt nach innerer Ruhe zu suchen. Aber sie wird wiederkommen. Diese Gewissheit ist möglicherweise das Einzige, was hilft. Versuchen wir, das Chaos zu betäuben, indem wir unsere Gefühle unterdrücken, uns ablenken oder es schlicht ignorieren, wird es früher oder später in anderer Form wieder zutage treten. Ich glaube, dass wir

DIE ZEIT HEILT

in dunkleren Zeiten versuchen sollten, unseren Frieden mit dem Chaos zu machen, in dem Wissen, dass Ruhe und Gelassenheit irgendwann wiederkehren werden.

In der Familie werden wir laufend mit Veränderungen konfrontiert. Um Ruhe zu finden, müssen wir deshalb eine Entscheidung treffen: Hadern wir mit den Veränderungen, halten die Luft an und tauchen in den Stress ein oder nehmen wir sie zur Kenntnis und lassen sie dann weiterziehen? Diese Entscheidung muss jeder für sich treffen. Sich nicht gegen Veränderungen zu sträuben führt dazu, das Chaos, das sie mit sich bringen, akzeptieren zu lernen oder sogar mittendrin einen Ruhepunkt zu finden.

Zusammenfassung

ABSTAND GEWINNEN

Versuchen Sie, auf jegliches Familiendrama ruhig und besonnen zu reagieren.

IN IHRER ROLLE ALS MUTTER ...

... sollten Sie versuchen, das Chaos zu akzeptieren, statt es zu bekämpfen!

IMMER WIEDER ENTSPANNEN

Alles kontrollieren zu wollen kann einem den Spaß am Leben gründlich verderben.

IHRE PERSÖNLICHE VORSTELLUNG VON
GELASSENHEIT IN DER FAMILIE

Fassen Sie in einem Wort oder in einer Zeichnung zusammen,
was Gelassenheit in der Familie für Sie bedeutet.

Beruhigende
Freunde

In meinem Leben kommen und gehen Menschen wie Schauspieler auf der
Bühne. Einige bleiben das ganze Stück lang, andere treten vorne links auf und
bald darauf hinten rechts wieder ab. Eine Freundschaft zu schließen kann sich
ähnlich anfühlen wie eine neue Liebe: Ein Seelengefährte überschüttet uns mit
Zuneigung, und unvergessliche gemeinsame Erinnerungen entstehen. Andere
überschütten uns mit Dramen und Überraschungen. Sind diese unberechen-
baren Augenblicke, in denen wir wichtigen Menschen begegnen, vom
Schicksal vorherbestimmt oder kommen sie durch bloßen Zufall
zustande? Ich glaube, dass wir die Menschen anziehen, die wir
brauchen, um zu lernen, auch wenn wir dafür unsere
Komfortzone verlassen müssen.

DIE BERUHIGENDEN TYPEN

Fangen wir erst einmal mit den erfreulichen Zeitgenossen an, den Menschen, die uns in Augenblicken blanker Panik, Angst und Sorge beruhigen können. Haben auch Sie einen solchen Menschen in Ihrem Leben, von dem Sie wissen, dass er Ihnen die Last des ewig plappernden Geistes von den Schultern nehmen kann? Ist es nicht erstaunlich, wie die beruhigenden Worte eines solchen Freundes im Nu den Stress mindern und uns Klarheit verschaffen können? Ich bin unendlich dankbar dafür, dass ich einige solcher »Krieger der Ruhe« zu meinem Freundeskreis zählen darf. Habe ich diese Menschen in mein Leben gezogen, damit sie mir den Weg weisen, oder war es purer Zufall, dass sie zur richtigen Zeit am richtigen Ort waren? Das werde ich wohl nie erfahren, aber ich liebe den Zauber, den diese Menschen ausstrahlen.

Der bloße Gedanke an dieses großartige Netz von vertrauten Freunden lässt mich hinter den Kulissen schon zur Ruhe kommen. Wenn Dramen drohen oder gar wirkliche Tragödien geschehen sind, brauche ich nur einen von meinen Vertrauten anzurufen oder eine Mail zu schreiben und mein Leid zu klagen, und schon erhalte ich die Führung, die ich so dringend benötige. Der frische Blick, der aufgeschlossene Geist und die Jahrzehnte eigenständiger Lebenserfahrung der anderen erweitern unseren Horizont ganz entscheidend.

Dies ist der erste Schritt einer bestmöglichen Reaktion: Nutzen Sie die beruhigenden Menschen in Ihrem Leben als Resonanzboden, bevor Sie ohne Rettungsring am tiefen Ende des Beckens ins Wasser springen. Lassen Sie sie Ihre Situation mit klarem Verstand beleuchten und auch Ihnen Klarheit verschaffen, bevor Sie handeln. Manchmal ist es nur

ein einziger Satz, der alles ändern kann. Ich denke mir: Wenn ich allein die Lage nicht so sehen kann, wie sie wirklich ist, muss ich einen Menschen, dem ich vertraue, um Rat fragen. Sein Herz und seine Ohren zu öffnen kann äußerst hilfreich sein.

Mein Mann Jesse besteht zu 98 Prozent aus Ruhe und Gelassenheit. Es muss schon viel passieren, bevor er sich ärgert, und selbst wenn jemand in seinem persönlichen Wespennest herumstochert, reagiert er darauf immer ausgesprochen maßvoll und vernünftig. Leider mangelt es mir an diesen Eigenschaften, weshalb ich mich auch in meinen eigenen Angelegenheiten oft an ihm orientiere. Wenn mich jemand ärgert, reagiere ich meist wie ein schlecht gelaunter Teenager. Wenn ich mich durch die Worte, Taten oder Meinungen anderer herausgefordert fühle, richte ich mich auf wie eine Kobra, die man mit einem Stock gereizt hat. Dann geht meine Gelassenheit in Sekundenschnelle flöten, und ich sehe rot. Anscheinend muss ich die Lektion, die dieses Verhalten für mich bereithält, wieder und wieder lernen. Ich versuche, mich so schnell wie möglich an die beruhigenden Menschen in meinem Leben zu wenden, die mich rasch daran erinnern, dass jedes Handeln Konsequenzen hat. Es ist selten wirklich das, was um uns herum geschieht, das zählt, sondern vor allem unsere Reaktion darauf.

EIN BERUHIGENDER FREUND SEIN

Ich schätze mich unendlich glücklich, dass Menschen, die ich liebe, für mich da waren, als ich Probleme und Sorgen hatte, und hoffe, ein wenig Ruhe und Gelassenheit zurückgeben zu können. Etwas schwieriger wird es, wenn man einem Freund helfen will, aber

Großartige Freunde zu haben ist ein sehr kostbares Geschenk – und eines, das ich nie für selbstverständlich halte. Ich liebe meine Freunde und danke dem Universum jeden Tag aufs Neue für sie! Auf dieser Seite zeigen Sie Ihre Dankbarkeit für Freunde. Kleben Sie unten Fotos Ihrer besten Freunde ein und machen Sie sich bewusst, wie sehr sie Ihr Leben bereichern.

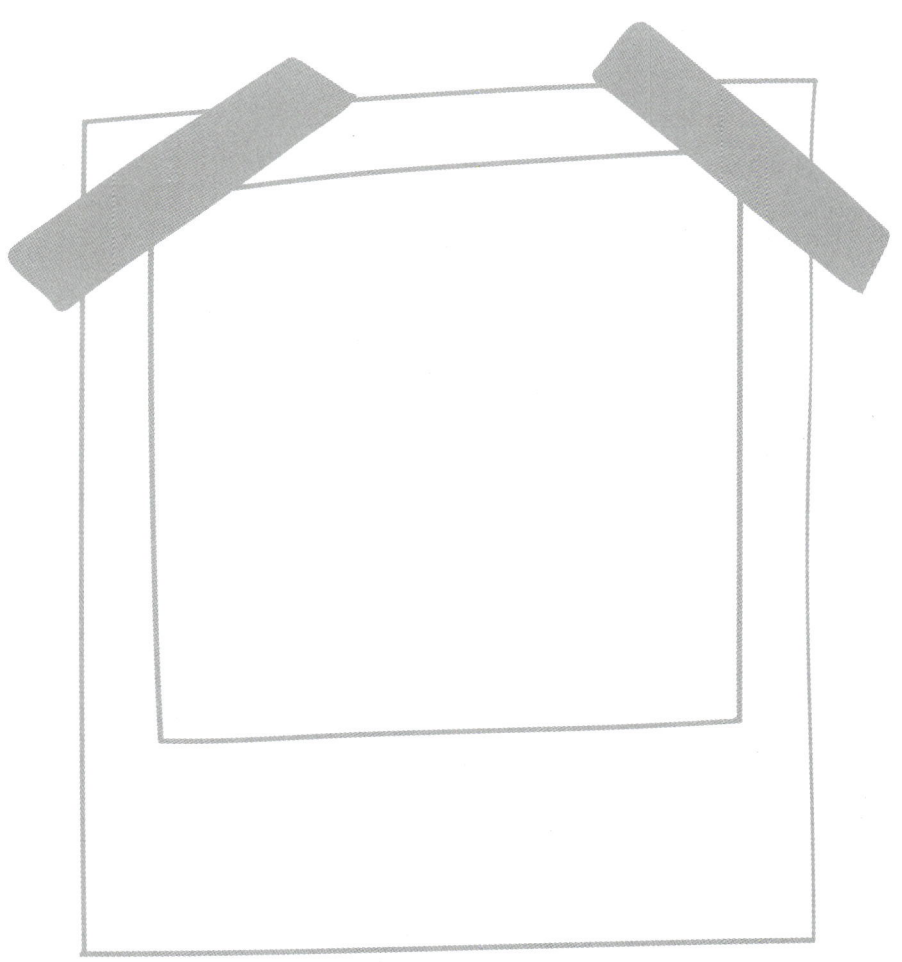

nicht zu ihm durchdringen kann. Dann geht man das Dilemma immer wieder durch – vergeblich. Und schon ist die eigene Ruhe dahin.

Es kann sehr frustrierend sein, wenn jemand, den Sie lieben, in einer für ihn problematischen Angelegenheit nicht auf Sie hören will. Doch machen Sie sich bewusst, dass derjenige vielleicht noch nicht loslassen, Abstand nehmen und von vorn beginnen kann.

Auch in meinem Leben gab es Menschen, die festzustecken schienen – ein Dilemma, das ich aus eigener Erfahrung mehr als gut kenne. Wenn ich ganz ehrlich bin, ist mir das auch noch heute nicht fremd. Es gibt immer noch Situationen, die mich belasten, die ich andererseits aber auch nicht ändere, weshalb ich immer wieder über diese Krisen klage. Zwischen 20 und 30 hatte ich einige Freunde, die diese Klagen tapfer ertragen haben, und obwohl sie mit liebevollem Rat nicht sparten, weigerte ich mich, zu handeln und etwas zu ändern. Rückblickend sehe ich das alles ganz klar und deutlich, doch in der Situation selbst ist es manchmal schwer, die Dinge objektiv zu betrachten.

Wenn auch Sie einen solchen Menschen im Bekannten- oder Freundeskreis haben, ist der Betreffende für große Veränderungen vielleicht noch nicht bereit oder hat Angst davor, seine Komfortzone zu verlassen. Dagegen können Sie leider nicht viel ausrichten, denn niemand kann einen anderen Menschen dazu zwingen, etwas zu tun, das er nicht tun will. Wir können lediglich freundlich zugewandt bleiben, ihm Zeit widmen und die Entscheidung überlassen.

Es ist nicht leicht, sich das gleiche Problem immer wieder anzuhören, aber auch daraus können wir lernen. Warum sind wir angesichts des Kummers eines Freundes gereizt oder verlieren gar die Geduld? Erkennen wir darin etwa ein Stück von uns selbst?

Wenn Sie selbst es sind, der feststeckt, sollten Sie versuchen herauszufinden, warum Ihnen eine mögliche Veränderung so große Angst macht. Haben Sie sich für Aufruhr statt innerer Ruhe entschieden, weil Sie es so gewohnt sind? Oder glauben Sie, dass Sie nichts Besseres verdient haben?

Ich selbst habe dies in meinem Beruf und meinem Privatleben zwischen 20 und 30 oft erlebt und ausgiebig darüber gejammert. Heute weiß ich, dass ich nach dieser Art von Drama süchtig war. Ich wollte auf der Überholspur fahren, konnte die Geschwindigkeit aber nicht halten. Deshalb fiel ich zurück und beklagte mich lauthals darüber. Auf die Idee, dass es auch anders geht, bin ich erst ab 30 gekommen, als ich anfing, endlich ein paar Falten auszubügeln und alles etwas langsamer anzugehen. Falten gibt es zwar immer noch zuhauf – aber heute weiß ich, warum sie da sind. Ich bin meinen Freunden für ihre soliden Ratschläge, die ich so energisch ignoriert habe, sehr dankbar. Mittlerweile ist mir klar, warum ich das getan habe. Ich hatte schlicht Angst vor Veränderungen. Tief im Inneren wusste ich, dass sie recht hatten, konnte es aber nicht über mich bringen, ihren Rat anzunehmen. Ich konnte damals beruflich nicht kürzer treten oder mich von bestimmten Menschen in meinem Leben verabschieden, obwohl sie mir nicht guttaten. Die Verantwortung, die diese Entscheidungen mit sich gebracht hätten, war zu viel für mich. Viel leichter war es, weiterzumachen wie bisher und noch ein bisschen mehr zu jammern.

Nicht jeder Rat, auch wenn er von Freunden kommt, ist immer der richtige für uns. Wenn Sie aber das Gefühl haben, er könnte Sie von einer Belastung befreien, sollten Sie über Ihren Schatten springen und die Dinge ändern – in dem Wissen, dass Sie von Ihren großartigen Freunden jederzeit aufgefangen werden.

HALLO ... REGGIE

Ein Freund, an den ich mich wende, wenn ich über das Leben im Allgemeinen plaudern will oder einen guten, altmodischen Rat brauche, ist Reggie Yates. Meine erste Erinnerung an ihn ist die von überwältigender Freundlichkeit. Ich war 15, beruflich extrem unerfahren und auf der Suche nach mir selbst. Ich sollte das erste Mal eine Aufnahme fürs Fernsehen machen und war ungeheuer nervös –, bis Reggie mich anlächelte und augenblicklich beruhigte. Auch heute noch reicht ein Blick in Reggies strahlendes Gesicht, und meine Probleme lösen sich in Luft auf.

Zurück ins hallende Aufnahmestudio: Die Kamera läuft, die Crew wartet. Natürlich habe ich die erste Aufnahme vermasselt und leise »Scheiße« vor mich hin gemurmelt, was mir umgehend einen scharfen Anpfiff vom Regisseur einbrachte. Das war es also: das Ende meiner Fernsehkarriere, noch bevor die erste Aufnahme im Kasten war.

Take zwei. Jetzt war Reggie an der Reihe, verpatzte seinen Text und seufzte in aller Seelenruhe: »Scheiße«. Dieses vorgetäuschte Verpatzen rückte mich sofort in ein besseres Licht und machte ihn mir auf Anhieb sympathisch.

Seitdem sind wir Freunde – seit er mit dieser einen ritterlichen Geste dafür gesorgt hat, dass mir mein eigener, tatsächlicher Patzer weniger peinlich war. Und so hat sich unsere Beziehung fortgesetzt: mit Liebe, Fürsorge und Humor. Reggie bringt mich oft so zum Lachen, dass ich mir fast in die Hose mache, und hat schon unzählige meiner Ängste und Sorgen vertrieben. Befreundet sind wir nun schon seit 20 Jahren, und ich hoffe, es werden noch viele Jahre mehr. Mit Reggie habe ich wirklich Glück: Er schenkt mir mehr Ruhe, Gelassenheit und Unterstützung, als ich sagen kann.

Fearne: Hey, Reggie. Woran erinnerst du dich aus der frühen Zeit unserer Freundschaft?

Reggie: Es scheint unendlich lange her zu sein, dass wir mit dem Disney Club eine der peinlichsten Phasen unseres Lebens – die Teenagerjahre – mit der britischen Öffentlichkeit geteilt haben. Als wir uns kennengelernt haben, ich war vielleicht 13 oder 14, hatte ich schon ein paar Aufnahmen mit derselben Crew auf dem Buckel. Deshalb habe ich mich vor der Kamera schon relativ wohlgefühlt und war recht selbstbewusst bei dem, was ich als erwachsensten Teil des Tages erachtete: der Arbeit.

Was mich damals fast so sehr interessierte wie Popstars zu interviewen waren die Spielchen hinter den Kulissen. Der Disney Club war schon etwas ganz Besonderes: Hier saßen Kinder vor der Kamera, und trotzdem endete das Ganze nicht in einer totalen Katastrophe. Ich weiß heute noch nicht, wie es dir gelungen ist, dich in eine Horde pickeliger, hormongesteuerter, lärmiger Teenies zu wagen, ohne auch nur mit der Wimper zu zucken. Du warst »die Neue«, die sich nicht verarschen ließ, und das gefiel mir. Ich bin in einem Haus voller Frauen aufgewachsen, in dem meine vier Schwestern mir schnell beigebracht haben, mit wem man sich besser nicht anlegt, und du hast die entsprechenden Kriterien voll erfüllt. Du hast mich sofort an meine Familie erinnert; wahrscheinlich deshalb nenne ich dich noch heute mein Schwesterchen. Ich hab mich über deine Spice-Girl-mäßigen Buffalo-Turnschuhe lustig gemacht und du dich über mein Lynx-Africa-Deo. Du hast dich damals sehr schnell in die Fernsehfamilie eingelebt, und diese geschwisterähnliche Beziehung zwischen uns hat sich bis heute nicht geändert.

Ich finde es toll, dass du immer Zeit für mich hast und so gut zuhören kannst. Wir können über alles reden, und nie fällst du Werturteile oder ziehst voreilige Schlüsse. Was schätzt du an unserer Freundschaft?

Die besten Freundschaften basieren auf einer ähnlichen Weltsicht und einem ähnlichen Verständnis der Dinge. Die emotionale Intelligenz in einer Beziehung ist mir am wichtigsten, sei diese Beziehung eine berufliche, platonische oder romantische. Gemeinsame Erfahrungen schweißen zwar zusammen, reichen aber nicht aus, um eine Beziehung über Jahrzehnte aufrechtzuerhalten. Ich glaube, unsere Freundschaft hat gehalten, weil wir ein gemeinsames Fundament haben.

Als wir uns kennengelernt haben, war uns beiden klar, dass man uns den Job jederzeit wegnehmen konnte. Das hat unser Verhalten und unsere Beziehung zu Geld, Ruhm und zum Job auf genau dieselbe Art und Weise beeinflusst. Unsere Wertesysteme haben zusammengepasst, deshalb habe ich dir in diesem Umfeld voller oberflächlicher und manchmal ziemlich angsteinflößender Menschen vertraut.

Eigentlich frage ich mich nie, was ich an Freundschaften schätze, denn ehrlich gesagt schließe ich nicht viele neue. Die Menschen, die ich als Freunde bezeichne, sind mit mir gewachsen. Und jetzt, da wir beide erwachsen sind, mag sich unser Geschmack in puncto Schuhe und Deos zwar geändert haben, aber unsere Werte sind immer noch dieselben.

Was macht deiner Meinung nach eine gute Freundschaft aus, und kann eine gute Freundschaft innere Ruhe und Gelassenheit vermitteln?

Ich habe zu meiner tatsächlichen Familie immer ein kompliziertes Verhältnis gehabt. Aus diesem Grund sehe ich Freunde als Wahlfamilie. Ich bin mit 18 ausgezogen und habe für meine Unabhängigkeit gekämpft; die Menschen, an die ich mich gewendet habe, wenn ich Hilfe oder Rat brauchte, waren deshalb fast nie Blutsverwandte.

Vertrauen und Ehrlichkeit unter allen Umständen sind das Rückgrat all dessen, was ich in meinem Leben schätze, vor allem von Freundschaften.

Wie schwer ist es, einem Freund einen ehrlichen Rat zu geben, vor allem wenn man weiß, dass er etwas anderes hören will?

Ich habe Jahre damit verbracht, beruflich das zu tun, was man mir gesagt hat, auch wenn es mir innerlich gegen den Strich ging. Ab der Sekunde, in der ich zu meiner Überzeugung stand, entwickelte sich meine Karriere zum Besseren.

Ich meide es wie die Pest, Ratschläge von Menschen anzunehmen, die das, worin sie Experten zu sein behaupten, noch nicht erlebt haben. Geht es also darum, Menschen, die ich liebe, Ratschläge zu geben, versuche ich immer, meine Erfahrung mit einzubringen. Das ist nicht immer einfach, aber ich finde, dass ich meinen Freunden und auch mir selbst Ehrlichkeit schuldig bin. Es gibt nichts Schlimmeres als einen Freund, der sagt: »Hab ich dir doch gleich gesagt« – vor allem wenn er's nicht getan hat!

Ich finde es beruhigend, mich mit einem Freund zu treffen und mit ihm zu sprechen und Ideen auszutauschen. Wie wichtig ist das für dich?

Für mich ist es essenziell, Zeit mit Freunden zu verbringen. Zeit mit Freunden ist wahres Soulfood! Ich plane und freue mich schon Monate vorher auf die Abende, an denen ich mit meinen Freunden etwas essen oder trinken gehe.

Ich arbeite seit Jahren ziemlich hart an mir und daran, ein besserer Mensch zu werden, doch der Augenblick, in dem alles einen Sinn ergeben hat, war der, als mir klar wurde, dass es gar nicht um mich geht. Zeit und Mühe in andere Menschen zu investieren ist eines der wichtigsten Dinge in meinem Leben, egal ob es sich um Freunde oder Fremde handelt.

Sich von einem vollen Terminkalender davon abhalten zu lassen ist einfach nicht gut. Es ist ungeheuer wichtig, sich Zeit für Freunde zu nehmen, und sei es auch nur, um zu fragen, ob es ihnen gut geht. Wir alle müssen uns auf diese Art entspannen, und es ist wunderbar, gemeinsam mit Menschen, denen man vertraut, zu lernen.

Seit ich meine Energie auf Menschen und Dinge, die mir wichtig sind, verwende, bekomme ich viel Unterstützung von Freunden und Familie, ohne sie darum zu bitten. Ich glaube nicht, dass sie aus Pflichtgefühl helfen. Ich glaube, dass es tatsächlich so funktioniert.

Manche Menschen ziehen uns runter, rauben uns Energie oder wirken irgendwie negativ auf uns. Ein paar Regeln helfen mir bei Konfrontationen oder dem
Versuch, die Dinge nicht eskalieren zu lassen:

- Ich werde über den Betreffenden nicht sprechen.
- Ich werde es dem Betreffenden nicht erlauben, mir die Laune zu verderben.
- Ich werde keine Angst vor dem Betreffenden haben und mir keine Sorgen
  machen, dass er mir etwas wegnehmen könnte.
- Stattdessen werde ich liebevoll an die Menschen denken, die mir wichtig sind.

Stellen Sie unten Ihre eigenen Regeln zusammen für Ihren Umgang mit
Menschen, die Ihnen nicht guttun.

HALLO ... BONNY

Meine großartige Freundin Bonny und ich unterscheiden uns in vieler Hinsicht voneinander, und doch herrscht Magie zwischen uns! In jeder Mail, die über das Meer fliegt, das uns trennt, ist sie zu spüren. Und wenn wir uns dann sehen – ein- bis zweimal im Jahr – wird das Band unserer Freundschaft noch fester geknüpft, durch noch mehr gemeinsame Erinnerungen und noch mehr gemeinsame Geschichten.

Bonny Kinloch kam 1943 in China zur Welt und war die jüngste Insassin des japanischen Internierungslagers Lunghua. Ihre Geschichte nahm in ungewöhnlichen Umständen ihren Anfang, und das sollte ihr ganzes turbulentes, einzigartiges Leben lang so bleiben. Heute lebt sie auf Ibiza, ihrem Zuhause schon seit 1979. Sie ist erst 26 Jahre alt, denn an ihrem 50. Geburtstag beschloss sie, fortan rückwärts zu zählen. Das ist z. B. eines der Dinge, die ich so an ihr liebe.

Ich bin meiner lieben Bon Bon erstmals vor fünf Jahren begegnet, als ich mit meinem Mann Urlaub auf der Insel machte. Zu dieser Zeit hatte ich schon viel von der exzentrischen, zauberhaften Dame gehört, der besten Freundin von Jesses verstorbener Mutter. Für Jesse ist sie selbst zu einer Mutterfigur geworden. Ist er mit ihr zusammen, kann er seine Mutter förmlich spüren und verfällt beinahe augenblicklich in einen entspannten Zustand, der ihn in seine Kindheit zurückversetzt und das Gefühl tröstlicher Geborgenheit vermittelt.

Eines heißen Sommertags kämpften wir uns auf einem Feldweg einen steilen Hügel hinauf, der ins Nichts zu führen schien. Und hier sollte jemand leben: im Nichts, ganz ohne Wegweiser und Straßenbeleuchtung? Wir kamen an etlichen alten, rostverzierten und von der erbarmungslosen Sonne völlig ausgebleichten Fahrrädern vorbei. Ah: Das waren unsere Wegweiser! Und schon mochte ich den Ort.

Als wir den Gipfel des schier endlosen und offenbar wellenförmigen Hügels erreicht hatten, erhaschten wir den ersten Blick auf Bonnys Haus. Sie hatte es gemeinsam mit ihrem Mann Angel erbaut, als die heute erwachsenen Kinder noch ganz klein waren. In jedem einzelnen Ziegelstein steckten Liebe und Atmosphäre, jede einzelne exotisch wirkende Türverkleidung war hingebungsvoll restauriert, jeder knorrige Balken, um den sich Weinreben rankten, war gewissermaßen handverlesen und auf das Sorgfältigste eingebaut. Bevor ich weitere Eindrücke von diesem Haus sammeln konnte, das wie ein Pinterest Board aussah, kam Bonny gleichsam herausgeschwebt – wie eine winzige, federleichte Fee. Sie trug einen weißen Kaftan, der ihr noch mehr ätherisches

Flair verlieh. Ihr langes, geflochtenes Haar schien in einer anderen Zeitzone zu schweben und hatte Mühe, mit ihr Schritt zu halten, als sie auf uns zuhüpfte. Unsere erste Umarmung war wie alle, die folgen sollten: ungeheuer herzlich. Sie nimmt dich wie einen endlich wiedergefundenen Freund in den Arm und blickt dir dann so in die Augen, dass du das Gefühl hast, sie könnte darin alle deine Geheimnisse lesen.

Im Zentrum des Hauses liegt eine große Innenterrasse mit Meerblick, eingerahmt von Kristallen und Windspielen. Und außer Bonny gibt es noch viele Lebewesen in diesem Haus. Wie viele Haustiere genau dieses Paradies auf dem Hügel ihr Zuhause nennen, weiß ich nicht, aber sie sind definitiv in der Überzahl. Auf der Terrasse kommen Bonny und ihre Familie und Freunde zusammen, um frisch gepflückte Feigen zu essen, die süßeste Melone, von der ich jemals gekostet habe, und den ortstypischen cremigen Joghurt. Außerdem haben wir hier schon die wunderbarste Zeit mit Reden und Zuhören verbracht. Ich freue mich jeden Sommer darauf, in Bonnys Energie baden zu dürfen und ihrer rauchigen Geschichtenerzählerinnenstimme zu lauschen: das perfekte Gegenmittel zum hektischen Londoner Leben! Dann überkommt mich augenblicklich Ruhe. Bonny kann von tausend Abenteuern berichten; sie hat immer auf ihren Bauch gehört und ist den Irrungen und Wirrungen des Lebens gefolgt. Sie lebt absolut im Hier und Jetzt und macht sich keinerlei Gedanken darüber, ob ihr Leben von dem anderer Menschen abweicht. Ich fühle mich von dieser sagenhaften Freundin immer wieder inspiriert, sei es nun an einem lauen Abend und mit saftigen Geschichten aus den Siebzigern oder via E-Mail, in denen sie mir von ihren Haustieren und dem anmutig und heiter vergehenden ruhigen Winter auf Ibiza erzählt.

Hier spricht nun Bonny selbst über das Leben und die innere Ruhe.

Fearne: Wann immer ich dich in deinem wunderschönen Zuhause besuche, werden mein Körper und mein Geist quasi von augenblicklicher Ruhe überschwemmt. Würdest du dich selbst auch als die meiste Zeit über ruhig und gelassen beschreiben?

Bonny: Die meiste Zeit über schon.

Bist du im Laufe der Jahre ruhiger und gelassener geworden?

Unbedingt!

Wie hast du reagiert, wenn dir einmal unerwartete Widrigkeiten oder Schicksalsschläge im Leben begegnet sind?

Ist so eine Widrigkeit nicht persönlicher Natur, handelt es sich also etwa um einen Taifun oder ein Erdbeben – habe ich beides schon erlebt! – oder um finanzielle Sorgen, macht sie mir keine Angst. Ich vertraue bedingungslos darauf, dass alles gut werden wird, und in der Zwischenzeit tue ich, was ich eben tun kann.

Betrifft die Widrigkeit allerdings mein Gefühlsleben, etwa Abweisung und Verrat in Beziehungen oder der Verlust eines geliebten Menschen, bin ich ihr hilflos ausgeliefert.

Würdest du in solchen Augenblicken heute anders reagieren als früher?

Es gibt in meinem Leben ganz offensichtliche Meilensteine, an denen eine andere Entscheidung definitiv zu einem völlig anderen Verlauf geführt hätte. Doch welche Entscheidung ich auch getroffen habe, sie war immer nur im jeweiligen Moment die richtige Entscheidung. Man kann auch sagen: Hinterher ist man immer schlauer. Aber das hilft einem nichts.

Wie findest du persönlich zu innerer Ruhe und Gelassenheit?

Ich halte inne. Ich atme. Ich bin dankbar und empfinde Liebe für das Leben. Ich schicke all denen, die Leid durchmachen müssen, meine ganze Liebe. Das Geheimnis lautet: Liebe … Liebe … und nochmals Liebe. Und Dankbarkeit!

Was bedeuten innere Ruhe und Gelassenheit für dich? Ist sie ein Ort? Ein Mensch? Ein Gedanke? Eine bestimmte Tätigkeit?

Für mich ist innere Ruhe ein Seinszustand. Einfach da sein und sich im Fluss des Lebens treiben lassen. Das kann man an einem Ort empfinden, der eine machtvolle ruhige Energie ausstrahlt, oder auch in Gesellschaft eines Menschen, der voller Frieden ist und in seiner Mitte ruht. Ruhige Gedanken beruhigen uns. Und als hilfreiche Tätigkeit könnte ich mir das Üben von Akzeptieren und Loslassen vorstellen.

Gibt es auch Dinge, die dich aus der Ruhe bringen?

Arroganz, Ignoranz, Willkür, Tyrannei und die fehlende Gleichberechtigung zwischen Mann und Frau. Wir haben in unserer heutigen Welt mit einer ganzen Menge an Problemen zu kämpfen, das kann einem schon mal die Ruhe rauben!

Eines der Dinge, die ich so an dir liebe, ist, dass du absolut im Hier und Jetzt lebst. Wie wichtig ist das für dein Wohlbefinden?

Die Kunst, im Augenblick zu leben, verdanke ich Eckhart Tolles brillantem Buch *Jetzt! Die Kraft der Gegenwart* und dem *Little Guide Book* – sie hat mein Leben verändert. Wenn man im Hier und Jetzt lebt, hat das Leben einen anderen Rhythmus. Unsere Gesellschaft hat uns beigebracht, unseren Wert an dem zu messen, was wir tun. Wir stehen unablässig unter Leistungsdruck und sorgen uns konstant ums Überleben. Die Konzentration auf den Augenblick lässt der Angst keinen Raum. Hier gibt es nur das Sein. Das Präsentsein, das Dasein. Das Bewusstsein, Teil des Wunders des Lebens zu sein. Ein Leben in Liebe, Harmonie und Dankbarkeit.

DIE UNRUHESTIFTER

Manche Menschen bringen uns in unsere Mitte und beruhigen uns. Doch wie steht es  mit denen, die das Gegenteil davon tun? Warum kennen wir die überhaupt? Welchen Nutzen haben sie für uns, und wie können wir trotz ihrer Gegenwart Ruhe bewahren? Vielleicht haben Sie einen Kollegen, der Sie auf die Palme bringt, wenn er nur den Mund aufmacht. Vielleicht hat sich ein Freund zwar bis zur Unkenntlichkeit verändert, doch Sie fühlen sich wegen der »alten Zeiten« der Freundschaft immer noch verpflichtet. Vielleicht sind Sie in die Geschichte eines anderen Menschen irgendwie verwickelt; es ist zwar nicht Ihre Geschichte, aber trotzdem raubt sie Ihnen die Ruhe.

Es ist kaum zu vermeiden, dass wir auch solchen Menschen, wahren Unruhestiftern, begegnen und dass sie uns zumindest eine Weile begleiten. Vielleicht steht Ihnen der betreffende Mensch sogar sehr nahe, vielleicht aber auch nicht. Dann hat die ganze Sache natürlich noch weniger Sinn.

Wie jeder andere kenne auch ich solche Unruhestifter, die wie ein falsches Puzzleteil irgendwie nicht in mein Leben passen, und obwohl ich mit ihnen möglicherweise nicht täglich zu tun habe oder keine wirklich tiefe Bindung besteht, fühle ich mich durch sie trotzdem gestresst. Wie also können wir in solchen Fällen zu innerer Ruhe finden und die ganze Angelegenheit dabei für uns nutzbar machen? Wer offen für Lektionen ist, wird sie finden, selbst wenn diese Lektionen auf den ersten Blick nur ärgerlich zu sein scheinen. Wenn wir uns daran erinnern, lässt sich alles schon viel leichter ertragen. Sehen wir das Ganze doch als Möglichkeit, am Feintuning unserer Reaktionen zu arbeiten. Warum haben diese Menschen einen derart großen Einfluss auf uns? Wie gelingt es ihnen, uns aus dem Konzept und oft auch aus der Fassung zu bringen? Ganz einfach: Es gelingt ihnen, weil wir es **zulassen.** Wenn wir die Kontrolle behalten und uns bewusst machen, dass wir unsere Reaktionen steuern können, haut uns so leicht nichts um.

Wir haben die Wahl, wie wir auf den Versuch anderer, Chaos zu verbreiten, reagieren wollen. Im Grunde lautet die Frage, ob unsere Reaktion einem liebevollen Standpunkt oder der Angst entspringt. Falls es Angst ist: Warum haben wir Angst? Wenn wir das vom Verhalten des anderen trennen können, können wir viel ausgeglichener und gelassener reagieren. Das bedeutet nicht, dass andere uns zumuten könnten, was sie wollen; es bedeutet vielmehr, dass wir die Oberhand behalten und freundlich, aber bestimmt Grenzen ziehen.

Manchmal fühlen wir uns von anderen Menschen bedroht, Menschen, die offenbar nur zu einem einzigen Zweck in unserem Leben aufgetaucht sind: um verheerende Schäden anzurichten. Ich bin mir ziemlich sicher, dass das diesen Menschen oft gar nicht bewusst ist. Manchen liegt es einfach nicht besonders, auf ihr Umfeld zu achten, sich klarzumachen, was ihr Verhalten für andere bedeutet, und Rücksicht zu nehmen. Ignoranz ist definitiv weiter verbreitet als Bosheit. Der Betreffende ist oft so sehr in eigene Probleme, Sorgen und Ängste verstrickt, dass er sich kaum andauernd überlegen könnte, wie er uns am besten ärgern kann.

Natürlich gibt es Menschen mit dunkler Geschichte, die sie dazu geführt hat, sich tatsächlich absichtlich böse zu verhalten. Das Einzige, was meiner Meinung nach in solchen Fällen hilft, ist der Versuch, die Hintergründe des jeweiligen Verhaltens zu verstehen. Sicherlich ist es manchmal leichter, solche Menschen als Irre abzustempeln, doch das wird ihnen meist nicht gerecht. Wenn wir andere als böse abtun, fühlen wir uns in unserer eigenen Geschichte sicherer. Kategorien wie »gut« oder »böse« bringen Ordnung in das Chaos, das uns das Leben manchmal präsentiert. Auch ich habe das schon oft getan, weiß im Grunde aber, dass jeder mit seinen eigenen Dämonen kämpft und sich deshalb auf eine Art verhalten kann, die wir ablehnen. Wir sollten versuchen, andere nicht pausenlos in Schubladen zu stecken, sondern sie als Menschen sehen, die sich auch nur bemühen, ihren Weg zu finden.

Eigentlich ist es furchtbar traurig, dass es Menschen gibt, die für sich keinen anderen Ausweg sehen, als ihren Schmerz und ihr Leid auf andere zu übertragen. Diese Menschen brauchen unser Mitgefühl und unsere Liebe, um auch wieder andere Möglichkeiten wahrnehmen zu können.

Im Umgang mit Menschen, die Sie aus der Ruhe bringen, sollten Sie zunächst innehalten und tief durchatmen, bevor Sie reagieren. Machen Sie sich klar, warum Sie sich so gereizt fühlen, und dass es dem anderen dabei vermutlich auch nicht gut geht.

EIN GUTES MITTEL GEGEN STRESS

Vergebung zu üben ist nicht immer leicht, und manchmal scheint es sogar unmöglich. Doch kann sie Stress mindern und sich generell sehr heilsam auf uns auswirken.

Beim Verzeihen geht es nicht darum, den anderen »vom Haken zu lassen«. Vergebung macht ein Fehlverhalten nicht ungeschehen. Wenn jemand Ihnen wehgetan hat, ist das Gefühl danach sehr real für Sie. Durch das Vergeben haben Sie jedoch die Möglichkeit, sich von den Fesseln der Vergangenheit zu befreien. Sobald Sie jeman-

Anderen zu vergeben ist oft schwierig, weil wir uns verletzt fühlen und oft nicht vergeben wollen. Wir wollen mit dem Menschen, der uns verletzt hat, einfach nichts mehr zu tun haben. Am effektivsten gelingt dies jedoch durch Vergebung. Markieren Sie in den Ringen unten, in welchem Stadium der Vergebung Sie sich gerade befinden, und überlegen Sie, wie Sie ins nächste gelangen könnten.

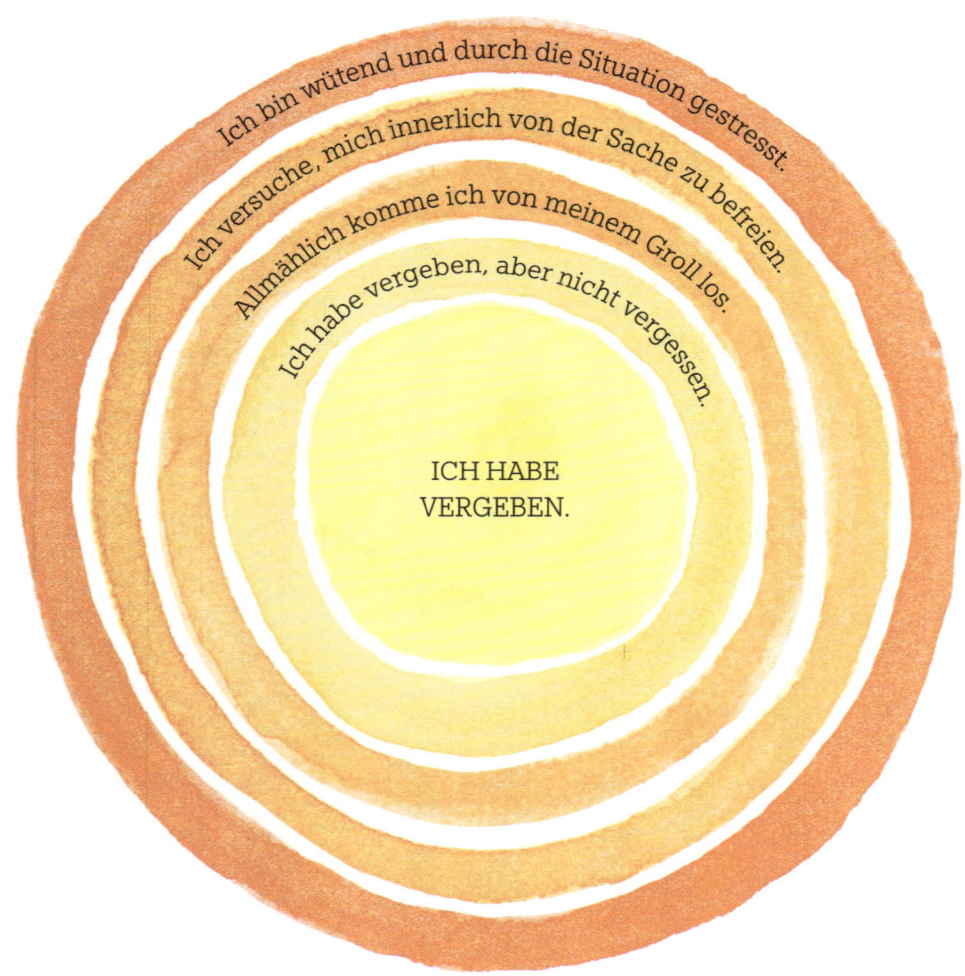

Ich bin wütend und durch die Situation gestresst.

Ich versuche, mich innerlich von der Sache zu befreien.

Allmählich komme ich von meinem Groll los.

Ich habe vergeben, aber nicht vergessen.

ICH HABE VERGEBEN.

dem wirklich verzeihen, befreien Sie sich zugleich von einem ganzen Haufen negativer Gefühle, die Ihnen absolut nichts mehr nützen. Hat ein Freund Sie schlecht behandelt, ihre Freundschaft nicht respektiert oder eine Grenze überschritten, ist dies mit einem ganzen Rattenschwanz belastender Emotionen verknüpft, die Sie runterziehen, behindern oder Ihnen sogar körperliche Probleme verursachen können. Doch Sie müssen an diesen Emotionen gar nicht festhalten. Vergeben Sie und lassen Sie los. Das geht ganz leicht, wenn Sie es mit dem Verzeihen wirklich ernst meinen. Sie befreien sich von der Vergangenheit und damit auch von negativen Gefühlen. Je länger Sie daran festhalten, desto schlechter geht es Ihnen. Sehen Sie Verzeihen und Vergeben als Geschenk an sich selbst und nicht an den anderen. Dann fällt es Ihnen wahrscheinlich leichter.

WENN EINE FREUNDSCHAFT ENDET

Sicher kennen Sie das: Sie fühlen sich einem Freund so verbunden, dass Sie füreinander bestimmt zu sein scheinen. Mit ihm können Sie Pferde stehlen gehen, Abenteuer erleben *und* Ruhe und Gelassenheit erfahren. Freundschaften wie diese scheinen unbesiegbar zu sein, doch sind natürlich auch sie den ewigen Veränderungen des Lebens unterworfen. Was also tun, wenn die Anforderungen von Alltag, Familie und Arbeit die gemeinsame Geschichte, das Fundament der Freundschaft belasten und sich allmählich Risse zeigen? Wie kann es sein, dass sich eine Freundschaft, die so stark gewirkt und auf Gemeinsamkeiten und unverbrüchlichen Banden beruht hat, mit den überraschenden Wendungen des Lebens verändern kann?

Hier kommt wieder die Vorstellung des Lebens als Theaterstück ins Spiel, in dem die Figuren auftreten – und zwar wie aufs Stichwort – und verschwinden. Ich habe erlebt, dass sich Freundschaften ohne erkennbaren Grund auflösen. Es gab weder Meinungsverschiedenheiten noch irgendwelche Konflikte; nur die Zeit an sich und winzige Veränderungen nagten am Fundament der Freundschaft. Es gibt keinen benennbaren Zeitpunkt, zu dem sie zu Ende gegangen wäre; es ist eher ein unmerkliches Versanden ohne spezielle Ursache. Viel weniger schmerzhaft als eine Trennung mit Paukenschlag, aber auf eigene Art und Weise ebenfalls traurig.

Will man in so einer Lage wieder Ruhe und Gelassenheit finden, gilt es, eine neue Umgangsform mit den Menschen zu suchen, die uns einmal so nahe standen, dann ist ein neues Verständnis füreinander von neuen Standpunkten aus gefragt. Wenn eine Freundschaft auf diese Weise endet oder zu enden droht, werde ich oft von Selbstzweifeln geplagt: Wahrscheinlich bin *ich* es, die sich im Laufe der Jahre verändert hat und als Freundin nun weniger gefragt ist – ein Gedanke, der mir alles andere als innere Ruhe schenkt. Heute glaube ich eher, dass wir alle uns ständig verändern und dass das entweder Freundschaften stiftet oder sie umgekehrt trennt, wenn sie sich als überholt herausstellen. Darauf haben wir kaum Einfluss. Wir verändern uns angesichts dessen, was das Leben uns bietet, und das passt oder passt eben nicht zu den Menschen um uns herum. Wenn wir tun, was wir für richtig halten und was uns glücklich und zufrieden macht, werden Gleichgesinnte automatisch angezogen. Und diejenigen, die nicht ins Bild passen, verschwinden allmählich, und das ist auch in Ordnung. Ich glaube, dass wir die richtigen Menschen zum richtigen Zeitpunkt in unser Leben ziehen, selbst wenn sich das manchmal seltsam, unbequem oder sogar schmerzlich anfühlt.

Es ist beinahe so, als wären wir Murmeln, die auf der Welt herumkullern, einander gelegentlich anstoßen und so einander neuen Schwung in andere Richtungen geben. Nur neue Wege geben uns die Möglichkeit, uns persönlich weiterzuentwickeln. Wenn wir uns das klarmachen, können wir auch die Entwicklung unserer Freundschaften besser akzeptieren. Kullern Sie nur herum und bleiben Sie in Bewegung. Sie können sicher sein, dass Sie noch auf viele andere tolle Murmeln treffen werden.

NICHT ZU VIEL GRÜBELN

Ich grüble oft furchtbar über Dinge nach, die ich zu Freunden und Bekannten gesagt habe – nicht gerade die idealen Voraussetzungen für Gelassenheit und Ruhe. Dann sehe ich alles wie durch ein Vergrößerungsglas und kann mich auf die verlässlichen Dinge im Leben nicht mehr konzentrieren. Ich habe schon Stunden, Tage, Wochen damit verschwendet, über Gespräche mit Freunden oder neuen Bekanntschaften nachzugrübeln, und mir gewünscht, ich könnte die Zeit zurückdrehen und von vorne anfangen. Ich bin mir sicher, dass die anderen die jeweiligen »Vorfälle« fast augenblicklich vergessen haben, doch für mich laufen sie in einer Art Zeitschleife immer wieder vor meinem inneren Auge ab, um mich zu quälen.

Ich verdiene meinen Lebensunterhalt mit Sprechen und bin ein echter Fan von Kommunikation im Allgemeinen. Ich finde es wunderbar, wie Ideen aus scheinbar ausgetrockneten Quellen plötzlich wieder sprudeln und Worte magische Funken schlagen können; das entfacht meine Leidenschaft und Liebe fürs Leben. Auf der Kehrseite dieser

Medaille steht: die Erwartung. Ich will immer, dass sich alles leicht, gut und flüssig anfühlt. Diese Erwartung macht mich dann so nervös, dass ich nicht mehr wie sonst sagen kann, was ich wirklich empfinde. Ich sage, was die anderen vermutlich von mir hören wollen, was das Ende jeder natürlichen, ehrlichen Kommunikation ist. Ich hasse es, wenn das geschieht, weil es mich verunsichert und mir Angst macht. Angst davor, nicht gemocht, voreilig verurteilt oder abgelehnt zu werden. Es ist so viel einfacher, sich von der Liebe und den freundlichen Worten anderer tragen zu lassen, als diese Bestätigung aus sich selbst zu schöpfen. In diesen Augenblicken des Nachgrübelns über Gespräche versuche ich immer, mich daran zu erinnern, dass ich nur ehrlich und ich selbst sein muss und alles andere irrelevant ist.

Ich habe im Laufe der Zeit gelernt, meinen Teil der Verantwortung für das, was um mich herum geschieht, zu übernehmen. Manchmal nehme ich das allerdings ein wenig zu wörtlich und lasse alle anderen Teile der Gleichung außer Acht. Wenn Freundschaften zerbrechen oder es zu grundlegenden Meinungsverschiedenheiten kommt, neige ich dazu, die volle Verantwortung dafür zu tragen und zu vergessen, dass auch andere beteiligt waren. Ich habe darüber vor Kurzem mit einer Freundin gesprochen, die mir riet, dies doch einmal aus einer ganz anderen Perspektive zu sehen. Zuerst fragte sie mich, ob die Handlungen, die ich bedauerte, nicht vielleicht auch ein Katalysator gewesen sein könnten; vielleicht hatte ich anderen damit einen Spiegel vorgehalten, damit sie erkennen konnten, was im eigenen Leben nicht gut lief. So hatte ich das noch nie gesehen, aber es klang plausibel.

Außerdem fragte sie mich, ob es nicht auch sein könnte, dass ich mit meinem Verhalten in bestimmten Situationen unbewusst auf das Unbehagen meines

Gegenübers reagiere. Auch das klang plausibel. Das spricht mich natürlich nicht von aller Verantwortung frei, erleichtert mich aber ein wenig. Ein weiteres gutes Beispiel dafür, wie hilfreich der Rat eines Freundes sein kann.

Daraus lerne ich wieder einmal: Loslassen! Ja, ich hätte etwas Authentischeres, Witzigeres, Klügeres, Cooleres, Netteres sagen können, aber der Moment ist vorbei, es ist kein Schaden angerichtet worden, und ich habe daraus gelernt. Also soll die Grübelei doch in den Sonnenuntergang reiten; sie nützt nichts. Wir dürfen nicht zulassen, dass solche Augenblicke bestimmen, wer wir sind, oder uns auffressen.

Wenn auch Sie über Vergangenes zu viel nachgrübeln, können Sie es mit ein paar kleinen Tricks probieren, die mir schon sehr geholfen haben. Einer davon ist, einen Brief zu schreiben. Denken Sie an den Freund oder den Bekannten und die Situation, die Ihnen so viel Unbehagen bereitet, und schreiben Sie auf, was Sie damals Ihrer Meinung nach hätten sagen sollen, aber nicht gesagt haben. Entschuldigen Sie sich; schreiben Sie, Sie wünschten, die Dinge wären anders gelaufen, aber Sie seien verletzt gewesen. Vergeben Sie demjenigen und schreiben Sie, Sie seien bereit, die Fesseln der Vergangenheit abzulegen. Und dann verbrennen Sie den Brief und sehen zu, wie sich der Moment in Asche verwandelt. Wenn wir allzu lange an Dingen festhalten, die wir nicht mehr ändern können, blockieren sie uns und unseren Weg zu innerer Ruhe. Sie verhindern, dass wir im Augenblick leben, doch wir müssen nicht an ihnen festhalten.

Ein anderer Trick besteht darin, sich den Betreffenden bildlich vorzustellen. Begeben Sie sich an einen ruhigen Ort und stellen Sie sich vor, derjenige säße Ihnen gegenüber. Sprechen Sie nun ganz offen und ehrlich zu ihm, machen Sie Ihren Gefühlen ungefiltert Luft. Stellen Sie sich vor, wie der Wind Ihre Worte aufnimmt und wegträgt. Sie brauchen sie und die Ängste und Sorgen, die sie mit sich gebracht haben, nicht mehr. Also geben Sie sie frei. Wie oder wo Sie dieses kleine Ritual durchführen, spielt keine Rolle, aber Sie werden sehen: Danach fühlen Sie sich schon viel besser. Wenn Sie sich stark und in Ihrer Mitte fühlen, können Sie dem Betreffenden tatsächlich einen Brief schreiben oder mit ihm sprechen. Sie können ihm sagen, wie Sie sich fühlen und dass Sie bedauern, wie Sie sich verhalten haben. Vielleicht überdenkt derjenige dann sein eigenes Verhalten. Tun Sie, womit Sie sich am wohlsten fühlen.

LASSEN SIE SICH NICHT AUSNUTZEN

Die einen wollen es allen recht machen, die anderen lassen sich ausnutzen. Die einen sind schüchtern und ziehen sich zurück, die anderen sind laut und müssen pausenlos protzen. Wo würden Sie sich ansiedeln? Und wie, glauben Sie, sehen die anderen Sie?

Der Umgang mit Menschen, die einem den Arm ausreißen, wenn man ihnen den kleinen Finger bietet, ist nicht einfach. Auch ich habe diesbezüglich schon unzählige Lektionen lernen müssen. Ich halte mich im Allgemeinen für fair und liebe es, anderen etwas zu geben. Den Menschen, die mir nahestehen, schenke ich mit Freude meine Zeit, meine Energie und andere Ressourcen, da ich diese Art von zwischenmenschlicher Transaktion für ungeheuer wichtig halte. Diese Großzügigkeit ist manchmal schon missbraucht worden, und ich muss mich immer noch gegen Übergriffe wappnen. Ich weiß, dass ich nicht besonders gut darin bin, Grenzen zu setzen. Doch die sind nötig, wenn ich weiterhin von Herzen geben, dabei aber keinen Schaden nehmen will.

Hin und wieder glauben wir, dass vergangene Fehler und Ereignisse darüber bestimmen, wer wir sind. Doch Sie selbst sind der Verfasser Ihrer Geschichte. Wenn Sie über bestimmte Erinnerungen oder einen Menschen partout nicht hinwegkommen, halten Sie es unten fest – und machen Sie sich klar, dass Sie Ihre Geschichte jederzeit umschreiben können.

Es kommt immer wieder vor, dass der eine oder andere diese Grenzen verletzt, was mich regelrecht schockiert, weil ich mich selbst nie so verhalten würde. Das erinnert mich dann daran, wie wichtig es ist, die Grenzen überhaupt zu ziehen und durchzu-setzen. Überschreitet jemand in Ihrem Leben unablässig Ihre Grenzen und nutzt Ihre Großzügigkeit aus, seien Sie mutig: Sagen Sie ihm klipp und klar, dass Sie nicht mehr bereit sind, Ihre Ressourcen zur Verfügung zu stellen.

GRUPPENDRUCK

Ich glaube nicht, dass jede Freundschaft auf Gemeinsamkeiten beruhen muss. Man muss nicht am gleichen Ort wohnen, das gleiche Alter haben oder den gleichen Hintergrund. Nein, eine wirklich wichtige Freundschaft zeichnet sich vor allem durch eines aus: die emotionale Bindung zwischen zwei Menschen, eine unerklärliche Magie, die das Beste in beiden zum Vorschein bringt und sie aufgeschlossen für Neues macht.

Wie sehr wir unsere Freunde auch mögen: Wir müssen nicht immer einer Meinung sein. Das zu akzeptieren ist mir nicht leichtgefallen. Manchmal inspirieren mich meine Freunde und ihre Handlungen, und ihre Motivation gibt mir genau den Schubs, den ich brauche. Einige wunderbare Freunde von mir haben persönliche Ziele erreicht und viel Mut bewiesen, sind für ihre Überzeugung eingetreten und haben mich dadurch veranlasst, das Gleiche zu tun. Das ist eine der schönsten Seiten einer Freundschaft: Wir animieren einander unbewusst, wir inspirieren einander, treiben einander an und erinnern uns gegenseitig an das, was wir als Mensch erreichen können.

Andererseits muss man manchmal gegen den Strom schwimmen. Nur weil sich der Schwarm in die eine Richtung aufmacht, müssen wir ihm nicht zwangsläufig folgen. Auch dann nicht, wenn die Handlungen unserer Freunde große Anerkennung erfahren, sich als praktikabel erweisen oder schlicht der übliche Standard sind. Ich liebe es, gegen den Strom zu schwimmen, habe aber Jahre gebraucht, ausreichend Selbstvertrauen aufzubringen, um meinen Instinkten folgen zu können.

Ein gutes Beispiel dafür ist, wie ich momentan mein Leben lebe. Den größten Anteil hat das Familienleben: Zeit mit meinem Mann, den Kindern und Stiefkindern zu verbringen und sicherzustellen, dass alles rund läuft. Das nächste Segment ist die Arbeit. Ich liebe meine vielfältigen Jobs und die Kreativität, die sie mit sich bringen. Jedes einzelne Projekt entfacht meine Leidenschaft aufs Neue und sorgt dafür, dass ich mich wunderbar lebendig fühle. Dann kommen meine Freunde und meine Freizeit, also Yoga, hin und wieder ein gemütliches Mittagessen mit Freunden, Malen, Lesen und die Bewegung an der frischen Luft. Zwischen 20 und 30 gab es für mich nichts Schöneres, als einen kräftigen Gin Tonic in einer lärmigen Bar zu schlürfen, doch diese Zeiten sind vorbei. Vielleicht kommen sie wieder, aber momentan verspüre ich nicht das Bedürfnis, mich zu berauschen und ins geistige Chaos zu stürzen. Dafür ist mir meine Zeit zu schade. Einige meiner Freunde haben das ohne Weiteres akzeptiert, andere halten mich jetzt für langweilig. Das ist völlig in Ordnung, weil ich das Gefühl habe, die für mich richtige Entscheidung zu treffen. Ich hebe mir meine Energie für meine Kinder und meine Kreativität auf; da bleibt für ein ausgiebiges Nachtleben einfach nichts übrig.

Persönliche Entscheidungen müssen andere akzeptieren. Ein Richtig oder Falsch gibt es da nicht. Die einen werden immer einen draufmachen wollen, die anderen haben

Familie, wieder andere bleiben lieber für sich. In unseren Augen mögen unsere Freunde ihre Energie auf die »falschen« Dinge verwenden, doch das geht uns nichts an. Wir sind alle unterschiedlich und gehen alle eigene Wege.

Deshalb heißt es: cool bleiben, wenn die Meinungen einmal auseinandergehen. Haben Sie keine Angst, etwas zu verpassen, denn das tun Sie nicht. Sie haben die Entscheidung getroffen, die Dinge auf Ihre Weise anzugehen, also respektieren Sie das und genießen Sie jede einzelne Minute. Wenn wir Angst haben, etwas zu verpassen, unterstellen wir uns, dass wir etwas falsch machen. Bin ich vielleicht der Einzige, der nicht tut, was alle anderen tun? Vielleicht – aber dann deshalb, weil Sie es so wollen. Und davon werden Sie letzten Endes profitieren, genauso wie Ihre Freunde von ihrer Art profitieren werden, die Dinge anzugehen. Sich selbst treu zu bleiben führt letztlich zu innerer Ruhe und Gelassenheit. Es ist toll, ab und zu gegen den Strom zu schwimmen. Es kann ausgesprochen befreiend sein.

Zusammenfassung

FREUNDEN ZUHÖREN

Manchmal brauchen wir den unvoreingenommenen Blick von außen.

FÜR FREUNDE DA SEIN

Seien Sie für Ihre Freunde da – auch wenn sie einmal nicht auf Sie hören wollen.

EIGENE WEGE GEHEN

Tun Sie nichts, weil andere es tun. Innere Ruhe ist ein sehr persönliches Ziel.

IHRE PERSÖNLICHE VORSTELLUNG VON
BERUHIGENDEN FREUNDEN

Fassen Sie in einem Wort oder in einer Zeichnung zusammen,
was beruhigende Freunde für Sie bedeuten.

Gelassen arbeiten

Vielleicht läuft es Ihnen bei dieser Kapitelüberschrift kalt den Rücken hinunter, vielleicht geht Ihnen aber ein Strahlen übers Gesicht. Arbeit ist manchmal ein schwieriges Terrain. Ich liebe meinen Job und bin glücklich damit. Ich habe schon früh herausgefunden, wie ich in puncto Kreativität ticke, und mich kopfüber in den Job gestürzt, auch deshalb, weil ich ein Vorbild hatte: Meine Eltern haben beide ihr Leben lang hart gearbeitet. Das und eine Portion Glück haben zu einer Karriere geführt, die nun schon 20 Jahre währt. Ich kann das fast nicht glauben, hatte ich doch nie einen Plan oder eine Vision. Ich habe einfach weitergemacht und auf mein Bauchgefühl gehört. Auch zahlreiche Entmutigungsversuche konnten mich nicht davon abhalten, weiter unbefangen meinen Weg zu gehen – einen abenteuerlichen Weg; so viel steht fest.

ARBEITSSTRESS

Dass meine Arbeit mich befriedigt und mir großen Spaß macht, bedeutet nicht, dass sie stressfrei wäre. Ganz im Gegenteil. Mein Arbeitsstressberg war schon so hoch und steil, dass ich den Halt verloren habe, ihn rückwärts hinuntergepurzelt bin und mich gefragt habe, ob ich wirklich noch einen Anstieg wagen sollte. Ich habe schon oft aufgeben und meine Arbeit zum Teufel jagen wollen. Und der Grund dafür war immer Stress.

Mir ist klar, dass ich nur im Showbiz arbeite und keine Löcher graben muss wie mein wunderbarer, hart arbeitender Dad. Ich muss keine Entscheidungen über Leben und Tod treffen und trage auch keine Verantwortung für ein Team. Dennoch ist mir Arbeitsstress auf viele Arten begegnet und drohte mich zeitweise sogar zu ersticken. Mein Arbeitsstress unterscheidet sich bestimmt von Ihrem, doch ich bin mir sicher, dass es Ähnlichkeiten gibt. Lassen Sie mich erzählen, wie bei mir alles begann.

MEINE ABENTEUERLICHE KARRIERE

Ich war 15 und saß mit rund 50 Mädchen meines Alters in einem Wartezimmer. Die anderen wirkten viel kontaktfreudiger und selbstbewusster als ich, außerdem waren sie viel hübscher. Sie hatten schon ihren Babyspeck verloren und trugen viel coolere Outfits. Dabei war ich noch stolz auf meinen Regenmantel aus PVC und meine Cordhose gewesen, bevor ich diesen Raum voller Mini-Britney-Spears-Doppelgängerinnen betreten hatte. Ich hatte vorher schon ein paar Mal vorgesprochen, fühlte mich hier aber etwas überfordert, weil ich keine Ahnung vom Moderieren hatte, worum es bei diesem Job ging. Ich habe bei diesem Vorsprechen nur eines gemacht: geblufft. Wahrscheinlich haben mir solche Situationen damals einfach noch nicht so viel Stress bereitet. Ich war damals mit einem unschlagbaren Optimismus gesegnet, hauptsächlich mangels negativer Erfahrungen. Natürlich war ich nervös, doch Angst davor, verurteilt zu werden, war verglichen mit dem, was später kommen sollte, kaum vorhanden.

Dass ich den Job beim Disney Club bekam, war einer der tollsten Augenblicke meiner ganzen Karriere. Ich war in die heiligen Hallen des Fernsehens eingetreten! Was das bedeutete, war mir egal, solange ich den Fuß in der Tür hatte. Es gelang mir tatsächlich, den Ball flach zu halten und einfach mitzuschwimmen, während ich meinen Schulabschluss machte. Von einer Kindersendung wechselte ich anschließend zu einigen anderen Jobs im gleichen Bereich. Ich war bei dem Vorsprechen an diesem Tag sicherlich nicht die Beste, gab aber alles und folgte meiner Intuition. Und an diesem Motto versuche ich seitdem festzuhalten: Gib einfach dein Bestes.

Der Stress kam später. Ich war plötzlich der Presse ausgeliefert und den aufkommenden sozialen Netzwerken. Beides gab meinem geliebten Job eine Härte, mit der ich nur schlecht umgehen konnte. Um ehrlich zu sein, kann ich es heute noch nicht. Zu diesem Zeitpunkt in meiner Karriere – ich arbeitete hart, war aber noch zu jung, um wirklich zu mir selbst gefunden zu haben – hatte ich immer das Gefühl, nicht gut genug zu sein. Von Gelassenheit keine Spur. Ständig wurde ich mit den anderen Mädchen im Fernsehen verglichen. Einem Produzenten gefiel offenbar mein etwas maskuliner Kleidungsstil nicht, und so bat er mich, mich anders zu kleiden. Ein anderer wollte, dass ich sanfter und leiser sprach. Nicht gut genug, immer und immer wieder.

Etwa zu dieser Zeit begann ich, das Londoner Vorort-Mädchen in Jungsklamotten mit anderen Augen zu sehen – und kein gutes Haar an ihm zu lassen, denn das taten die anderen ja offenbar auch nicht. Bekam ich einen bestimmten Job nicht, fühlte ich mich völlig nutzlos. Beschimpfte mich jemand im Internet, riss er (oder sie) damit ein Loch in mein Selbstbewusstsein. Schließlich füllte Selbsthass diese Lücke. Mein ganzer Selbstwert lag in den Händen anderer; ohne Bestätigung von außen hatte ich so gut wie keine Identität. An Ruhe und Gelassenheit war natürlich immer weniger zu denken. Ich war in jungen Jahren so oft verurteilt, zu einem Objekt gemacht und leichtfertig abgetan worden, dass ich nicht mehr ein noch aus wusste.

DIE WAHRHEIT ÜBER DEN RUHM

Wenn ich Jugendliche sagen höre, sie wären gerne berühmt, stellen sich mir die Fußnägel auf. Was ist Ruhm heute überhaupt noch? Sicherlich nicht der Hollywoodhochglanz von vorvorgestern. Heute hat Ruhm kaum noch die Aura des Geheimnisvollen oder Magischen. Wir wissen alles oder glauben das zumindest. Doch lassen Sie mich einiges klarstellen, bevor ich mit meiner lange fälligen Schimpftirade fortfahre. Punkt 1: Ich weiß, ich bin nicht Beyoncé und kann mich meist unerkannt auf der Straße bewegen. Punkt 2: Es gibt Wichtigeres, worüber man schimpfen müsste, doch zum Wohle eines Teils der jüngeren Generation möchte ich mir wenigstens eine kleine Tirade erlauben. Punkt 3: Ich weiß, dass ich zu Beginn meiner Karriere fleißig an Formaten mitgearbeitet habe, die nutzlosen Ruhm glorifizieren. Ich bin allerdings nicht im Mindesten für die Kandidaten dieser Sendungen verantwortlich, obwohl ich dabei auch meinen Spaß hatte. Nun ja, der Mensch lebt, der Mensch lernt. Also weiter im Text … Ich bin nicht zum Fernsehen gegangen, um berühmt zu werden. Ich hatte noch nicht einmal eine Vorstellung vom Fernsehen – außer dass meine Freundinnen und ich unsterblich in Leonardo DiCaprio verliebt waren, aber schon ahnten, dass wir ihm vermutlich nie begegnen würden. Ich bin zum Fernsehen gegangen, weil ich es liebte: die Aufregung, die Energie, die Begeisterung, das Reisen, die neuen Leute. Das Berühmtsein stellte sich nur ganz allmählich ein, und ich hatte mittlerweile 20 Jahre Zeit, um mich daran zu gewöhnen. Dennoch muss ich hier mal mit einigen Mythen aufräumen. Berühmt zu sein bedeutet nicht, keine Sorgen, keine Schmerzen oder keinen Stress zu haben. Es bedeutet nicht, wirklich etwas erreicht zu haben! Das sind zwei Paar Schuhe. Es bedeutet nicht unbedingt, dass man sich in seiner Haut wohlfühlt oder als Mensch vollständiger. Berühmt zu sein hat auch nichts mit Glamour zu tun, auch wenn man vielleicht an aufregende Orte reist oder tolle Leute trifft. Für mich ist Berühmtheit so: Ich gehe auf einem einsamen Weg spazieren und genieße die Aussicht. Den Maschendrahtzaun zu meiner Linken habe ich nicht bemerkt. Plötzlich werde ich durch lautes Bellen aus meiner Idylle gerissen. Ich sehe nach links, und da sind sie: 20 Hunde auf den Hinterbeinen, die Vorderpfoten in den Zaun gekrallt, die Mäuler aufgerissen, und alle kläffen mich ohrenbetäubend an. Sie kommen nicht an mich heran und können mir physisch nichts tun; aber ich bin mit den Nerven am Ende. Ich werde angestarrt, abgeschätzt und manchmal sogar angegriffen, weil man mir etwas völlig Haltloses unterstellt.

Das bereitet noch heute ein gewisses Maß an Stress, ich versuche jedoch, nicht darauf zu achten. Ich kann allerdings nicht behaupten, gegen die Nebenwirkungen dieser

Art von Berühmtsein völlig immun zu sein. Aber immerhin weiß ich heute einigermaßen, wer ich bin, und brauche die Bestätigung von außen viel weniger. Ich will mit diesem Geständnis kein Mitleid erregen, sondern ein anderes Licht auf das viel gepriesene Berühmtsein werfen: Manchmal fühlt man sich dem Urteil völlig Fremder ausgeliefert.

WAS MICH STRESST

Was mich noch heute in meinem Beruf stresst, ist, wenn ich interviewt werde. Damit  habe ich wirklich Probleme. Mir bricht schon der Schweiß aus, bevor der Journalist auch nur sein Notizbuch gezückt hat. Auch dabei ist mir natürlich bewusst, dass ich mich nicht in einer lebensbedrohlichen Lage befinde und mir den Kampf-oder-Flucht-Modus für Wichtigeres aufheben sollte. Doch irgendwie macht mir das Ganze Angst. Einige Journalisten, die mich interviewt haben, waren unglaublich nett und haben fair und objektiv über mich berichtet; doch die wenigen, die mir die Hölle heiß gemacht und das Wort im Mund herumgedreht haben, haben einen ausgesprochen schalen Nachgeschmack hinterlassen. Und so bin ich in höchster Alarmbereitschaft und weiß, dass alles, was ich sage oder tue, genau notiert und bewertet werden kann. Aus meinen Äußerungen werden manchmal die abenteuerlichsten Schlüsse gezogen. Dann fühle ich mich wieder wie ein 13 Jahre altes Schulmädchen, das nicht weiß, wie man ein bestimmtes Wort schreibt; vor mir die ausnahmslos gebildeten Fragesteller, die mich unter die Lupe nehmen, um herauszufinden, ob ich »gut genug« bin. Ich weiß, dass sie das nicht wirklich tun, aber leider kann ich mich des Gedankens einfach nicht erwehren.

Im Grunde bin ich also selbst schuld. Trotzdem habe ich Angst davor, dass meine Worte auf dem Weg von meinem Mund zum Diktiergerät eine neue Bedeutung annehmen und in gedruckter Form plötzlich ein schlimmes Eigenleben führen werden. Ich kann mich nicht daran erinnern, mich während eines Interviews jemals wirklich wohlgefühlt zu haben; aber das ist nur eine weitere Chance, an mir zu arbeiten.

Welchen Beruf auch immer wir ausüben, es gibt sicherlich in jedem Dinge, die uns die innere Ruhe rauben, auch wenn wir eigentlich lieben, was wir tun. Auf einige Aspekte meiner Karriere kann ich mich unbesorgt einlassen, und in diesen Bereichen gebe ich normalerweise mein Bestes. Beim Schreiben zum Beispiel bin ich glücklich und zufrieden und kaum gestresst. Ich weiß, dass ich keine bedeutende Schriftstellerin bin, fühle mich aber sehr lebendig, wenn das Schreiben gut läuft. Beim Radio fühle ich mich gut aufgehoben und willkommen und liebe die Rückmeldungen, die ich von meinen Hörern bekomme. Es macht mir auch Spaß, mich in den sozialen Netzwerken zu bewegen und mit Menschen Kontakt aufzunehmen, die sich mit dem beschäftigen, was ich tue. Dabei habe ich Selbstvertrauen und Zuversicht.

Diesen Luxus habe ich beim Fernsehen nicht immer. Vielleicht hat es damit zu tun, dass man im TV gesehen *und* gehört wird und sich exponiert fühlt. In meinem gemütlichen Radiosessel kann ich mich hinter dem riesigen Mikrofon und tollen Songs verstecken. Außerdem ist mir immer bewusst, wie unbeschwert sich einige meiner Kollegen vor der Kamera bewegen. Ich arbeite nun schon seit 20 Jahren fürs Fernsehen – und doch bringt es mich immer noch aus dem Konzept, wenn die Kamera läuft. Dieses Gefühl verflüchtigt sich glücklicherweise nach ein paar Minuten, wenn ich mich eingegroovt habe, aber am Anfang bin ich jedes Mal furchtbar nervös.

SO GEWINNEN SIE SELBSTVERTRAUEN

Ich kenne einige Leute in der Unterhaltungsbranche, die Lampenfieber haben, darunter ganz alte Hasen. Ich hatte schon viele Gespräche darüber, wie man diese nervtötende Energie in den Griff bekommt und positiv nutzen kann, und habe meine Schlüsse daraus gezogen. Man kann nämlich ein paar Tricks dagegen anwenden. Dann wird die Energie Sie dynamisch vorantreiben, statt Sie statisch im Rampenlicht stehen zu lassen, und Sie sind aufmerksamer und konzentrierter, wenn es darauf ankommt.

Die Tricks lassen sich auf fast alle Berufe anwenden. Wer etwa schon einmal vor Kollegen sprechen musste, kennt die Nervosität des Lampenfiebers vielleicht. In der Öffentlichkeit zu sprechen fällt vielen Menschen sehr schwer, und sie sind in diesen Momenten alles andere als gelassen. Mir hilft dabei, mir bewusst zu machen, dass die Menschen, vor denen ich spreche, nicht alle darauf warten, dass ich einen Fehler mache. In der Regel fühlen sie mit mir und hoffen vielleicht sogar darauf, aus dem Gesagten etwas lernen zu können. Wenn wir die Befürchtung ablegen, dass alle auf unser Versagen warten, stehen die Chancen für Ruhe und Selbstvertrauen recht gut. Und wie geht der schöne Spruch noch? »Stell dir das Publikum einfach nackt vor.« Das bedeutet nichts anderes als: Wir sind alle nur Menschen, der Körper unter der Kleidung sieht bei allen ziemlich gleich aus, und wir machen definitiv alle Fehler. Diejenigen, die andere gedankenlos verurteilen, sehen sich selbst nicht als fehlbare Wesen – und fristen deshalb ein sehr engstirniges Dasein. Denken Sie daran, wenn Sie vor Publikum sprechen müssen oder das Gefühl haben, kritisch beäugt zu werden. Dieser Trick hilft auch fantastisch bei Bewerbungsgesprächen!

Auch Entschleunigung hilft gegen Nervosität. Adrenalin und Angst treiben uns an, und so ringen wir nicht nur nach Luft, sondern machen auch vermehrt Fehler. Wenn Sie langsamer agieren und sprechen, wird Ihr rasendes Herz dem hoffentlich folgen. Dann klingen Sie gleich viel selbstbeherrschter und kompetenter. Nehmen Sie sich die Zeit, sich auf das zu konzentrieren, was Sie sagen, und lassen Sie den Atem langsam und stetig fließen. Das zumindest ist mein Fokus bei der Arbeit, jedenfalls sehr oft!

PRIORITÄTEN SETZEN

Als mein erstes Kind zur Welt kam, änderte sich meine Perspektive radikal, und damit änderte sich auch, was ich als belastend empfand oder nicht. Ich machte mir viel weniger Gedanken darüber, was andere von meinen Entscheidungen und eventuellen Pannen bei der Arbeit hielten. Stattdessen wurde Zeitmanagement in puncto Privatleben und Beruf für mich ein Hauptthema. Das ist es immer noch: Ich will einerseits meine Kinder nicht im Stich lassen, andererseits aber auch meine Arbeit nicht vernachlässigen. Dieser konstante Balanceakt gibt mir oft das Gefühl, in beiden Abteilungen zu versagen, und ich bin mir sicher, das geht den meisten Eltern so. Als Rex auf der Welt war, wusste ich, dass ich etwas ändern musste, um mir das Jonglieren zu erleichtern, doch das war wirklich nicht einfach. Ich kämpfe damit noch heute –, wenngleich ich vor Kurzem so etwas wie eine Offenbarung hatte.

Ich habe mich intensiv damit beschäftigt, wie ich mit Stress umgehe und warum ich manchmal die Ruhe verliere. Als ich nach dem ersten vollständigen Entwurf des Buchs meinen Laptop schloss, erwartete mich eine Lektion. Eigentlich hatte ich gedacht, über Stress und innere Ruhe hätte ich aus meiner Sicht nun alles gesagt – doch sollte das darauffolgende Wochenende mich eines Besseren belehren.

Mein Mann war auf Reisen, und so musste ich mich allein um die vier Kinder kümmern. Ich liebe es, wenn das Haus voll ist und sich meine Kinder und Stiefkinder alle zu diesem chaotischen und doch harmonischen Haufen zusammenrotten. Die Freude, wenn Lärm und Liebe im Haus widerhallen, ist himmlisch, und trotzdem fühle ich mich von dem zu erwartenden Chaos überfordert. Das ist leider unvermeidbar, denn es müssen Mahlzeiten gekocht, Wäscheberge abgebaut, Meinungsverschiedenheiten geschlichtet und Regale auf Hochglanz gebracht werden … Ich kann einfach nicht anders! Und in all dem Chaos versuche ich auch noch, meine Karriere am Laufen zu halten. Doch genau in diesem Augenblick ist mir etwas bewusst geworden: Wenn ich wirklich die Nerven verliere, dann liegt es in neun von zehn Fällen daran, dass ich versuche, das Chaos zu bekämpfen. Ich versuche, das Chaos zu verringern und schlau daraus zu werden, warum Anarchie ausbricht, wenn fünf Menschen mit fünf verschiedenen Terminkalendern in einem Haus zusammenleben. Und dieser – unmögliche! – Versuch treibt mich dann in den Wahnsinn. Dann beginne ich den Tag schon im Kampfmodus, bereit, jedem Fleck auf dem Sofa den Garaus zu machen und mich jedem Kampf um das Spielzeug entgegenzustellen. Was erreiche ich damit? Nichts! Die vier wunderbaren Menschen in meinem Haus machen einfach weiter wie bisher. Es gibt keine Chance, dass ihre sozialen Bedürfnisse, kulinarischen Vorlieben und spontanen Ideen je übereinstimmen werden! Also liegt es wohl an mir, meinen Blick auf diese Dinge zu ändern.

JA ZUM CHAOS

In diesem Moment stolperte ich über den unglaublich einfachen Gedanken, **Ja zum Chaos** zu sagen. Ich muss den Besen und alle anderen Anti-Chaos-Waffen niederlegen und bei den Kindern alles akzeptieren, was kommt. Könnte ich sogar lernen, dieses Chaos zu genießen? Nicht nur die Unordnung, auch die sprühende Energie, die in einem Haus umherschwirrt, das bis zum Rand mit Leben gefüllt ist? Früher konnte mich diese Energie überfordern und mir das Gefühl geben, ich hätte für mich selbst keine Zeit mehr. Das mag ja stimmen, doch könnte ich nicht auch inmitten des Chaos meine Momente der Ruhe finden? Was, wenn mir klar würde, was ich alles zurückbekomme im Austausch gegen meine Mitwirkung an dieser verrückten und absolut großartigen Familie? All die Freude, die Liebe, die Erkenntnisse und den Spaß?

Also versuchte ich es. Der Rückflug meines Mannes hatte mehr als 24 Stunden Verspätung, und damit hatte ich mehr Zeit zum Üben – und um die Früchte meiner Bemühungen zu ernten. Mit der neuen Sicht löste sich der Stress plötzlich in Luft auf, die Hektik fühlte sich kontrollierbar an und ich genoss fast jeden Augenblick. Statt meiner üblichen Taktik – kämpfen und gegenanschwimmen – sprang ich einfach ins Wasser und ließ mich treiben. Das ist so viel weniger anstrengend! Wenn man nicht dauernd um innere Ruhe kämpft, kommt sie beinahe von alleine zurück.

Statt das Chaos in dem Versuch, Beruf und Privatleben unter einen Hut zu bringen, zu bekämpfen, versuche ich jetzt, es zu akzeptieren und bin dabei tatsächlich viel ruhiger und gelassener. Wir sehnen uns alle nach Ruhe und Gelassenheit, müssen aber vielleicht erst lernen, aus vollem Herzen Ja zum Chaos zu sagen.

WORK-LIFE-BALANCE

Größere Veränderungen im Berufsleben — auch wenn man weiß, dass sie um der Gesundheit und des Wohlbefindens willen notwendig sind — können sehr schwierig sein, weil dabei viele Faktoren eine Rolle spielen. Wenn Sie Ihren Job lieben, wird es Ihnen sehr schwerfallen, die Arbeitsstunden zu reduzieren. Wenn Sie Ihren Job aber hassen und sich verzweifelt eine Veränderung wünschen, werden Sie sich Sorgen machen, wie Sie ohne Ihren Arbeitsplatz Ihre Brötchen verdienen und Ihre Miete zahlen sollen. Manchmal ist es auch die Gewohnheit, die uns im Weg steht. Ich falle hin und wieder in alte Verhaltensmuster zurück: Sobald sich eine Lücke in meinem Terminkalender auftut, habe ich das Gefühl, ich könnte meine Karriere gleich an den Nagel hängen. **Panik!**

Manchmal fühlen wir uns gefangen und durch den scheinbaren Mangel an Optionen bedrückt. Wenn Sie Ihren Job momentan nicht wechseln können, gibt es vielleicht einen Kollegen, mit dem Sie darüber sprechen können, wie Sie sich fühlen. Gibt es ein Hobby oder eine kreative Tätigkeit, die Ihnen in Ihrer Freizeit einen Ausgleich zum Berufsleben schaffen könnte? Einige meiner Kollegen haben heute Nebenjobs, die sich ganz und gar nicht wie Arbeit anfühlen; eher wie Hobbys, die ihnen Ablenkung und gleichzeitig etwas mehr Geld verschaffen. Eine meiner Freundinnen betreibt einen Inneneinrichtungsblog, eine andere ein Geschäft für maßgeschneiderte Kleidung, noch eine andere macht eine Zusatzausbildung zur Yogalehrerin. Manchmal hilft es schon, sich neu zu bewerben oder sich auf dem Arbeitsmarkt umzusehen. Probieren Sie aus, was Ihnen liegt, und sehen Sie, wie sich die neuen Möglichkeiten anfühlen.

Für wie ausgeglichen halten Sie Ihr Leben? Arbeiten Sie viel zu viel und lassen Sie alles andere darunter leiden? Sind Sie deshalb stressanfälliger? Oder bereitet Ihnen die Arbeit Kopfschmerzen, weil Sie unbewusste Versagensängste haben oder nicht so recht wissen, wohin Sie wollen? Halten Sie in der schwereren Waagschale unten fest, was Ihrer Meinung nach den Großteil Ihrer Zeit frisst, und schreiben Sie alles andere in die leichtere Waagschale. Überlegen Sie anschließend, wie Sie die beiden Waagschalen ins Gleichgewicht bringen könnten.

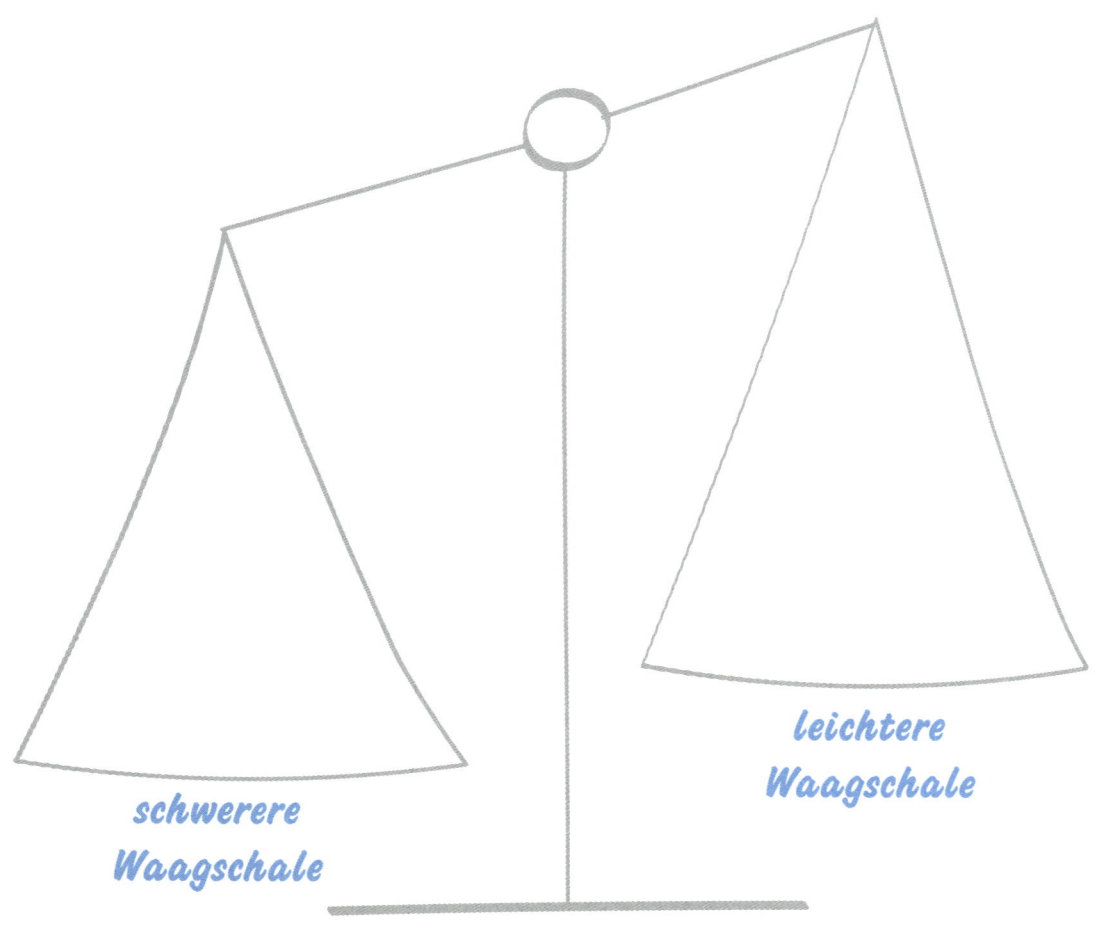

schwerere
Waagschale

leichtere
Waagschale

NICHTS IST UNMÖGLICH

Hier eine wunderbare Geschichte für alle, die eine größere Veränderung vornehmen möchten und mehr Selbstvertrauen dafür brauchen: Meine tolle Freundin Justine Jenkins hat zwischen 20 und 30 meist in der City gearbeitet – mit unzähligen Überstunden in der verrückten Welt der Banken und mit sehr wenig Freizeit, dafür aber immer in dem Bemühen, mit einem rasenden Tempo Schritt zu halten. Innerlich wünschte sie sich etwas anderes, wusste aber nicht, wie sie anfangen sollte. Ihre Leidenschaft galt der Kosmetik und der Kreativität, also einer ganz anderen Welt. Darin hatte sie allerdings keinerlei Erfahrung, und so machte sie Kosmetik zunächst zu ihrem Hobby. Es gelang ihr, ein kleines Theater dazu zu überreden, dort in ihrer Freizeit als Maskenbildnerin arbeiten zu dürfen. Das bedeutete Arbeit sehr spät am Abend und an den Wochenenden, doch die machte sich bezahlt: Justine knüpfte Kontakte und sammelte Erfahrung und Selbstvertrauen. Sie wusste natürlich, dass sie für unbestimmte Zeit viel weniger verdienen würde, wenn sie der City den Rücken kehrte, war aber bereit, das zu akzeptieren. Sie hatte Ersparnisse, die ihr eine Weile den Rücken freihalten würden, und so wagte sie den Absprung und ließ damit nicht nur ihre alte Arbeit, sondern auch viel Stress hinter sich. Als Nächstes kam eine Phase des Schuftens – aber eines Schuftens, das ihr sehr viel Spaß machte. Niedriger Lohn, kaum Sicherheit, aber Spaß pur. Sie genoss jede Minute des kreativen Prozesses und hatte dank ihrer Investition an Zeit und Energie das Gefühl, endlich etwas zu erreichen. Schon bald fand sie sich am Set von großen Filmen und TV-Sendungen wieder und arbeitete mit Menschen zusammen, die sie zuvor aus der Ferne bewundert hatte. Die Bezahlung war mit ihrem früheren Gehalt noch nicht vergleichbar, doch die Work-Life-Balance und Lebensfreude waren unbezahlbar. Sie arbeitet jetzt Vollzeit in der Redaktion beim Fernsehen und hat viele treue Fans. Es war ein Drahtseilakt ohne Netz und doppelten Boden, der auch hätte schiefgehen können, aber Justine folgte ihrem Gefühl und ihrem Herzen.

Eine der größten Veränderungen in meinem Leben war der Weggang von *Radio 1*. So sehr ich den Job auch liebte und so sehr ich mich auch davon geehrt fühlte, so sehr hatte ich das Gefühl, dass es noch etwas anderes zu entdecken gab, andere Möglichkeiten, kreativen Flow zu erleben. Es war ein Abenteuer gewesen, so viele tolle Künstler zu interviewen und so viel Weltklassemusik live zu hören. Damit aufzuhören schien verrückt, doch juckte es mich in den Fingern. Das Gefühl wurde so übermächtig, dass ich ihm folgen musste. Dabei hatte der Druck, drei Stunden am Tag fehlerfrei sprechen zu müssen, längst seinen Tribut gefordert. Ich brauchte dringend Ruhe. Ein Drahtseilakt, denn ich hatte ein kleines Kind zu versorgen und keinen Plan B. Wenn das schiefging, war ich geliefert. Und doch folgte ich meinem Gefühl und sprach das Entscheidende erst einmal laut aus: »Ich werde Radio 1 verlassen.« Die Reaktionen darauf waren überwältigend. »Du spinnst!« »Warum willst du einen so sicheren Job aufgeben?« »Und wenn du nie wieder Arbeit kriegst?« »Damit verlierst du deinen Platz in der Musikbranche für immer und ewig.« Terror pur! Plötzlich war mir der Weg zurück verbaut. Damals hatte sich der Entschluss aufgeschlossen und bodenständig angefühlt, nicht vollkommen irre, und nun das. Die Reaktionen zerstörten mein Selbstvertrauen von Grund auf.

Das halbe Jahr nach meinem Weggang war befreiend und elend zugleich. Die Zukunft lag wie ein leeres Blatt Papier vor mir, das an einem guten Tag darauf wartete, vollgeschrieben zu werden, und an einem schlechten Tag drohte, für immer leer zu blei-

Wünsche zu haben ist weder dumm noch unrealistisch. Sie verdienen es, Träume zu haben und an sie zu glauben. Das bedeutet nicht, dass sie sich rasch oder genau so erfüllen, wie wir es wünschen, aber nichts ist unmöglich! Wenn Sie Ihren Traum klar vor Augen haben, kann es viel Spaß machen, sich seiner Erfüllung Schritt für Schritt zu nähern. Schreiben Sie in die oberste Stufe Ihren Traum im Beruf und in die Stufen darunter die Schritte, die zu seiner Erfüllung führen könnten.

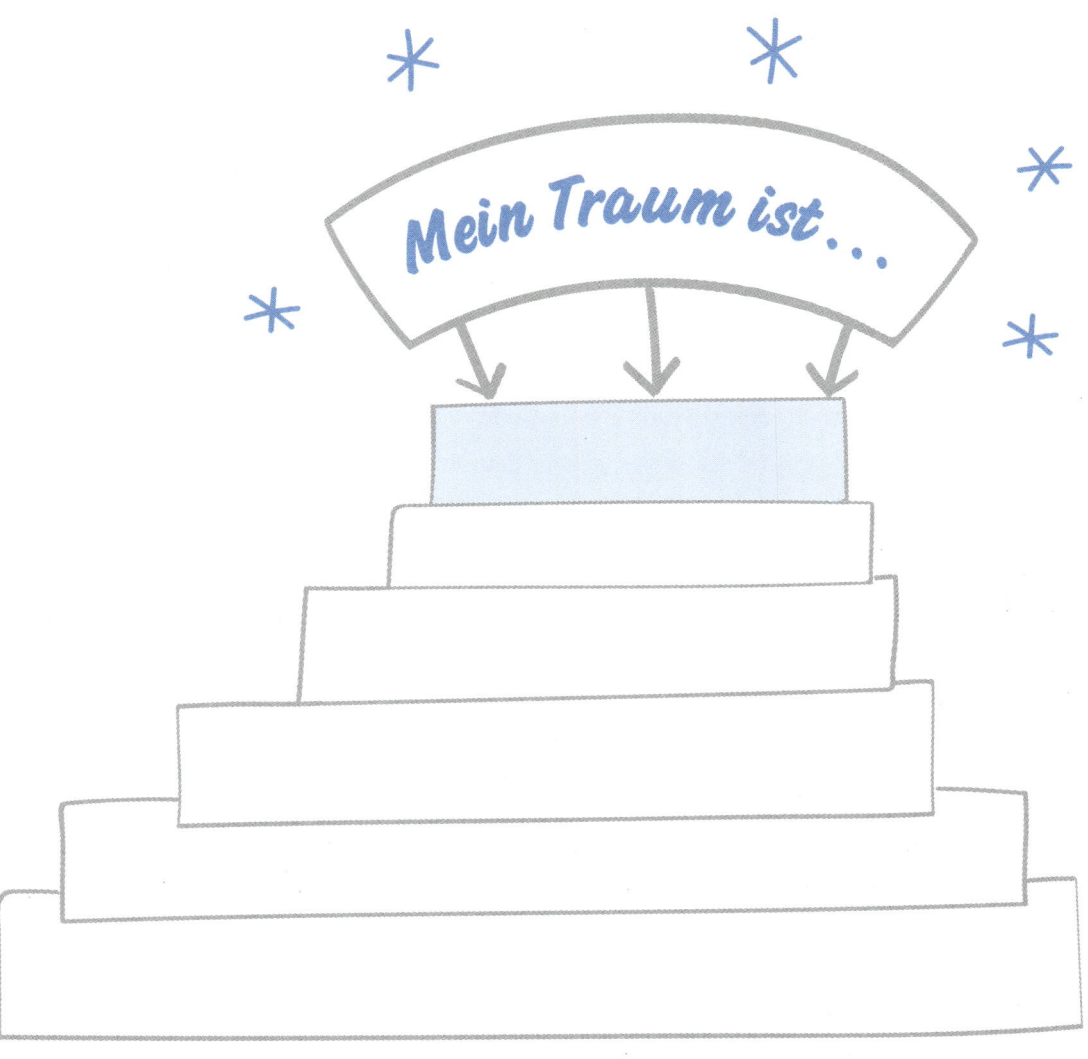

ben. Mal war das Unbekannte ein Freund mit vielen Ideen im Gepäck, mal ein düsterer Fremder ohne jegliche Perspektive. Das ist der Deal, wenn Sie eine große Veränderung vornehmen, und es zählt mehr denn je, wie Sie nun mit Sorgen und Ängsten umgehen. Ich habe in dieser Zeit gelernt, wie wichtig es ist, positiv zu bleiben und an sich zu glauben. Dieser Selbstvertrauensvorschuss macht sich mehr als bezahlt.

Ich kam im ersten halben Jahr zur Ruhe, indem ich tat, was ich gern tat: kreativ sein. Ich schrieb, obwohl das niemand las, ich malte, obwohl meine Bilder nie die Küche verließen, und ich sprach weiter über meine Wunschträume, als wären sie zu 100 Prozent realisierbar. Ein großartiger Nährboden für eine positive Lebenseinstellung!

Rückblickend betrachte ich diese Phase als große Erleichterung, denn sie hat mich zu verschiedenen Projekten geführt, die ich sehr spannend finde. Das ist sicherlich nicht jedermanns Sache, doch für mich sind Schreiben und Erschaffen eine Herzensangelegenheit. Selbst wenn Sie noch nicht herausgefunden haben, woran Ihr Herz wirklich hängt, wird es etwas geben, das sich zum entscheidenden Zeitpunkt richtig für Sie anfühlt. Wie der Job dann auch heißen mag, sei er nun groß oder klein; es kommt darauf an, was Sie aus ihm schöpfen. Werde ich heute gefragt, womit ich mein Geld verdiene, weiß ich nicht, was ich sagen soll. Ich habe keinen Titel, kein spezielles Renommee, und das gefällt mir. Das ist mein Ort der Ruhe. Es geht mir nicht um Anerkennung oder Macht, sondern um Freude. Glauben Sie, dass Sie diese Ruhe bei Ihrer Arbeit finden können? Vielleicht durch eine Veränderung oder dadurch, dass Sie herausfinden, was Sie wirklich gern tun, und dies dem hinzufügen, was Sie bereits tun? Unsere Vorstellungen von innerer Ruhe bei der Arbeit werden zwangsläufig auseinanderklaffen. Hören Sie also auf Ihr Herz: Es hat Ihnen etwas zu sagen.

EHRLICH SEIN

Natürlich gab es auch für mich Zeiten, in denen mir nicht alles gefiel, was ich beruflich tat: einige meiner Fernsehsendungen beispielsweise. Ich nahm die Jobs an, aus Angst, nicht mehr wettbewerbsfähig zu sein, wenn ich es nicht tat, und redete mir ein, dass ich diese Jobs tun *sollte*. Für mich das Gegenteil von innerer Ruhe.

Ich arbeitete auch mit Menschen zusammen, mit denen ich mich nicht auf Augenhöhe befand, und musste dann mit den Folgen zurechtkommen. Ist der Chef ein Tyrann oder ein Kollege ein Intrigant, kann es uns sehr schwerfallen, uns und unseren Überzeugungen treu zu bleiben. Ich bin in puncto Konfrontation am Arbeitsplatz nicht wirklich gut. Manchmal sage ich zu schnell Ja und gehe Auseinandersetzungen zulasten meiner Überzeugungen aus dem Weg. Das ist nie gut. Die bessere Option ist es, ehrlich mit sich und seiner Umgebung zu sein, auch wenn das hin und wieder zu unangenehmen Gesprächen führt. Alles andere bedeutet Feindseligkeit und Stress.

Ich erinnere mich in diesem Zusammenhang an einen ganz bestimmten Kollegen. Ich bin mir sicher, dass auch ich ihm Kopfzerbrechen bereitete, denn unsere Ansichten zu verschiedenen arbeitsbezogenen Themen waren einfach zu unterschiedlich. Ich war damals noch viel jünger und dachte, ich hätte nicht das Recht, ihm zu widersprechen; auch dann nicht, wenn sich die Entscheidungen um mich drehten. All das, was ich den Argumenten entgegenzusetzen hatte, löste sich in Luft auf, sobald ich morgens in der Arbeit ankam. So ärgerte ich mich im Laufe der Zeit immer mehr über den betreffenden Kollegen, was unsere Arbeitsbeziehung immer mehr vergiftete. Um fair zu bleiben: Wir haben uns in dieser Situation beide falsch verhalten, haben weder Kompromisse geschlossen noch uns irgendwie vom Fleck bewegt – nicht gerade das, was man sich unter Gelassenheit bei der Arbeit vorstellt.

Heute bin ich viel besser darin, meine Meinung vorzubringen. Natürlich knalle ich sie nicht jedem ungefragt und rücksichtslos an den Kopf, ich versuche nur, sowohl in Worten als auch in Taten so ehrlich und authentisch wie möglich zu sein. Ich habe die Erfahrung gemacht, dass sich unangenehme Situationen dadurch viel schneller auflösen lassen. Bin ich ehrlich – auch wenn das manchmal schwerfällt –, verschwindet der Stress, der sich früher oder später in Abneigung und Feindseligkeit verwandeln würde. Ich denke, diese Lektion lernen wir erst im Laufe der Zeit und mit zunehmender Erfahrung. Ich habe sage und schreibe 20 Jahre dazu gebraucht! Vielleicht treffen Ihre ehrlichen Worte auf Überraschung, Schock oder Wut, doch das wird sich legen, hat der Kollege die Worte erst einmal verdaut und respektvoll zur Kenntnis genommen.

Es kann auch sein, dass Ihr Kollege oder Chef von Ihrer Ehrlichkeit beeindruckt ist, was zu völlig neuen und erfrischenden Arbeitsbeziehungen führen könnte. Wenn man ehrlich ist, ist alles möglich! Denken Sie immer daran, dass die Menschen in Ihrer Umgebung, die stark und mächtig wirken, im Grunde nicht anders sind als Sie selbst. Wir haben alle klein angefangen; auch die anderen hatten einmal fiese Vorgesetzte und überhebliche Kollegen im Team. Niemand muss gemein agieren oder »cool« sein, um zu seinem Ziel zu gelangen. Das erreicht man mit Bodenständigkeit und Ruhe genauso schnell; meist sogar schneller, denn guter Wille ist ansteckend und sorgt für viel Gelassenheit am Arbeitsplatz.

Auch wenn Sie Ihren Job lieben – Raum für Verbesserungen gibt es immer. Das trifft noch mehr zu, wenn Sie Ihren Job nicht mögen. Was gibt Ihnen der Job im Augenblick, und was würden Sie sich für die Zukunft wünschen?

HALLO ... WOO

Zwischen 20 und 30 teilte ich meine Zeit zwischen meiner Heimatstadt London und Los Angeles auf, wo ich an mehreren Projekten arbeitete, während ich gleichzeitig mit den Karrierebällen zu Hause jonglierte: eine sehr stürmische Lebensphase für mich, die ich um nichts in der Welt missen möchte. Abenteuer, so weit das Auge reichte, und meine Spontaneität führte zur Begegnung mit einigen brillanten Menschen, aus denen Freunde fürs Leben wurden. Eine dieser Menschen ist Dr. Woo, der legendäre Tattookünstler, auf dessen Warteliste man nur durch ein Wunder landet und der auf der ganzen Welt für seine Werke berühmt ist.

Als wir uns an einem heißen und turbulenten Abend in einer überfüllten Bar in LA kennenlernten, legte Woo mit seiner Tattookarriere gerade erst los und erledigte Gelegenheitsjobs im Shamrock Social Club, einem bekannten und beliebten Tattoo-Studio am Sunset Boulevard. Er hatte damals noch wenig Erfahrung, aber umso mehr Tatendrang und Leidenschaft.

Dann nahm der König der Tattoos, Mr. Mark Mahoney, ihn mit seinen einzigartigen Fähigkeiten und Techniken unter seine Fittiche. Mark hat auch einige meiner Tattoos gestochen und meine Haut mit seinen zarten Linien verziert, die fast wie Bleistiftstriche wirken. Mark ist einer dieser faszinierenden Menschen, die andere um sich herum inspirieren und Geschichten aus der Untergrundszene von LA erzählen können, ohne dabei allzu viel über sich selbst zu verraten. Mysterium und Magie umgeben ihn, wo immer er auftaucht. Er sieht aus wie ein Gangster aus den 1950er-Jahren, benimmt sich aber wie der sanfte und freundliche Pirat von nebenan, den Mutti sich als Schwiegersohn vorstellen könnte. Was er in Woo sah, waren Potenzial und Entschlossenheit, und so gab er ihm Zeit und Raum, sich als Künstler zu entwickeln und sein ganz eigenes Talent hervorzubringen.

Und so lernte Woo das Handwerk von der Pike auf und arbeitete hart. Zunächst noch als Marks Lehrling und rechte Hand, mit der er die Reichen und Schönen von LA tätowierte; dabei immer beobachtend, immer lernend.

Dieser disziplinierten Energie und Konzentration verdankt er es, dass er heute einer der gefragtesten Tattookünstler unserer Zeit ist. Er hat an beinahe jedem bekannten Tattoo da draußen mitgewirkt und dabei einen so individuellen Stil entwickelt, dass man das Tattoo sofort als »einen Dr. Woo« erkennt. Mit seiner Kreativität und seinem Können ist er heute auf der ganzen Welt berühmt, und seine Tattoos werden zu Recht als Kunstwerke bezeichnet.

Ich war inzwischen mehrfach wieder in Los Angeles und habe mich dort auch mit Woo getroffen. Und ich staune immer wieder darüber, wie er mit seinem unglaublichen Aufstieg zum Ruhm fertig geworden ist. Er hat dieses neue Terrain mit einer sagenhaften inneren Ruhe und Gelassenheit betreten, ist absolut mit beiden Füßen auf dem Boden geblieben und kümmert sich nach wie vor aufopfernd um seine Familie. Unsere Karrieren begannen etwa zur gleichen Zeit, und ich denke, wir haben beide in etwa die gleiche Einstellung zur Arbeit und zum Leben sowie dazu, dass es zwischen beidem ein Gleichgewicht geben sollte. Woo ist das klassische Beispiel dafür, dass man auch ohne Drama und Aufhebens ganz nach oben gelangen kann. Und er ist der lebende Beweis dafür, dass man erfolgreich sein und geliebt werden kann, ohne dafür seine Ellenbogen einzusetzen. Für mich ist Woo der perfekte Ansprechpartner, wenn es um Erfolg, Entschlossenheit und innere Ruhe geht.

Fearne: Hey, Woo! Ich kenne dich nun schon seit über zehn Jahren und habe mit Freude beobachtet, wie du mit deiner Karriere durchgestartet bist. Als wir uns kennenlernten, hast du noch im Shamrock Social Club gearbeitet – als Anfänger mit einem riesengroßen Wunschtraum. Hast du dir je vorstellen können, einmal der Beste auf deinem Gebiet und so gefragt zu sein?

Woo: Wo ich heute bin, hätte ich mir damals zwar wirklich nie träumen lassen, aber ich wusste doch immer, dass ich mein Bestes geben und hart arbeiten würde und dass mich das zu irgendetwas Großem führen würde. Das war mein Mantra, und jetzt genieße ich es, die Früchte meiner Arbeit ernten zu können.

Du warst bei Deiner Arbeit immer unglaublich konzentriert und leidenschaftlich engagiert. Denkst du, das hat dir zu dieser großen Popularität und zu deinem Status in der Tattoogemeinschaft verholfen?

Um ehrlich zu sein: Es war auch einfach gutes Timing, da die sozialen Netzwerke gerade aufkamen. Darüber hinaus waren es aber sicherlich auch die Aufrichtigkeit meiner Arbeit und die Neuinterpretation vertrauter Werke. Ihre Ästhetik erregte Aufmerksamkeit, und die digitale Welt half bei der Verbreitung.

Wie reagierte deine Umwelt, als du allmählich immer mehr Erfolg hattest? Zogen sich auch Freunde zurück? Gab es welche, die dich plötzlich anders behandelten?

Meine engsten Freunde und meine Familie haben mich immer unterstützt. Sie freuten sich für mich über meinen Erfolg, und dafür war ich sehr dankbar. Doch wie es immer so ist, gab es auch Neider, und auch das ist völlig in Ordnung. Damit komme ich klar. Aber im Großen und Ganzen waren die Reaktionen sehr positiv.

Obwohl du inzwischen in deinem Metier ganz oben angekommen bist, scheinst du nie deine innere Ruhe und Gelassenheit eingebüßt zu haben. Du hast nie überehrgeizig oder verzweifelt gewirkt, sondern immer geerdet und ruhig. Täuscht mich das oder entspricht das den Tatsachen?

Das wünsche ich mir jedenfalls! Im Grunde verspüre ich gar nicht den Drang, Erfolg zu haben oder mich an die Spitze zu kämpfen, sondern habe schlicht und einfach den Wunsch, das Beste aus meiner Arbeit zu machen und mit mir selbst zufrieden zu sein. Wenn ich zufrieden bin und meine Familie glücklich und versorgt ist, macht das auch mich glücklich. Die großartigen Gelegenheiten, die daraus erwachsen, sind eher die Spuren, die meine Arbeit hinterlässt, die Früchte meiner Arbeit.

Wie bleibst du bei der Arbeit ruhig, auch wenn der Druck groß ist?

Das ist die einzige Situation, in der ich immer ruhig bin. Ich bin unglaublich entspannt, wenn ich in meinem Tätowierstuhl sitze.

Heute glauben leider viele, dass Erfolg nur etwas mit Status und Geld zu tun hat und nicht mit der Freude an der Arbeit. Was genau bedeutet Erfolg für dich persönlich?

Ja, das ist mir auch schon aufgefallen … Es ist aber auch nicht leicht, vor allem nicht in einer Stadt wie Los Angeles. Für mich bedeutet wahrer Erfolg aber eine glückliche Familie! Solange sie das ist, spielt alles andere keine Rolle.

Haben sich deine Ziele im Laufe der Zeit organisch entwickelt, oder hattest du von Anfang an einen Masterplan?

Ein wenig von beidem. Ich versuche, das Geplante und Ungeplante in meiner Karriere auszubalancieren, und hoffe, dass alles am Ende nahtlos ineinandergreift.

Was hast du dir für die Zukunft vorgenommen?

Ich habe unglaublich viele Ideen und kreative Projekte im Kopf. Dafür möchte ich auch in Zukunft meine Kraft und Energie einsetzen.

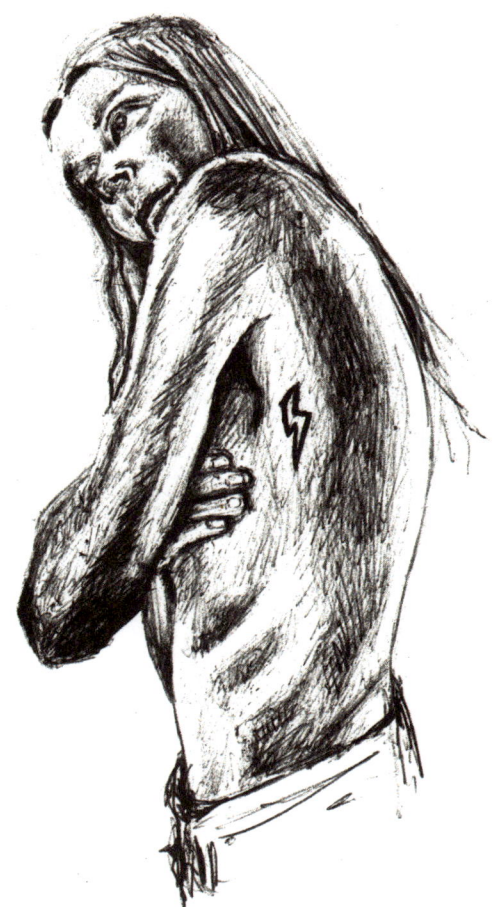

RUHIG, ERFÜLLT, ERFOLGREICH

Manche Menschen können kaum arbeiten ohne Stress, was in vielerlei Hinsicht absolut kontraproduktiv ist. Es kann zur Sucht werden, wenn man glaubt, ohne Stress könnte man seinen Job gar nicht ausüben. Ich war zwischen 20 und 30 geradezu irrsinnig beschäftigt, weil ich es gar nicht anders kannte. Kaum war die Tagesarbeit bei einem Filmprojekt erledigt, sprang ich ins Taxi, um zum nächsten Set zu fahren und dort bis tief in die Nacht weiterzuarbeiten. Am nächsten Morgen stand ich dann noch vor Morgengrauen auf, um mich in etwas Neues zu stürzen, und so weiter und so weiter. Das Karussell drehte sich in schwindelerregender Geschwindigkeit unbarmherzig und pausenlos – weil ich es so wollte. Ich fühlte mich unausgeglichen und hektisch, war aber süchtig nach diesem Zustand.

Immer rasanter und chaotischer sollte es zugehen; dazu trieb das Adrenalin in meinem Körper mich an. Ich sah darin nichts Negatives, bis ich irgendwann total ausgebrannt war. Ich bekam in dieser verrückten und aufregenden Phase meines Lebens auch nicht mit, was um mich herum vorging; so schnell drehte sich die Welt, wobei es eigentlich nur *mein Kopf* war, der mit 150 Sachen dahinraste. Sollte es Ihnen auch so gehen, dann haben Sie keine Angst: Ich bin schon längst nicht mehr in dieser Geschwindigkeit unterwegs, habe aber immer noch große Freude an den meisten Jobs, die ich übernehme, und führe sie mit derselben Leidenschaft und demselben Schwung aus wie früher. Man braucht keinen Stress, um erfüllt und erfolgreich zu sein.

Ich habe gelernt, etwas kürzer zu treten, mich dabei aber mehr auf den Augenblick zu konzentrieren. Für mich war es geradezu eine Offenbarung, als ich feststellte, dass

Bei Arbeitsstress hilft es oft, wenn wir einmal über den Tellerrand schauen. Halten Sie unten fest, was Sie momentan am meisten stresst, und sehen Sie sich dann die Fragen darunter an. Könnte Ihnen etwas davon weiterhelfen?

- Können Sie andere um Hilfe bitten?
- Können Sie etwas Zeit für sich selbst freischaufeln? Vielleicht können Sie zur Arbeit laufen, statt zu fahren, oder mittags einen Spaziergang machen.
- Können Sie die Geschwindigkeit etwas drosseln und sich keine Gedanken darüber machen, wie schnell die anderen arbeiten?
- Können Sie zu Hause ganz abschalten und nicht über die Arbeit reden?
- Können Sie herausfinden, wer Sie am meisten unter Druck setzt: Ihr Chef, die Kollegen oder Sie selbst? Können Sie mit demjenigen darüber sprechen?

Leidenschaft nicht aus Stress oder Druck erwachsen muss. Früher war mein Leben viel zu schnell, als dass ich hätte innehalten und das Schöne der Welt sehen können. Heute gönne ich mir diese Augenblicke der Ruhe. Selbst wenn Ihre Arbeit von Chaos geprägt ist, werden auch da diese wichtigen Momente möglich sein, in denen Sie tief durchatmen können. Tun Sie das? Können Sie einen Augenblick an die frische Luft treten und tief durchatmen? Können Sie Ihren Laptop heute einmal ein wenig früher schließen als sonst? Können Sie sich darauf konzentrieren, wie viel Freude Ihnen Ihre Arbeit macht, statt darauf, wie weit nach oben sie Sie auf der Karriereleiter bringt?

Was bedeutet Erfolg für Sie? Ist er unmittelbar mit Macht verbunden, mit Geld oder damit, besser als alle anderen zu sein? Vielleicht treiben diese Faktoren Sie bis zu einem gewissen Grade an, doch ich persönlich glaube, dass Erfolg mehr mit der Befriedigung zu tun hat, die in der Arbeit liegen kann, mit Zufriedenheit und dem guten Gefühl, wenn harte Arbeit Früchte trägt. Ich kenne einige Leute, die man allgemein als erfolgreich bezeichnen würde. Sie sind in ihrem jeweiligen Betätigungsfeld in die höchsten Höhen aufgestiegen, haben sich den Respekt ihrer Mitstreiter verdient und möglicherweise noch viel Geld dazu. Manche gelten als mächtig und geben den Ton an. Doch würden sie sich selbst als erfolgreich bezeichnen? Die einen ja, die anderen nicht. Ich habe das oft erlebt: Menschen, die eine Bilderbuchkarriere hingelegt haben, sich aber leer und ausgelaugt fühlen, da die erwartete lichtvolle Freiheit am Ende des steinigen Wegs, also ganz oben auf der Spitze, ausgeblieben ist. Ganz oben zu sein bedeutet nämlich nicht, immun gegen Schmerz, Stress und die Unannehmlichkeiten des Lebens zu sein, gegen Verlust, Trauer oder Krankheit. Natürlich kann Geld Stress in gewisser Weise lindern, etwa den Stress, den Berge von Rechnungen bedeuten, wenn man eine Familie zu ernähren

hat. Finanzielle Sicherheit kann durchaus den Druck mindern und das Hamsterrad des Arbeitsstresses verlangsamen. Doch selbst eimerweise Geld, Macht und Anerkennung können uns nicht vor den Unbilden des Lebens schützen. Tief wurzelnde Klarheit und Ruhe kann man nicht kaufen.

Ich bin als Kind zweier Eltern aufgewachsen, die extrem hart arbeiteten. Mein Dad war und ist Plakatmaler, während meine Mum neben Haushalt und Kindern mit mehreren Jobs zugleich jonglierte – als Assistentin in der Kieferorthopädie, Lieferfahrerin für Kleider und Teilzeitreinigungskraft bei den Nachbarn. Mir als Kind waren die Opfer, die meine Eltern für uns brachten, nicht bewusst – heute dafür umso mehr! Sie haben mir dadurch eine Arbeitsmoral mitgegeben, der ich mich immer noch verpflichtet fühle. Ich habe mit eigenen Augen gesehen, dass harte Arbeit Freude und innere Ruhe bringen kann. Mein Vater arbeitet noch heute bis zu sechs Tage in der Woche, obwohl wir Kinder längst aus dem Haus sind. Es macht ihm einfach Spaß. *Das* nenne ich Erfolg! Seine Karriere umfasst nun schon annähernd fünf Jahrzehnte und war immer von befriedigender Kreativität und einem Gefühl der Sinnhaftigkeit begleitet.

Was ich damit sagen will: Da kannst du noch so viele teure Schlitten in der Garage stehen haben, nur maßgeschneiderte Anzüge tragen und mit der It-Gang abhängen; das befriedigende Gefühl des Erfolgs verschafft dir das noch lange nicht. Im Gegenteil: Das ständige Streben nach Erfolg und nach Bessersein kann enormen Stress verursachen. Wer das eigene Tempo findet, sich ganz auf die anstehende Arbeit oder die Menschen einlässt, mit denen er zusammenarbeitet, geht abends deutlich zufriedener, gelassener und ruhiger zu Bett. Und das auch ohne Hochglanzkarriere oder ausgefallenen Job. Es reicht, wenn man das, was man tut, mit Hingabe und Leidenschaft tun kann.

Deshalb müssen Sie selbst definieren, was Erfolg für Sie bedeutet. Seien Sie bei der Arbeit so ehrlich, wie nur irgend möglich – das wird Ihnen letztlich innere Ruhe bringen.

DER DRUCK, BESSER ZU SEIN

Wenn Sie die Last auf Ihren Schultern spüren, besser im Job zu sein, sollten Sie versuchen herauszufinden, woher dieser Zwang kommt. Ich habe es herausgefunden. Ich könnte mir einreden, er käme von dem Wunsch her, meinen Eltern zu gefallen, Bedenkenträgern zu beweisen, dass sie im Unrecht waren, oder meinen Kindern eine gute Arbeitsmoral vorzuleben ... Aber tief im Inneren weiß ich es besser. Der Druck kommt von *mir*. Ich allein will mich dazu zwingen, besser, schneller, klüger, fleißiger zu sein. Warum, weiß noch nicht einmal ich genau, ich weiß nur, dass der Druck da ist und dass er stark ist. Ich bin mein eigener unbarmherzigster Kritiker. Ich kann mir Fehler selbst am wenigsten verzeihen und bin diejenige, die immer wieder Beweise dafür fordert, gut genug zu sein. Ich brauche immer wieder Bestätigung.

Unter diesen Umständen kann ich von innerer Ruhe nur träumen. Doch wenn ich sehe, dass der Druck hausgemacht ist, kann ich mich etwas entspannen. Was passiert schon, wenn ich mich im Radio mal verhaspele? Nichts! Der Menschheit ist es egal, ob ich an diesem Tag Klassenbeste war oder nicht. All das ist Einbildung, das vermeintlich logische Ergebnis einer Gleichung, die noch nie einen Sinn gehabt hat.

Lassen Sie locker! Geißeln Sie sich nicht, wenn es mal nicht so läuft, wie Sie es gern hätten. Atmen Sie stattdessen tief durch, lernen Sie aus der Angelegenheit und sehen

Sie nach vorn. Das ist leichter gesagt als getan, aber es ist zwecklos, sich Sorgen um Vergangenes zu machen, denn das können Sie schlicht nicht mehr ändern. Sie bereiten sich damit nur selbst Stress. Grübeln wir ständig über unsere Fehler nach, wird aus einer Mücke schnell ein Elefant; versuchen wir, sie zu akzeptieren, ist es genau umgekehrt. Seien Sie so nett zu sich selbst wie zu einem lieben Freund. Dem würden Sie wahrscheinlich auch den guten Rat geben: »Ach, denk einfach nicht mehr dran.«

FÜNF MINUTEN AUSZEIT

Auch wenn Ihr Terminkalender geradezu grotesk voll ist – versuchen Sie, sich Raum und Zeit für Gedanken und Ideen zu verschaffen, denn nur dort können sich Ruhe und Gelassenheit entfalten. Das muss gar nicht so viel Zeit sein, wie Sie jetzt vielleicht denken. Die kleinen Inseln passen selbst in den vollsten Terminplan. Sie müssen auf die Toilette, wollen sich eine Tasse Kaffee machen oder holen sich etwas zum Mittagessen? Nehmen Sie sich bei jeder dieser Gelegenheiten auch fünf Minuten Zeit, in denen Sie schlicht nichts tun. Die Augen schließen und eventuell eine der Atemübungen ab Seite 65 machen. Den Kopf frei bekommen, damit sich neue Gedanken und Ideen und innere Ruhe einnisten können. Nach diesen fünf Minuten Auszeit sehen Sie anschließend klarer und nehmen Hürden leichter und gelassener.

So wie sich keine Ruhe einstellen kann, wenn ununterbrochen gearbeitet wird, kann sie auch nicht entstehen, wenn Ihre Energien zu lange stagnieren. Wenn Sie das Gefühl haben, nicht Ihr volles Potenzial auszuschöpfen und den Rhythmus für Sprünge und Veränderungen verloren zu haben, sollten Sie es mit einem anderen Weg versuchen. Ich selbst bin im Laufe meiner Karriere schon viele Male in einer Sackgasse gelandet. Ich habe mir anhören müssen, ich sei für den Job »nicht ganz die Richtige«, was immer das heißen mag. Ich habe mich missverstanden gefühlt oder war selbst der Überzeugung, nicht mein Bestes zu geben. Dann war es immer Zeit für einen Perspektivenwechsel, einen Schritt zurück, um mir das Ganze aus der Distanz anzusehen. Warum gebe ich nicht mein Bestes, warum interessiert es mich, wenn andere mich für ungenügend halten? Das hat oft genug zu notwendigen Veränderungen geführt, und sei es »nur« zu einer veränderten Haltung meinerseits. Hin und wieder habe ich das Bedürfnis, etwas mehr zu lernen. Ich fühle mich innerlich immer ausgesprochen ruhig und gelassen, wenn neue

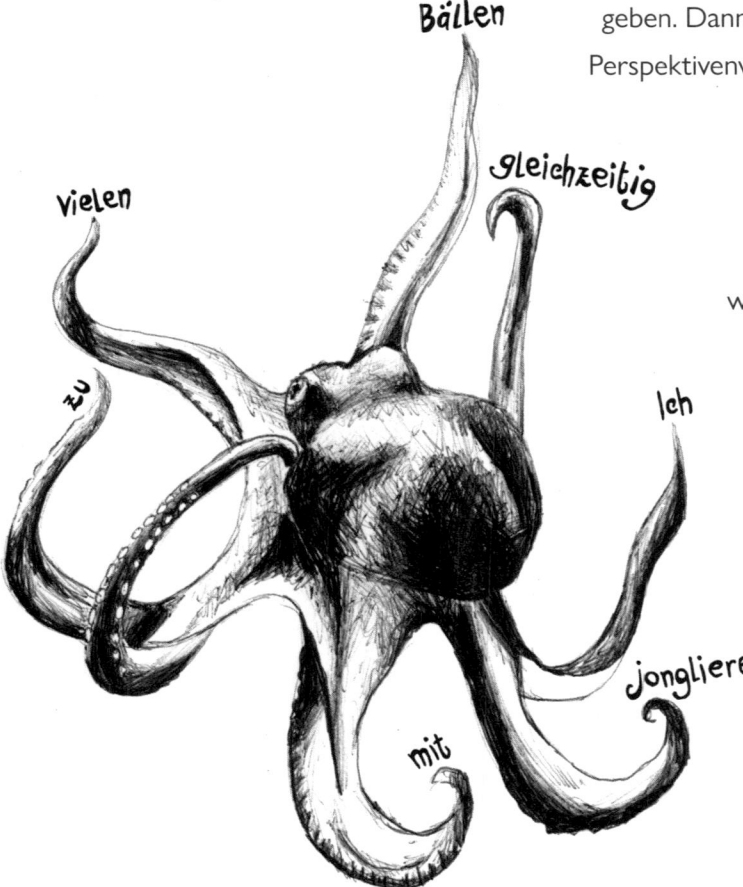

Bällen

gleichzeitig

vielen

zu

Ich

jongliere

mit

188

Informationen mein Gehirn fluten dürfen. Haben auch Sie diese Möglichkeit – entweder im Rahmen Ihrer Arbeit oder in Ihrer Freizeit? Ich denke, diese Möglichkeit gibt es bei den meisten Jobs und Hobbys.

Ähnlich wohl fühle ich mich, wenn ich anderen helfen kann. Das ist ungeheuer erfüllend, weil es uns als Mensch unser Potenzial ausschöpfen lässt. Manchmal sehne ich mich aber auch nach einer neuen Herausforderung. Langeweile und Selbstzufriedenheit führen zu Nervosität und Gereiztheit. Eine neue Herausforderung anzunehmen macht immer Spaß – vorausgesetzt, man tut es aus den richtigen Gründen. Nicht um der oder die Beste zu sein, andere zu schlagen oder Lob einzuheimsen, sondern weil es unsere Seele erweckt und uns im Hier und Jetzt verankert. Ich fühle mich immer ausgesprochen lebendig, wenn ich eine neue Herausforderung annehme, und damit früher oder später auch innerlich ruhig und gelassen. Niemand kann Sie daran hindern, sich neuen Herausforderungen zu stellen. Sie müssen ja nicht gleich die ganz großen Räder drehen, sondern nur etwas tun, was neu für *Sie* ist. Sie entscheiden, was und wann Sie was tun wollen.

Ich pendle oft zwischen zwei Extremen hin und her, und zwar zwischen Überforderung und Stagnation. Ich weiß, dass mir weder das eine noch das andere innere Ruhe schenken kann. Ich suche aber immer nach Lücken, in denen sich die Ruhe einnisten kann, oder nach Veränderungen, die mich meinen Träumen und Ideen mit innerer Ruhe und Gelassenheit näherbringen. Haben Sie keine Angst vor Stille und leerem Raum. Auch ich hatte meine Schwierigkeiten damit, weiß inzwischen aber den Klang der Stille sehr zu schätzen. Suchen Sie nach Stille und Freiraum, um sich neu auszurichten und frische Energie zu tanken.

Zusammenfassung

DAS GLEICHGEWICHT FINDEN

Ob Sie Ihren Beruf lieben oder hassen: Stellen Sie sicher, dass Sie noch genug Zeit für sich selbst haben.

ÜBER DEN TELLERRAND BLICKEN

Scheuen Sie sich nicht, Veränderungen vorzunehmen, wenn sie notwendig sind.

ERFOLG FÜR SICH DEFINIEREN

Machen Sie sich keine Gedanken über andere, sondern streben Sie nach dem, was genau Sie erfüllt.

IHRE PERSÖNLICHE VORSTELLUNG VON
GELASSENHEIT BEI DER ARBEIT

Fassen Sie in einem Wort oder in einer Zeichnung zusammen,

was Gelassenheit bei der Arbeit für Sie bedeutet.

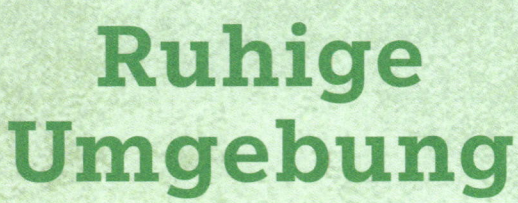

Ruhige Umgebung

Kennen Sie einen Ort, an dem Sie sofort tief ausatmen können?
Einen Ort, an dem Stress und Anspannung von Ihnen abfallen, sobald
Sie ihn betreten? Einen Ort, an dem Sie sich geerdet, sicher und – vor
allem – innerlich vollkommen ruhig fühlen? Ich habe mehrere solche
himmlischen Orte im Kopf und muss gleich lächeln, wenn ich an sie
denke. Der erste ist eine Lichtung in einem Wäldchen in der Nähe
unseres Hauses. Die riesigen Bäume dort vermitteln mir
einen Sinn für Proportionen und Relationen. Ihre lange
Geschichte und ihr Verwurzeltsein erden
mich und lassen mich innehalten.

MAGISCHE ORTE

Als ich mit Honey schwanger war, war mir oft sehr übel. Wie eine Mischung aus Lebensmittelvergiftung und Seekrankheit. Manchmal war ich wie gelähmt. Dann schleppte ich mich mit letzter Kraft auf meine Lichtung, legte mich zwischen die schattigen Zweige eines der riesigen, umgefallenen Bäume und ließ mich von ihm wiegen und trösten. Durch die Baumkronen konnte ich den blauen Himmel sehen, und einen Augenblick lang drehte sich nicht mehr alles um mich herum. Heute suche ich den Ort mit meinen Kindern auf, dann baden wir gemeinsam in der Energie dieser alten Eichen.

Ein weiterer solcher Ort, an dem ich mich absolut entspannen kann, ist das Haus einer meiner alten Freundinnen. Die Energie, die in seinen Mauern steckt, zieht mich in ihren Bann und gibt mir das Gefühl von Geborgenheit. Ich habe viele meiner sorglosen Teenagerjahre dort verbracht; wahrscheinlich wird mein Muskelgedächtnis aktiv, wenn ich das Haus betrete, sodass ich mich sofort in eine jüngere, freiere Version meiner selbst verwandle und sich meine Sorgen in Luft aufzulösen scheinen.

Auch das Meer assoziiere ich mit Ruhe. Sicherlich empfinden die meisten Menschen die Bewegung der Wellen als außerordentlich beruhigend, ja beinahe hypnotisierend. Ob spiegelglatt oder stürmisch, der Ozean hat immer etwas Gewaltiges und Wild-Schönes, und auch energetisch wohnt ihm eine unerklärliche Kraft inne. Wenn die Wellen heranrollen und sich am Strand brechen, erscheint jede Emotion plötzlich in einem ganz anderen Licht. Selbst wenn es wie aus Kübeln schüttet, hat das Meer immer noch einen unwiderstehlichen Reiz. Ich kann mir kaum eine andere Landschaft vorstellen, die auch an einem regnerischen Dienstag so schön ist.

Ruhige Orte müssen keine Flugreise entfernt oder exotisch sein. Es geht nur darum, wie Sie sich an diesem Ort fühlen.

Gibt es in Ihrem Haus oder in Ihrer Wohnung einen Ort, an dem Sie zur Ruhe kommen können? ....

Müssen Sie diesen Ort erst entrümpeln, um dort mehr Platz zu haben? ....

Welche Farben wirken beruhigend auf Sie? ....

Notieren Sie ein paar Ideen, wie Sie den Ort zu Ihrem persönlichen Ort der Ruhe machen könnten:

....

....

....

....

....

....

Ich kann mich an einen Ausflug ans Meer mit meinem Mann erinnern, bevor Rex und Honey auf der Welt waren. Es war bewölkt an diesem Tag, und die See war kabbelig. An einer Stelle führte ein Fels wie für Besucher gemacht in einen tieferen Teil des Meeres. Sich in dieses aufgewühlte Wasser zu wagen schien zunächst unvorstellbar, doch nachdem ein paar Freunde mit mutigem Beispiel vorangegangen waren, folgten wir ihnen. Nach dem ersten Schock des eiskalten Wassers machte sich ein Gefühl der Befreiung breit. Jedes einzelne Nervenende in meinem Körper erwachte zum Leben und ließ mich Farben, Gerüche und Berührungen plötzlich viel intensiver wahrnehmen. Der Wind peitschte mir durchs Haar, das Salz des Wassers brannte mir im Gesicht. Ein Spielball der Wellen zu sein war aufregend und gefährlich; gleichzeitig fühlte ich mich aber unendlich getröstet und sicher. Jeder noch so winzige Teil meines Körpers und meiner Seele genoss es, im Wasser zu sein, und dieses Gefühl hielt auch hinterher noch eine Weile an. Leider wohnen wir nicht am Meer, die Erfahrung ist also selten genug. Vielleicht macht dies solche Augenblicke dann umso süßer.

Keiner dieser Orte ist exklusiv, exotisch oder irgendwie außergewöhnlich. Nur eines sind sie: magisch. Sie besitzen eine Kraft, die mich in ihren Bann zieht und mir das Gefühl gibt, geerdet, zu Hause und innerlich sehr ruhig zu sein.

Warum können diese Orte das? Ich denke, diese Plätze haben Schwingungen, mit denen sich meine Empfindungen und Schwingungen synchronisieren können. Das ist unerklärlich, weil Schwingungen und Energie ungreifbar und unsichtbar sind. Hier geht es um ein Gefühl, eine bestimmte Atmosphäre. Manchmal denke ich auch, es hat etwas mit den physikalischen Gegebenheiten des Ortes zu tun, beim Meer zum Beispiel mit negativ geladenen Ionen. Sie besitzen die Fähigkeit, unsere Stimmung zu heben, unsere

Sinneswahrnehmungen zu steigern, sogar unsere Schmerzen zu lindern. Die Energie sich brechender Wellen spaltet neutrale Partikel in der Luft und setzt Elektronen frei, die sich dann an andere Luftmoleküle heften und sie negativ aufladen. Deshalb fühlen wir uns am Meer augenblicklich erfrischt. Die negativ geladenen Ionen wecken unsere Sinne, sie stärken den Körper und beruhigen den Geist.

Unser Planet bietet unzählige solcher magischen Orte, die uns Menschen magnetisch anziehen, darunter etwa Stonehenge in Großbritannien und Es Vedrà vor Ibiza. Diese Orte verströmen eine Energie, die uns heilen kann. Das Magnetfeld der Erde schützt unseren Planeten und seine Ozonschicht und beeinflusst uns mehr, als wir für möglich halten würden. Die magischen Orte erinnern uns daran. Wir müssen uns innere Ruhe nicht immer selbst erarbeiten; manchmal finden wir sie auch in der Natur oder in der Schlichtheit der Dinge.

Wenn Sie nervös, erschöpft oder einfach etwas aufgedreht sind: Gehen Sie nach draußen! Haben Sie einen Park oder eine Grünfläche in der Nähe, einen Baum, unter den Sie sich setzen können? Suchen Sie sich Ihren persönlichen Ort des Friedens und der Ruhe und machen Sie ihn zu dem Ihren. Das muss niemand wissen; es reicht vollkommen, wenn Sie ihn als solchen empfinden.

Die Natur kann uns immer wieder zu innerer Ruhe und Gelassenheit zurückführen, da sie sich ständig weiterentwickelt, da sie wächst und sich verändert, selbst im größten Chaos. Die Bäume wachsen weiter, egal wie viel Stress wir haben, die Vögel singen, die Wellen kommen und gehen. Die Welt dreht sich weiter. Gehen Sie nach draußen und nehmen Sie all dies in sich auf: die Geräusche, die Gerüche, den Wind, der Ihnen über die Haut streicht. Diese Dinge schenken mir augenblicklich Ruhe.

NOSTALGISCHE ORTE

Ebenso wie die Natur uns zu innerer Ruhe und Gelassenheit zurückführen kann, können dies schöne Erinnerungen. Sicherlich kennt jeder von uns den einen oder anderen nostalgischen Ort, mit dem er Schönes und Unbeschwertes verbindet. Da ich generell nostalgisch veranlagt bin, kann ich aus dieser Quelle reichlich schöpfen. Komme ich im Gegensatz dazu an einen Ort, an dem sich etwas für mich Traumatisches oder Ärgerliches ereignet hat, kann mich das ziemlich aus der Bahn werfen. Ich reagiere ausgesprochen sensibel auf die Energie von Orten. Verbinde ich sie mit etwas Positivem, bleiben sie mein Leben lang Lieblingsorte. Ich glaube, dass es nicht gut ist, allzu sehr in der Vergangenheit zu leben, da wir dann das Hier und Jetzt vernachlässigen. Dennoch können glückliche Erinnerungen, die eben auch durch Orte heraufbeschworen werden, viel zu unserer inneren Ruhe beitragen.

Wer schon einmal umgezogen ist, weiß, dass es eine Weile dauert, bis sich die neue Umgebung wie ein Zuhause anfühlt. Hat sich das Chaos des Umzugs gelegt und man der neuen Wohnung oder dem Haus erst seinen eigenen Stempel aufgedrückt, verbindet sich das neue Umfeld ganz allmählich mit seinen Bewohnern. Und dann trägt jede glückliche Erinnerung, die mit dem Ort verbunden ist, und jeder Mensch, der über die Türschwelle getreten ist, zur Energie dieses Ortes bei. Die Energie bleibt bestehen und wird Teil des Zuhauses. Sie macht den Ort immer weicher, wärmer und tröstlicher. Eine solche Ecke habe ich in meiner Küche, wo ein kleines Sofa an einem Fenster steht, von dem aus man auf eine Kirche blickt. Über die Jahre haben sich sehr viele liebe Menschen in unserer Küche getummelt, die dort gegessen, gelacht und einen Teil ihrer wundervollen Energie zurückgelassen haben. Deshalb fühlt sich der Ort für mich ebenso wundervoll an, turbulent und chaotisch, aber auch überaus beruhigend. Wenn ich die Kinder ins Bett gebracht und die Spülmaschine eingeschaltet habe, lege ich mich gern auf dieses Sofa, lese und schaue zwischendurch aus dem Fenster. Dann wölbt sich der Nachthimmel über die Kirche, und ich weiß, dass ich sicher und geborgen bin.

Auch diese friedvollen Orte wecken unsere Sinne. Gibt es an Ihrem persönlichen nostalgischen Ort Gerüche oder Farben, die Ihnen Entspannung vermitteln? Mit Mitte 20 habe ich mit meiner tollen Freundin Lolly eine Reise nach Mexiko gemacht. Ich war damals frisch getrennt, und Lolly hatte alle Hände voll zu tun, um ihren chaotischen Job in einem Londoner Nachtclub zu managen. Ich weiß noch, wie Lolly sich auf dem Weg zum Flughafen fragte, wie um alles in der Welt sie in den folgenden sieben Tagen ohne ihre beiden ständig klingelnden Telefone auskommen sollte. Was, wenn jemand sich im Stich gelassen fühlte? Was, wenn der Nachtclub inzwischen pleiteging? Was, wenn … was, wenn …? All diese Fragen waren ermüdend, standen wir beide doch gerade in einer Dreh-, Angel- und Schlüsselphase, ohne es zu wissen.

Der erste einprägsame Eindruck auf unserer Reise war der Geruch. Wir wurden von freundlich lächelnden Menschen empfangen, die uns unsere übervollen Koffer abnahmen und unsere ermatteten Körper mit Räucherstäbchen umnebelten. Was war das bloß für ein berauschender Duft, und wie konnte er in jede gestresste Zelle meines Körpers vordringen! Ab diesem Zeitpunkt genossen wir sieben absolut entspannte Tage. Ich fragte an der Rezeption nach, ob wir solche Räucherstäbchen auch für unser Zimmer bekommen konnten, und von da an brannten sie Tag und Nacht. Sie wirkten sogar in heimischen Gefilden. Als das letzte Räucherstäbchen zu Hause verbraucht war, war ich ganz unglücklich. Wie sollte ich ohne diesen Duft weiterleben? Ich hatte keine Ahnung, ob man die Räucherstäbchen auch woanders als an der mexikanischen Küste bekommen konnte. Zwei Jahre später bummelte ich mit den Kindern über einen Markt auf Ibiza – und da war er wieder, der himmlische Duft! Und mit ihm kamen sofortige Entspannung und Freude. Ich lief ihm nach, diesem Duft, auf der verzweifelten Suche nach dem Stand, an dem er verkauft wurde, und da ... Wow! Zwei ältere Mexikaner mit silbernen Ringen an den Fingern und Flickenstiefeln priesen mexikanisches Kunsthandwerk und *den* Duft an! Volltreffer! Ich kaufte alle Räucherstäbchen auf und fuhr strahlend vor Glück nach Hause. Lolly und ich haben inzwischen alle diese Räucherstäbchen abgebrannt, und so warte ich ungeduldig auf die nächste Gelegenheit, zu dem Markt auf Ibiza zurückzukehren.

Wer hätte gedacht, dass Gerüche das Leben verändern können? Bei mir jedenfalls wecken sie Erinnerungen und beschwören Gefühle herauf, die eine gewaltige Macht über meinen Körper und Geist ausüben. Bestimmte Parfüms aus meiner Kindheit vermitteln mir augenblicklich ein Gefühl von Geborgenheit, da sie mich an meine Mum erinnern. Der Geruch von Malfarben erdet mich, weil er mich daran erinnert, wie ich als Kind immer meinem Vater bei der Arbeit zugesehen habe. Mich können Sinneswahrnehmungen wie diese immer zu innerer Ruhe zurückführen, und sei es auch nur für einen Moment. Versuchen Sie herauszufinden, ob es auch für Sie einen solchen Geruch gibt, der Sie entspannt und beruhigt.

ZU HAUSE

Auch Farbe spielt für mich eine große Rolle. Unser Schlafzimmer ist überwiegend weiß, da Weiß für mich Ruhe symbolisiert. Es hilft mir dabei, das Gedankenkarussell anzuhalten, und entspannt meinen Körper. Das ist in unserem Schlafzimmer umso wichtiger, weil ich manchmal nicht gut schlafe. Was immer mich nach einem anstrengenden Tag also beruhigt, ist mir mehr als willkommen.

Im Vergleich damit geht es in anderen Teilen unseres Hauses farblich lebhafter zu. Im Wohnzimmer herrschen Altrosa und Moosgrün vor; dort versammeln wir uns als Familie zum Spielen, Plaudern und Fernsehen. In der Küche, dem »Maschinenraum« des Hauses, finden sich Pink und Türkis. Dort kochen wir nicht nur, dort quatschen wir auch miteinander, dort organisieren wir das Familienleben. Das Badezimmer ist ebenfalls weiß gehalten, denn auch dort wollen wir zur Ruhe kommen. Der Raum ist quasi der erste Zwischenstopp auf dem Weg ins Land der Träume und soll für uns die Heiterkeit ausstrahlen, die für erholsamen Schlaf sorgt.

Die Farbgestaltung der Räume, in denen wir uns aufhalten, kann viel zu unserer Stimmung beitragen, doch ist dafür nicht unbedingt ein aufwendiges Heimwerkerprojekt erforderlich. Mein Mann kann beispielsweise wunderbare Lichtstimmungen erzeugen, weshalb er natürlich noch lange kein Softie aus den Siebzigern ist. Nein, wir finden Licht, das zu unserer Stimmung passt, einfach ausgesprochen beruhigend. Die Vorliebe für Leuchten und Kerzen hat er von seiner Mutter geerbt, die ebenfalls toll damit umgehen konnte. Es muss gar nichts Ausgefallenes sein; eine Kerze oder ein Dimmer hier und da reicht meist schon aus. Die Lichtatmosphäre hat tatsächlich einen großen Einfluss auf den Verlauf eines Abends, verbringt man ihn nun mit Freunden oder in seliger Zweisamkeit. Unser Gehirn versteht diesen Wink mit dem Zaunpfahl sofort und stellt sich darauf ein. Vielleicht ist es uns seit prähistorischer Zeit einprogrammiert, dass weniger Licht Zur-Ruhe-Kommen bedeutet.

Es ist allgemein bekannt, dass die Displays unserer Telefone, Laptops und Computer ein bläuliches Licht ausstrahlen, das uns das fürs Schlafen wichtige Hormon Melatonin raubt. Ich kenne das aus eigener Erfahrung: Arbeite ich abends zu lange am Computer, steht mir eine miserable Nacht bevor. Erst letzte Woche habe ich zu lange an diesem Buch geschrieben und mich anschließend bis zwei Uhr morgens im Bett herumgewälzt – gar nicht gut, wenn man a) gern schläft und b) Kinder hat, die einen gern mal um sechs Uhr morgens wecken. In solchen Augenblicken male ich mir panisch aus, *nie wieder* schlafen zu können. Ja, Schlafmangel ist nicht nur ärgerlich, er schaltet auch die Vernunft aus. Haben Sie schon mal von der sogenannten Mutterschaftsdemenz gehört? Die ist keine Ausrede, die gibt es wirklich. Frisch gebackene Mütter (und Väter) bekommen keinen zusammenhängenden Satz mehr zustande, weil sie von ihren Kindern vom gesunden ausgiebigen Nachtschlaf abgehalten werden.

Die richtige Beleuchtung kann nach einem anstrengenden Tag wahre Wunder wirken. Sie kann uns für Romantik sensibilisieren, mit frischer Energie aufladen und die Stimmung heben. Dieser Effekt tritt sofort ein und bedarf keiner aufwendigen Vorbereitung. Ich finde es wichtig, sich in den eigenen vier Wänden Räume zu schaffen, in denen man zur Ruhe kommt und heitere Gelassenheit findet, ob nun allein oder mit anderen zusammen. Das geht natürlich nicht nur mit Licht; es gibt viele andere kleine Hilfsmittel, die dem Gehirn signalisieren, dass es sich jetzt ausruhen darf.

HEILSAMES ENTRÜMPELN

Wie Sie inzwischen sicherlich schon wissen, bin ich eine echte Ordnungsfanatikerin. Ich habe die wirklich nervige Angewohnheit, das Haus ständig nach Dingen abzusuchen, die nicht dort sind, wo sie hingehören. Ich übertreibe zwar, aber für mich bedeutet ein aufgeräumtes Haus einen aufgeräumten Kopf. Ich könnte mich, nachdem die Kinder im Bett sind, niemals zum Schreiben hinsetzen, wenn sich in der Küche das dreckige Geschirr stapeln würde und der Fußboden von Legosteinen übersät wäre. Dann ginge es in meinem Kopf drunter und drüber, und an ruhiges Schreiben wäre nicht zu denken. Meist spiegelt der Zustand unserer Wohnung unsere Persönlichkeit wider oder zumindest unsere Stimmung. Oder das, was wir uns am meisten wünschen: Mein Bedürfnis nach Sauberkeit und hundertprozentiger Kontrolle zeigt, wie sehr ich mich manchmal innerlich außer Kontrolle fühle. Das Chaos im Leben bringt mich hin und wieder derart durcheinander, dass ich mich regelrecht an das bisschen Kontrolle klammere, das ich noch habe. Ein aufgeräumtes Haus gibt mir das – leider trügerische – Gefühl, alles im Griff zu haben. Wenigstens kann ich damit mein Gehirn austricksen, denn es beruhigt sich, wenn um mich herum Ordnung herrscht.

Ich bin allerdings der Meinung, dass wir uns manchmal in diesem Chaos treiben lassen sollten und sogar Ruhe darin finden können, wie ich das im Kapitel über die Familie bereits erläutert habe. Nur kann die Energie im Haus nicht so fließen, wie sie sollte, wenn überall Dinge herumliegen. Ich bin nicht gerade eine Feng-Shui-Meisterin, erkenne aber, wenn das Haus vor Unordnung zu bersten droht und eine Entrümpelung fällig ist. Die führe ich etwa alle paar Monate durch, was mit den ganzen Sachen der

Kinder und Stiefkinder und bei unserer Leidenschaft für Klamotten auch nötig ist, um Platz für Neues zu schaffen; auch für neue Energie und neue Möglichkeiten. Wenn wir zu lange an alten Gegenständen festhalten, behindern wir den Fluss des Lebens und bleiben selbst in der Vergangenheit stecken. Natürlich hat jeder seine persönlichen Schätze, von denen er sich nicht trennen will oder soll. Ich spreche eher von Dingen, die wir nicht mehr wirklich brauchen und die uns vielleicht mehr Kummer als Freude bereiten. Ich also versuche, regelmäßig zu entrümpeln, doch geschieht das Leben heute so schnell, dass ich nicht immer die nötige Zeit dazu finde.

Im Urlaub wird einem oft bewusst, wie wenig man eigentlich zum Leben braucht. Ein paar Kleidungsstücke, ein paar Toilettenartikel, und los geht's! Zu Hause glauben wir viel mehr besitzen zu müssen. Ich fühle mich nach einem Durchgang mit dem großen Sack für die Altkleidersammlung immer richtig befreit und viel klarer im Kopf.

Und die Sache hat noch eine andere tolle Seite: Es geht mir nicht nur besser nach einer Entrümpelung, ich tue damit auch etwas Gutes für andere. Meine Mum veranstaltet ein paar Mal im Jahr einen kleinen Flohmarkt vor unserem Haus, wo sie Dinge von Familie und Freunden anbietet, die nicht mehr gebraucht werden. Dazu gibt es immer Tee und Kuchen, und die Nachbarn kommen und ergattern kleine Schätze zum Schnäppchenpreis. Das Geld, das dabei zusammenkommt, spendet meine Mutter anschließend dem Tierheim, weil sie sich leidenschaftlich für notleidende Tiere engagiert. Ich trage nicht nur zum Flohmarkt meiner Mum bei, sondern spende auch der Wohltätigkeitsorganisation in meinem Viertel Sachen. Ich brauche sie nicht mehr, und anderen bereiten sie vielleicht noch Freude – eine Win-win-Situation! Ein aufgeräumtes Haus, ein aufgeräumter Kopf, und andere haben auch noch etwas davon.

HALLO ... ALICE UND LAURA

Wie man eine entspannte Atmosphäre schafft, wissen zwei Freundinnen von mir, Alice und Laura, besonders gut, da sie regelmäßig Supperclubs veranstalten, die außerordentlich gefragt sind. Alice Levine und Laura Jackson sind nicht nur tolle Fernseh- und Radiomoderatorinnen, sondern eben auch brillante Gastgeberinnen.

Alice und Laura sind seit Jahren befreundet und kochen und unterhalten beide leidenschaftlich gern. So kamen sie eines Tages auf die Idee, neben dem Beruf ihren eigenen Supperclub zu gründen. Ihre innovativen Kochkünste und ihr Gespür dafür, was nötig ist, damit sich der Gast wohlfühlt, haben ihnen unzählige genussfreudige Fans eingebracht. Ihre Supperclubs wirken immer wie aus dem Bilderbuch: märchenhafte Tischdeko, sanftes Kerzenlicht und Farbkombinationen, die augenblicklich entspannen. Alice und Laura sind das perfekte Duo, wenn es um das Gestalten eines Abends geht, an dem man einmal wirklich die Seele baumeln lassen kann.

 **Fearne:** Hallo, ihr beiden, wie geht es euch? Ich liebe eure Supperclubs, die wirklich wunderschön sind. Alles wirkt unglaublich elegant, schick und entspannend. Wie hat das angefangen?

Alice: Als Challenge. Können wir für einen Abend ein »Restaurant« in Lauras Wohnung eröffnen und 20 Leute dorthin zum Essen einladen? Schaffen wir es, dass das Ganze toll aussieht und auch noch toll schmeckt? Können wir diesen Leuten eine einzigartige Erfahrung bescheren?

Laura: Normalerweise nehmen wir die jeweilige Jahreszeit als Thema, dann können wir sicherstellen, dass wir nur mit den frischsten Zutaten arbeiten. Saisonalität und Regionalität liegen uns sehr am Herzen. Das betrifft auch die Tischdeko wie Blumen, deren Farbe dann wiederum die Farbe der Tischwäsche und des Geschirrs bestimmt.

Was ist das wichtigste Ziel eurer Supperclubs?

Alice: Das Wichtigste ist, dass die Leute Spaß haben und den Abend in vollen Zügen genießen. Natürlich ist auch das Essen sehr wichtig und dass der Raum und der Tisch einladend aussehen.

Doch im Grunde wollen wir hauptsächlich, dass die Menschen nach dem Supperclub nach Hause gehen und sich und anderen sagen, dass sie einen schönen Abend hatten und tolle neue Leute kennengelernt haben.

Laura: Wir lieben es, verschiedene Menschen zusammenzubringen, und das geht mit Essen ganz besonders gut. Man kann die unterschiedlichsten, interessantesten Leute ohne Weiteres um einen Küchentisch versammeln, denn gemeinsames Essen vereint die Menschen immer. Wir wollen Menschen durch ihre Liebe zum Essen miteinander verbinden. Wir wollen, dass sie ins Gespräch kommen und mit neuen Freunden lachen können.

Mal abgesehen vom köstlichen Essen – wie wichtig sind Tischdeko und Farben für eure Abende?

Alice: Wir spielen viel mit Farben und haben schon alle möglichen Farbkombinationen und -stimmungen ausprobiert: vom klassisch-eleganten Weiß für Servietten, Tischdecke und Geschirr, akzentuiert mit Farbtupfern wie beispielsweise altrosafarbenen Hortensien, bis zu Lebhafterem wie indigoblauem Leinen und Tischsets aus Bast.

Laura: Wir verbringen viel Zeit mit der Suche nach Stoffen, Tischsets und altem Geschirr, damit sich jeder Abend einzigartig anfühlt. Die Gäste genießen die Wertschätzung einer persönlich auf sie abgestimmten Tischdeko. Solche Kleinigkeiten sind es, die den Unterschied machen.

Welche Farben findet ihr persönlich beruhigend?

Alice: Es muss nicht immer etwas Blasses, Schlichtes oder Neutrales sein. Wir verwenden zwar auch viel Altrosa, Rosétöne, Taubenblau und Marine, lieben aber auch kühnere Muster, die ebenfalls sehr einladend wirken können.

Laura: Ich denke, es sollte nicht zu unruhig sein, sondern sauber, einfach und schick wirken. Helle Pastelltöne sind meines Erachtens am beruhigendsten; ihnen kann man durch Kerzenhalter, Teller oder auch goldenes Besteck durchaus noch Farbakzente hinzufügen.

Und womit kann man sonst noch die richtige Atmosphäre erzeugen?

Alice: Mit der Beleuchtung. Niemand fühlt sich unter einer 100-Watt-Birne wohl. Besser ist indirektes Licht von dezenten Lampen und von Kerzen. Und mit Musik! Stille kann manchmal unangenehm sein, aber bei zu lauter Musik kann man sich nicht mehr unterhalten. Ebenso wichtig wie die Musikauswahl ist also die Lautstärke.

Laura: Sowohl die Musik als auch das Licht sind für die perfekte Stimmung entscheidend. Am besten sollten Kerzen oder nicht zu helle Lampen verwendet werden, keine Deckenlampen oder Strahler. Die Musik sollte eine Untermalung im Hintergrund bleiben, bei der sich die Leute ungestört unterhalten können. Meine Lieblingsmusik sind die Soundtracks von *Dirty Dancing* und *Die fabelhafte Welt der Amélie*.

Wie bewahrt ihr selbst die Ruhe beim Kochen für so viele Gäste?

Laura: Manchmal sind wir alles andere als ruhig, doch wir lieben es zusammenzuarbeiten, da wir uns bei Stress gegenseitig unterstützen. Bevor die Gäste kommen, nehmen wir uns normalerweise noch zehn Minuten Zeit, um uns frisch zu machen und umzuziehen. In diesen zehn Minuten kommen wir dann auch zu uns selbst.

Vielen Dank, ihr beiden! Wann kann ich denn mal vorbeikommen?

FRÜHJAHRSPUTZ FÜR DIE VERGANGENHEIT

In meinem Haus gibt es manche Gegenstände, die mir eigentlich gar keine Freude bereiten und an denen ich aus den falschen Gründen festhalte. Vielleicht bewahren auch Sie
irgendwo ein kleines Geschenk von einem Ex-Partner auf, weil Sie sich innerlich noch
nicht ganz von der Beziehung verabschiedet haben? Oder Sie haben Schwierigkeiten,
etwas wegzuwerfen, weil Sie als Kind so wenig Materielles hatten? Oder glauben Sie
etwa, Ihre Besitztümer machten aus, wer Sie sind?

Ich habe vor einigen Jahren etwas sehr Heilsames, aber wahrscheinlich ziem-
lich Leichtsinniges getan, als ich das Gefühl hatte, die Stagnation hinter mir lassen
und mich Neuem öffnen zu müssen. Ich habe schon in sehr jungen Jahren mit dem
Tagebuchschreiben begonnen, und so hatten sich etwa 50 Tagebücher unter meinem
Bett angesammelt – eine Schatzkiste voller Erinnerungen, Abenteuer, Wunden und
Tränen. Doch die Bücher enthielten nicht nur viele Geheimnisse und wundervolle
Geschichten, sie machten mich auch schwermütig. Sie waren irgendwie zu starr und
eindimensional. Die Geschichten stammten aus einer Zeit, in der ich mich ganz anders
als heute gefühlt hatte. So wurden die Bücher und Worte immer mehr zur Last, bis ich
eines Tages beschloss, sie zu verbrennen. Tausende Worte gingen in Flammen auf und
verloren damit ihren belastenden Einfluss auf mein Leben. Vielleicht hätte ich später,
alt und grau und hoffentlich weise, Spaß daran gehabt, sie zu lesen, vielleicht aber auch
nicht. Vielleicht hätte ich geglaubt, die Geschichten machten aus, wer ich bin, obwohl
sie definitiv ihr Haltbarkeitsdatum überschritten hatten. Ich bereue bis heute nicht, was
ich getan habe. Das Haus fühlt sich leichter und heller ohne die alten Tagebücher an,

und schließlich gibt es als Aufbewahrungsort für Erinnerungen ja meinen Kopf. Dorthin kann ich zurückkehren, wenn und wann ich will. Loslassen kann schwer sein, manchmal aber auch sehr befreiend. Ich glaube, tief im Inneren war ich einfach bereit für neue Geschichten, die nicht durch die Vergangenheit vernebelt sind, für neue Denkmuster und einen ruhigeren Blick in die Zukunft.

DIE MACHT VON STIFT UND PAPIER

Manchmal fühle ich mich von Familie und Haushalt überfordert. Sicherzustellen, dass jeder im Haus glücklich ist und hat, was er braucht, erfordert viel Zeit und Energie – auch dann, wenn man kaum Energie zu haben glaubt. Unser Haus ist immer voller Menschen und voller Dinge, die anscheinend repariert werden müssen. Es gibt immer irgendwo ein wackelndes Regal, eine kaputte Klobrille oder einen tropfenden Wasserhahn. Und da ich wie gesagt eine Ordnungsfanatikerin bin, kann ich das natürlich nicht einfach so lassen. Das Einzige, das mir in diesen Momenten hilft, ist das Listenschreiben. Listen vermitteln mir sofort ein Gefühl der Kontrolle. Ich schleppe meist mehrere Notizblöcke in meiner Handtasche mit mir herum, auf denen dann etwa Folgendes zu lesen ist:

- Blumen gießen
- Klobrille reparieren (schon wieder)
- Vertrocknete Pflanzen ersetzen
- Klopapier kaufen
- Klamotten der Kinder aussortieren

Wir alle horten Gegenstände, Fotos und Kleidungsstücke, weil wir zu ihnen eine emotionale Bindung haben. Manchen Menschen fällt es sehr schwer, sich von Dingen zu trennen, was sie davon abhält, sich zu entwickeln. Anderen mangelt es nur an Zeit, ihre Sachen gründlich durchzugehen und auszusortieren.

Schreiben Sie in den Sack unten, woran Sie festhalten, und überlegen Sie dann, was Sie davon nicht mehr brauchen und weggeben könnten.

Habe ich so etwas nur aufgeschrieben, habe ich augenblicklich wieder den Kopf frei. Mehr Platz im Kopf, mehr Klarheit, mehr Ruhe.

Als Kind fand ich es furchtbar, dass meine Mum so viele Listen geschrieben hat, doch das habe ich wohl von ihr geerbt. Ohne meine Listen und Zettel wäre ich verloren und bin viel ruhiger und gelassener, wenn ich einen meiner Notizblöcke griffbereit habe. Probieren Sie es einmal aus, wenn auch Sie den Kopf wieder einmal zu voll haben.

Wenn ich unter Stress stehe, ist Musik für mich immer das heilsamste Gegenmittel. Dann tauche ich in meine Lieblingssongs ein, die mich erfrischen und wiederbeleben. Musik führt mich immer zuverlässig zu innerer Ruhe und Gelassenheit zurück. Im Folgenden finden Sie meine persönliche »Ruhe-Playlist«. Und wie sieht es mit Ihrer aus? Schreiben Sie Ihre Lieblingssongs in die Spalte daneben.

MEINE »RUHE-PLAYLIST«   IHRE »RUHE-PLAYLIST«

Sampha: Too Much

George Harrison: My Sweet Lord

Baz Luhrmann: Everybody's Free (To Wear Sunscreen)

Neil Young: Razor Love

Bon Iver: 29 #Strafford APTS

Elton John: Mellow

Fleet Foxes: Blue Ridge Mountains

Oasis: Champagne Supernova

Tracy Chapman: For You

Groove Armada: At the River

Laura Mvula: She

Led Zeppelin: The Rain Song

Otis Redding: (Sittin' On) The Dock of the Bay

Bat For Lashes: Travelling Woman

Bob Marley: Three Little Birds

Chris Stapleton: Traveller

Nick Mulvey: Mountain to Move

London Grammar: Rooting For You

HALLO ... KATE

Um Ratschläge zum Thema Entrümpeln habe ich die Expertin Kate Ibbotson gebeten.

 Fearne: Kate, du bist professionelle Entrümplerin. Was genau ist das?

Kate: Meine Kunden haben Probleme mit der Organisation und damit, Ordnung zu halten und Dinge wegzuwerfen. In erster Linie herrscht bei ihnen zu Hause und am Arbeitsplatz Unordnung, doch wenn wir ein wenig tiefer graben, ist es eigentlich die Unordnung in ihrem Leben und in ihrem Kopf. Ich gehe immer nach einem bestimmten Schema vor:

- Zunächst versuchen wir, auf der Grundlage des individuellen Stils und des Persönlichkeitstyps gemeinsam herauszufinden, wie es um meine Klienten herum aussehen soll.
- Dann folgt das materielle Entrümpeln: Meine Kunden sollen sich fragen, ob der Wert, den der betreffende Gegenstand für sie hat, tatsächlich im richtigen Verhältnis zu dem Raum steht, den er einnimmt.
- Anschließend stelle ich für meine Kunden Organisationssysteme und Routinen auf und schaffe Lagerplatz, damit später im Haushalt alles rundlaufen kann.
- Ich habe Verbindungen zu verschiedenen Wohltätigkeitseinrichtungen wie Obdachlosenheimen, Tafeln und Tierheimen, denen ich die aussortierten Sachen schließlich im Namen meiner Kunden spende.

Doch wir kümmern uns nicht nur um das Äußerliche. Jeder Mensch schleppt mentalen und emotionalen Müll mit sich herum, weshalb ein weiterer wichtiger Teil meines Jobs darin besteht, herauszufinden, warum meine Klienten an bestimmten Dingen festhalten.

Welchen Einfluss hat unsere Umgebung auf unsere geistige Verfassung?

Zweifelsohne kann das Leben in einer chaotischen, unordentlichen Umgebung großen Stress erzeugen. Zu viele Gegenstände um uns herum können unsere Sinne überfordern und uns auslaugen. Außerdem glaube ich nicht, dass man sich in einem solchen Zuhause abends wirklich entspannen kann. Es sendet Signale ans Gehirn, dass noch Arbeit zu tun ist, und verursacht Nervosität oder sogar Angst, weil der Berg an Arbeit scheinbar kaum zu bewältigen ist.

Ferner haben Müll und Unordnung weitere negative Auswirkungen, die das allgemeine Stressniveau erhöhen: Man verliert Zeit – eine unserer wertvollsten Ressourcen – auf der Suche nach verlegten Dingen; außerdem kostet das Ganze Geld. Es ist leichter, einen Gegenstand neu zu kaufen, statt endlos nach ihm zu suchen. Häufig kommt es auch vor, dass sich meine Klienten mit dem Kauf neuer Sachen trösten oder ihr schlechtes Gewissen beruhigen wollen.

Da sind wir schon beim wichtigsten Punkt: Schuldgefühle und Scham. Man lädt keine Leute mehr zu sich ein oder hat Angst davor, dass jemand unangemeldet auftauchen könnte.

Umgeben wir uns hingegen mit Dingen, die wir praktisch und/oder schön finden, und folgen einfachen Ordnungsregeln, fühlen wir uns beflügelt und energiegeladen und haben die Chance, uns seelisch und geistig weiterzuentwickeln. Dann können wir beispielsweise kreativ werden und sind aufgrund des niedrigeren Stresslevels und weniger Ablenkungen auch produktiver. Meine Kunden geben mir sogar oft die Rückmeldung, dass sich ihre Beziehungen verbessern, dass sie sich ausgewogener ernähren, insgesamt gesünder leben und besser schlafen – nur weil sie nun ihre Umgebung im Griff haben und nicht umgekehrt.

Warum, denkst du, fällt es diesen Menschen so schwer, Ordnung zu halten?

In erster Linie, weil einfach zu viel herumliegt. Zunächst muss Überflüssiges entsorgt werden; sonst kann man organisieren, bis man schwarz wird. Außerdem muss man sich aber auch die Frage stellen, warum so viel herumliegt.

Ältere Menschen heben meist zu viel auf, weil sie in den Nachkriegsjahren viel entbehren mussten, und haben diese Mentalität manchmal an die jüngere Generation weitergegeben. Gegenstände zu flicken oder zu reparieren spart zwar Geld und zeigt Wertschätzung, doch das kann man auch übertreiben. Manche heben sogar irreparabel kaputte Sachen auf.

Eine weitere Rolle spielen Dumpingpreise. Nichts gegen preiswerte Sachen, vorausgesetzt, sie sind ethisch vertretbar hergestellt. Doch viele kaufen einfach mehr, weil es ja ach so günstig ist. Bringt man es dann nicht übers Herz, etwas wegzuwerfen, wird es heikel.

Was wollen Verkäufer? Sie wollen, dass wir mit unserem Einkauf erst einmal glücklich sind – aber bitte nicht allzu lange! Denn schließlich sollen wir ja möglichst schnell wieder etwas kaufen. Die meisten Menschen durchschauen diese Marketingstrategie nicht und verfallen früher oder später immer wieder ihrem Kaufrausch.

Darüber haben Psychologen sogar eine These aufgestellt: Sie sprechen vom sogenannten Diderot-Effekt. Danach löst der Kauf eines neuen Gegenstands Unzufriedenheit mit vorhandenen Gegenständen aus, was letztlich zu einem sich immer mehr steigernden Konsumverhalten führt. Ein Beispiel: Wir kaufen uns ein neues Sofa und finden dann plötzlich, dass der Rest des Wohnzimmers nicht mehr dazu passt. Ein weiterer Grund dafür, dass sich immer mehr Besitztümer anhäufen, ist schlicht der, dass wir heute Gegenstände für selbstverständlich halten, die es vor wenigen Jahren noch nicht einmal gegeben hat. Kinderspielzeug etwa wird gern mit dem Etikett »Zum Sammeln« verkauft. Elektronikartikel kann man endlos mit Zusatzgeräten ergänzen, ganz zu schweigen davon, wie viele Kabel und Netzgeräte man inzwischen dafür braucht. Wer hat sie nicht, die berühmte Schublade mit den alten Kabeln …? Zudem sind inzwischen einfach zig neue Produkte erfunden worden. All das vermüllt unsere Wohnungen.

Darüber hinaus heben Menschen Dinge auf, weil sie sich dadurch getröstet und sicher fühlen, sie bauen Selbstvertrauen, Autorität, Freiheit und Vergnügen darauf auf oder benutzen sie als Mittel zur Realitätsflucht. Natürlich brauchen wir alle bestimmte Gegenstände, doch es gibt eine Grenze. Manchmal wollen wir damit auch Unsicherheiten kaschieren. Doch Zufriedenheit und Glück kann man nicht kaufen, sondern wir müssen sie aus uns selbst schöpfen. Andernfalls versuchen wir nur, Lücken zu überdecken, die sich so niemals werden füllen lassen.

Welchen Regeln folgst du persönlich beim Entrümpeln?

Diese Regeln sind sehr simpel. Hat man erst einmal den ganzen Haushalt einer »Vollentrümpelung« unterzogen, lassen sie sich einfach befolgen:

- Ich achte genau darauf, was ich kaufe. Habe ich den leisesten Zweifel an einem Produkt, kaufe ich es nicht, weil ich weiß, dass es am Ende nur herumliegt. Bin ich mir nicht sicher, warte ich eine Woche und entscheide dann, ob ich es kaufe oder nicht.
- Ich gebe jedem Gegenstand einen Platz. Das geht einfacher mit Schubladentrennstegen oder Behältern für kleinere Dinge. Etikettieren hilft auch.
- Ich halte immer einen Sack für Spenden an Wohltätigkeitseinrichtungen bereit. Erkenne ich etwas als für mich überflüssig, stecke ich es sofort in diesen Sack. Bei einer vierköpfigen Familie kommt da locker ein Sack pro Monat zusammen. Manchmal kommt mir mein Haus wie der reinste Warenumschlagplatz vor!

- Jeder Gegenstand muss irgendeinen Wert für mich haben, entweder einen praktischen Nutzen wie ein Kartoffelschäler oder weil er mich zum Lächeln bringt wie eine handschriftliche Notiz oder ein Kunstwerk. Haftet dem Gegenstand eine schlechte Erinnerung an oder lässt er sich mühelos durch einen anderen vorhandenen ersetzen, trenne ich mich von ihm.
- Ich lege die Gegenstände nach Gebrauch an ihren Platz zurück. Dadurch spare ich mir das große Aufräumen. Mein Mantra lautet: Nicht weglegen, sondern aufräumen.
- Ich kaufe nichts auf Vorrat, weder Toilettenartikel noch Lebensmittel. Das Schlimmste, was mir dann passieren kann, ist, dass ich kurz vor Ladenschluss noch einmal los muss, weil tatsächlich mal etwas Wichtiges fehlt. Doch so behalte ich den Überblick besser.

Wie gehst du mit Menschen um, die zu sehr an Dingen festhalten?

Bei ihnen ist es mit einer schlichten Entrümpelung natürlich nicht getan. Wir versuchen, dem auf den Grund zu gehen: Warum können sie nicht loslassen? Sind sie Perfektionisten? Fühlen sie sich irgendwie minderwertig? Haben sie Schwierigkeiten damit, Entscheidungen zu treffen? Aus Angst? Fühlen sie sich unerfüllt und hoffen, sich mit Dingen trösten zu können? Ich beginne immer mit weniger emotionalen Gegenständen, etwa dem Inhalt einer Küchenschublade. Dann arbeiten wir uns zu Büchern, Kleidung und sentimentalen Gegenständen voran.

Was können wir tun, damit aus unserem Zuhause eine Umgebung wird, die uns zur Ruhe kommen lässt?

Dafür brauchen wir eine klare Vision. Wir können uns von Zeitschriften oder online inspirieren lassen. Die individuelle Persönlichkeit und die Hobbys bestimmen, welche Art von Lagermöglichkeit am sinnvollsten ist. Die Möbel sollten für den Raum nicht zu groß sein, denn damit kommt man sich eingeengt vor. Sehr gut geeignet sind Hängeschränke und Möbel, die eine doppelte Funktion haben, wie ein Sofa, in dem man auch das Bettzeug unterbringen kann. Und zusätzliche Regale. Die Gegenstände sollten immer dort ihren Platz haben, wo wir sie brauchen; dann legen wir sie auch zuverlässig wieder zurück.

UNRUHIGE ORTE

Es gibt also Orte, die uns zur Ruhe kommen lassen, und wir können uns auch selbst eine Umgebung schaffen, die uns mit ihrer Magie beruhigt und heiter stimmt. Doch wie steht es mit Orten, an denen wir uns nur ungern aufhalten, die wir aber praktisch nicht meiden können? Wie finden wir dort Ruhe?

Mit dieser Notwendigkeit habe ich so meine Schwierigkeiten. Ich muss ständig daran arbeiten, mir in solchen Umgebungen Stille und Gelassenheit zu verschaffen. Mein Mann und ich fühlen uns beispielsweise auf großen, lauten Partys nicht besonders wohl. Da Jesse keinen Alkohol trinkt, muss er auf diese Option der Entspannung verzichten.

Ich selbst neige in den entsprechenden Situationen zur Paranoia: Ich habe wirklich panische Angst, etwas »Falsches« zu sagen oder falsch rüberzukommen. Ich fühle mich absolut uncool und allzu durchschaubar. Ich gehe immer wieder unreflektiert davon aus, dass alle anderen mit sich zufrieden sind und in sich ruhen, während ich ein unechtes Lächeln aufsetze und mit neuen Leuten plaudere, die mit Sicherheit jeden einzelnen Fehler, den ich jemals gemacht habe, sofort erkennen. Als ob sie mit Röntgenstrahlung durch mich hindurchsehen und meine Schwachstellen hinter dem Lächeln und dem Make-up aufspüren könnten! Manchmal fühle ich mich in einer größeren Menge aber auch wohler und selbstbewusster. Woran das liegt, weiß ich nicht, ich genieße es dann einfach. Meistens aber fühle ich mich unbehaglich und unbeholfen. Bei Trubel neige ich besonders dazu, meine Gelassenheit zu verlieren, was sich dann ein bisschen wie eine außerkörperliche Erfahrung anfühlt. Ich versuche, lebhaft am Gespräch teilzunehmen und die Fallstricke und Klippen in der Unterhaltung zu umgehen.

Die erste Hilfsmaßnahme in solchen Situationen ist es, innezuhalten, tief durchzuatmen und mich auf das Geschehen einzulassen. Ich versuche dann, mehr Fragen zu stellen, als munter drauflloszuplappern; auch das hilft. Habe ich den Eindruck, jemand legt nicht besonders viel Wert darauf, sich mit mir zu unterhalten, versuche ich, mich möglichst höflich aus der Konversation herauszumogeln und woanders mehr Sympathie, Interesse und innere Ruhe zu finden.

Natürlich kann es hin und wieder auch Spaß machen, sich ins Chaos zu stürzen. Solange man später an seinen Ort der Ruhe zurückkehren kann, kann es sehr aufregend sein, sich einmal in unbekanntere Gefilde vorzuwagen. Solche Gelegenheiten ergeben sich bei mir manchmal im Zusammenhang mit der Arbeit, bei Veranstaltungen, auf denen es von bekannten Gesichtern und einflussreichen Machern nur so wimmelt. Neulich war ich auf einer Hochzeit, auf der ich nur zwei Leute kannte. Statt mich mit einem Glas Pimm's-Likör in der Hand an sie zu klammern, habe ich mich ganz mutig unter die Meute gemischt und mit völlig Fremden geplaudert. In diesen Situationen können wir eine Menge über uns selbst lernen. Hier geht es um die Balance zwischen ausreichend Selbstbewusstsein, um sich Neuem zu öffnen, und ausreichend Mut, um die eigene Komfortzone zu verlassen.

Mein unvorhersagbarer Job zwingt mich oft zum Verlassen meiner Komfortzone, was mich meist gehörig aus der Ruhe bringt. Ich habe Interviews mit Menschen geführt, die so viel Charisma und Selbstvertrauen ausstrahlten, dass ich mich neben ihnen geradezu winzig fühlte, und war beruflich an Orten, wo mich das Chaos zu überwältigen drohte. Ich habe versucht, mich treiben zu lassen, und dabei eine Menge über mich selbst gelernt, ganz abgesehen davon, dass das Ganze auch ungeheuer viel Spaß gemacht hat!

Solche Augenblicke geben uns die Gelegenheit, uns daran zu erinnern, dass wir alle gleich sind. Zunächst fühlen wir uns in einer Gruppe von Unbekannten vielleicht fremd, doch stellen sich im Gespräch rasch Gemeinsamkeiten heraus. Wir sind alle fähig zu lieben, zu wachsen und uns zu verändern, und diese Erkenntnis ist enorm beruhigend. So können wir uns auch an neuen Orten und in neuen Situationen entspannen. Danach zur Ruhe zu kommen ist nicht immer einfach, doch meist gelingt es mir mit einer Mischung aus Zeit und Nachdenken. Nach einem aufregenden neuen Job schlafe ich oft schlecht, weil ich die neuen Gefühle und Eindrücke erst verarbeiten muss, was eine Weile dauert. Doch allmählich kommt mein Kopf zur Ruhe, und dann kann der Rest meines Körpers einschlafen. Die Nachwirkungen des Verlassens meiner Komfortzone spüre ich zwar auch am nächsten Tag noch, aber schon nicht mehr so stark wie am Vorabend.

Wenn trubelige Orte oder fremde Menschen Sie nervös machen, sollten Sie daran denken, dass es keine Rolle spielt, was andere von ihnen halten. Wenn eines meiner Kinder irgendwo einen Wutanfall bekommt, ist mir das oft sehr peinlich. Ich werde rot und betreibe hektisch Schadensbegrenzung. Ich will nicht, dass andere schlecht von mir denken. Wenn es mir dann aber gelingt innezuhalten, durchzuatmen und mir klarzumachen, dass es doch völlig egal ist, was andere von mir denken, geht es mir sofort besser. Bei so etwas sollten wir uns ganz auf uns selbst zurückziehen und versuchen, unser Umfeld auszublenden. Wenn wir uns selbst aus den Augen verlieren, rückt unsere innere Ruhe in unerreichbare Ferne. Ich glaube, dass wir uns alle viel zu viele Gedanken darüber machen, was andere von uns halten, und deswegen ständig auf der Hut sind. Konzentrieren Sie sich auf sich selbst, wenn Sie sich von Ihrer Umgebung überfordert fühlen. Schaffen Sie sich Ihre eigene kleine Insel der inneren Ruhe und Gelassenheit.

Wenn Sie sich an unruhigen Orten gestresst fühlen, können Sie innerlich einen beruhigenden Satz, ein Mantra, aufsagen, mit dem Sie zu innerer Gelassenheit zurückfinden. Welches ist Ihr persönliches beruhigendes Mantra?

MEIN MANTRA

Ich fühle mich geborgen, ich werde geliebt.

IHR MANTRA

Zusammenfassung

SICH EINEN ORT DER RUHE SCHAFFEN

Ob groß, klein, bunt oder schlicht: Schaffen Sie sich einen Raum, in dem Sie zur Ruhe kommen können.

ENTRÜMPELN – INNEN WIE AUSSEN

Trennen Sie sich von Dingen, die Sie nicht mehr brauchen – im Haus ebenso wie im Kopf.

DIE RUHE IM INNEREN ERLEBEN

Wenn Trubel Sie zu überfordern droht, denken Sie an Ihren inneren Ort der Ruhe.

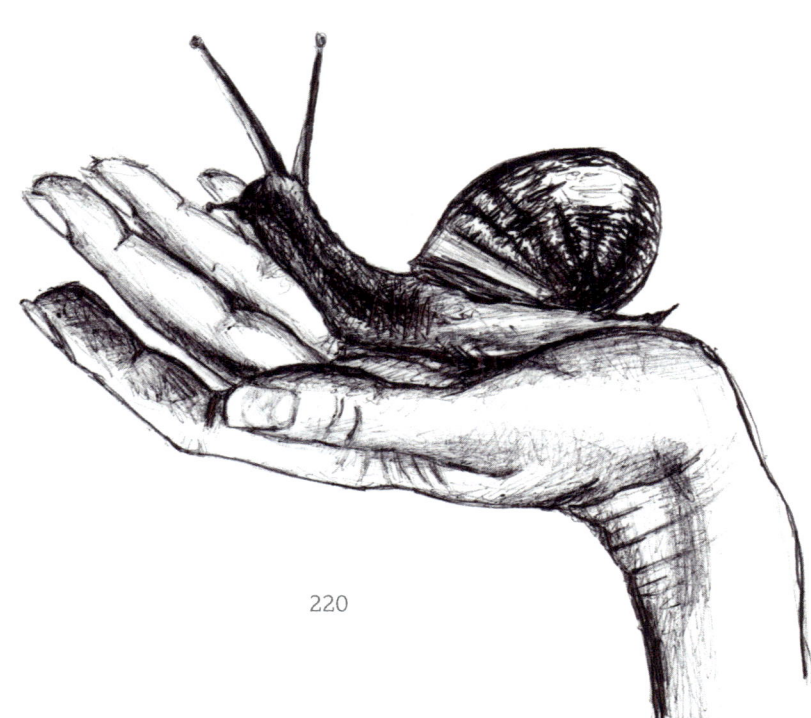

220

IHRE PERSÖNLICHE VORSTELLUNG VON EINER
RUHIGEN UMGEBUNG

Fassen Sie in einem Wort oder in einer Zeichnung zusammen,

was eine ruhige Umgebung für Sie bedeutet.

Gelassen gegenüber Zukunft und Schicksal

Wie denken Sie an die Zukunft? Können Sie hoffen, dass alles gut wird? Meine eigene Zuversicht ist im Laufe der Jahre ein wenig verwässert worden, da gewisse Erfahrungen dazu führen, dass sich mein Selbstvertrauen hier und dort abschält wie eine alte Tapete von einer Wand. Übrig geblieben ist eine sensiblere, verletzlichere Version meiner selbst. Als Teenager und zwischen 20 und 30 war ich definitiv selbstbewusster. Da lagen einige Erfahrungen von Verletzung und Leid noch vor mir, und meine Naivität umgab mich wie eine wunderbare Rüstung.

VORBEREITET SEIN

Die meisten Menschen wissen, dass es besser ist, im Hier und Jetzt zu leben und das Beste aus dem Augenblick zu machen. Das ist leichter gesagt als getan, lohnt sich aber: Wie schön ist es, mit allen Sinnen zu genießen und die Emotionen auszukosten, die der Moment uns schenkt! Mit einer solchen Lebenseinstellung finden wir immer wieder rasch zu innerer Ruhe und Gelassenheit. Wer im Augenblick lebt und sich keine Sorgen über die Zukunft macht, weiß, dass ihm im Grunde nichts passieren kann. Sind Sie gerade traurig, wütend oder gestresst? Dann überlegen Sie: Hängen diese Gefühle mit dem zusammen, was im Augenblick geschieht, oder mit dem, was Sie in Zukunft befürchten oder was in der Vergangenheit geschehen ist?

Trotzdem weiß ich natürlich, wie extrem schwierig es gerade in der heutigen Zeit ist, *nicht* vorauszudenken. Ständig müssen wir organisieren, sei es bei der Arbeit, in unserer Freizeit, in der Familie. Ständig müssen wir die Logistik der Zukunft quasi mit dem Flohkamm durchgehen. Wo bleibt da die innere Ruhe?

Einige Menschen fühlen sich wohler, wenn sie sich vermeintlich auf Eventualitäten in der Zukunft vorbereiten, statt sich im Strudel des Unerwarteten treiben zu lassen. Sicherlich hat jeder seine Tricks, um sich mental mit Netz und doppeltem Boden auszustatten. Steht zum Beispiel ein angsteinflößendes Bewerbungsgespräch bevor und Sie wissen, dass die richtige Vorbereitung Ihnen Ruhe verschafft, werden Sie natürlich darauf zurückgreifen. Oder es droht eine Konfrontation, und Sie wissen, dass das Gespräch bei bedachtem Vorgehen ruhiger verlaufen wird. Auch ich fühle mich sicherer, wenn ich vorbereitet bin; bin ich das nicht, breche ich sofort in Panik aus.

Positive Gedanken oder einen Plan B in petto zu haben ist auch immer dann sinnvoll, wenn man auf Prüfungs- oder ärztliche Untersuchungsergebnisse wartet. So kann man jede Nachricht ruhiger und gelassener aufnehmen.

Vorbereitet zu sein und in der Gegenwart methodisch vorzugehen vermittelt uns ein Gefühl der Kontrolle und lässt uns zuversichtlicher in die Zukunft blicken. Dies wirkt sich wiederum positiv auf unsere innere Ruhe und Gelassenheit aus.

DIE ANGST VOR DEM »WAS, WENN?«

Wie ich im Kapitel »Ruhiger Geist« bereits erwähnt habe, hatte ich vor Kurzem Panikattacken, ausgelöst durch Stress und Erschöpfung, um die ich mich nicht rechtzeitig gekümmert hatte. Sie führten dazu, dass ich beispielsweise eine Weile lang Angst davor hatte, auf der Autobahn schnell zu fahren. Früher bin ich in meinem guten alten Mini durch Großbritannien gerauscht und habe fast die gesamten USA in einem gelben Mustang erkundet; alles im Namen des beruflichen Abenteuers und nicht einmal, ohne dabei etwas anderes zu empfinden als pure Freude. Deshalb ärgerte mich diese neue Angst sehr – bis ich mir klarmachte, dass sie in einer rein hypothetischen Zukunft angesiedelt war.

Ich hatte Angst davor, was passieren *könnte*, nicht davor, was tatsächlich geschah. Dank der Technik der Visualisierung und einer enormen Stressreduzierung in meinem Leben sitze ich mittlerweile buchstäblich wieder am Steuer. Schleicht sich die Angst erneut ein, konzentriere ich mich auf meinen Atem und stelle mir vor, dass ich tief in

224

Auch wenn Sie sich im Augenblick vielleicht schwach und verängstigt fühlen, gab es sicherlich Momente in Ihrem Leben, in denen Sie Stärke gezeigt haben. Wenn Sie daran denken, sehen Sie, wie widerstandsfähig Sie sein können. Halten Sie unten all Ihre stärksten Augenblicke fest und erinnern Sie sich in Krisen an Ihre Fähigkeiten und an Ihr Potenzial.

der Erde verwurzelt bin. Ich bin so tief in ihr verankert, dass mein Kopf keine Chance hat, in all seiner Leichtigkeit vom Hals abzuheben und davonzufliegen.

Vielleicht ist auch in Ihr Muskelgedächtnis eine Angst vor möglichen Ereignissen in der Zukunft eingeschrieben. Vielleicht erleben auch Sie eine bestimmte Situation immer wieder, eine Situation, die mit Angst und Sorge verbunden ist.

Ich denke, es gibt zwei verschiedene Gründe dafür, warum wir uns vor Eventualitäten in der Zukunft fürchten: Entweder weil sie in der Hand des Schicksals liegen und unbekannt sind oder weil wir von vergangenen unschönen Erlebnissen Rückschlüsse auf die Zukunft ziehen.

ES MIT DEM UNBEKANNTEN AUFNEHMEN

Zunächst zum ersten Grund: dem Unbekannten, das aufregend, aber auch angsteinflößend sein kann. Als Kinder nehmen wir Hürden mit dem Etikett »das erste Mal« mit Leichtigkeit und Entschlossenheit. Auf rundlichen, wackeligen Füßchen machen wir die ersten Schritte, fallen hin und stehen sofort wieder auf, um es erneut zu versuchen. Fahren wir das erste Mal ohne Stützräder, fallen wir auch dabei mehrmals hin und setzen uns anschließend gleich wieder aufs Rad. Wir sprechen ohne Scheu mit fremden Kindern, ohne je Angst davor zu haben, zurückgewiesen zu werden. Die Welt ist ein Abenteuer; Angst und Hemmungen kennen wir noch nicht. Diese Unbekümmertheit verlieren wir Stück für Stück, und Sorgen schleichen sich ein. Natürlich gibt es auch Menschen, die sich ihre Unbefangenheit ihr ganzes Leben lang bewahren, doch ich bin definitiv keiner von ihnen. Zwar liebe ich es, Neues auszuprobieren, und bin erst zufrieden, wenn ich mich wieder einmal auf unbekanntes Terrain vorgewagt habe. Ich habe mehrmals den Job gewechselt und dabei auch Dinge in Angriff genommen, für die ich nicht unbedingt eine natürliche Begabung aufweise – alles, um Stillstand zu vermeiden und mich weiterzuentwickeln. Aber das bedeutet nicht, dass ich das jedes Mal angstfrei getan hätte. Ganz im Gegenteil!

Je älter wir werden, desto mehr Geschichten vom Schicksal anderer hören wir, und desto mehr fühlen wir uns von anderen unter die Lupe genommen und bewertet. Manchmal behindern wir uns selbst aus Angst vor der Reaktion unserer Mitmenschen und verbauen uns so die Möglichkeit, Neues auszuprobieren. Ich finde jedoch, dass wir trotzdem an unseren Wünschen und Hoffnungen festhalten sollten, und zwar vom Standpunkt der Ruhe aus, nicht von dem der Gestresstheit.

Als ich mein erstes Kochbuch schrieb, war ich fast krank vor Sorge, wie es wohl bei meinen Lesern ankommen würde. Ich hatte gerade ein Jahrzehnt Radio 1 hinter mir, wo ich mich bei meiner Arbeit voll und ganz auf mein Musikwissen verlassen konnte – aber Kochen? Würde man mich für eine Hochstaplerin halten? Würden gelernte Köche mein Buch verspotten und in der Luft zerreißen? Würde es überhaupt jemand lesen?

Am Tag vor dem Erscheinen des Buchs war jegliche Vorfreude diesen düsteren Gedanken gewichen. Haben Sie das auch schon erlebt? Das Gefühl, dass alle um Sie herum Meister ihres Fachs sind, während Sie nur blenden? Ich bin mir sicher, ich kann damit nicht allein auf der Welt sein! Das Gefühl, dass einen jeden Augenblick jemand zur Seite nehmen und freundlich bitten könnte, zu gehen und nie wiederzukommen, weil man ein Schwindler und Betrüger ist. Ich bin davon überzeugt, dass dieses Gefühl

Wenn Unerwartetes uns plötzlich trifft, kann uns das ganz schön aus dem Konzept bringen. Wenn Sie im Moment nicht weiterwissen, können Sie die Grafik unten nutzen, um sich allmählich wieder ins Zentrum Ihrer Ruhe vorzuarbeiten. Probieren Sie es aus.

Erinnern Sie sich daran, dass Sie geliebt werden.

Rufen Sie einen lieben Freund an.

Tun Sie sich Gutes mit gesundem Essen und Bewegung.

Denken Sie immer daran: Alles geht vorüber.

Schlafen Sie sich einmal richtig aus.

Die Zeit heilt alle Wunden.

RUHE

jeden von uns ereilen kann, auch Kollegen, die Sie in Ihrem eigenen Beruf bewundern. Selbst nach 20 Berufsjahren, Hunderten von live gesendeten Fernsehshows und unzähligen Interviews habe ich manchmal immer noch das Gefühl, zu improvisieren.  Dann regt sich eine kleine, fiese Stimme in meinem Inneren und macht mich runter, was umso wirkungsvoller ist, wenn der eine oder andere Kollege um einen herum vor Selbstvertrauen scheinbar nur so strotzt, auch wenn er damit nur die eigenen Ängste und Unsicherheiten kaschiert. Zum Glück habe ich einige ziemlich ehrliche Freunde, die in der gleichen Branche tätig sind wie ich und zugeben, dass es ihnen manchmal ganz ähnlich geht. Ein unschätzbarer Trost für mich!

Es gibt Menschen, die solche Unsicherheiten aufspüren wie Trüffelschweine Edelpilze und sich am Selbstzweifel anderer laben. Bei meinem Kochbuch war das ein bestimmter Journalist, der beschloss, mich in die Mangel zu nehmen, statt mich zu interviewen, und dessen einzige Mission es zu sein schien, mich fertigzumachen. Als sensibler Mensch komme ich mit so etwas nicht besonders gut zurecht, und so schwand mein Selbstvertrauen noch mehr. Dieses »erste Mal« stellte sich als etwas schwieriger heraus, als ich es mir vorgestellt hatte. Zum Glück bekam ich nach Erscheinen des Buchs sehr viel positives Feedback und bin jedem dankbar, der es gelesen und mir seine ehrliche Meinung darüber gesagt hat. Mir ist aber auch klar geworden, dass der oben genannte Journalist und ich völlig verschiedene Lebenseinstellungen haben müssen. Offenbar will er das Gute in anderen nicht sehen oder ist selbst sehr unsicher. Es muss einen Grund für sein Verhalten geben. Ich wünsche ihm jedenfalls alles Gute.

Neue Vorhaben flößen uns immer Angst ein, die uns aber nicht davon abhalten sollte, zu tun, was wir tun wollen. Wir sollten uns keine Gedanken darüber machen, was andere davon halten, wenn wir unser Leben verändern. Veränderungen sind fast immer ebenso furchteinflößend wie inspirierend, und diesem Paradoxon unterliegen sie nun einmal. Wir müssen uns darauf konzentrieren, uns Schritt für Schritt durch diese Angst hindurchzulavieren, und dürfen dabei unsere Lebensfreude nicht verlieren. Ich habe mich von einem einzelnen Journalisten zum Glück nicht davon abhalten lassen, ein Buch zu schreiben, sondern im Gegenteil sogar weitere verfasst – jedes Mal mit ängstlichem Blick auf die Reaktionen meiner Leser, aber immer im Gefühl eines großen Abenteuers. Rückblickend bin ich froh, dass ich das Risiko eingegangen bin. Das Kochbuch hat zwar nicht gerade hymnische Rezensionen bekommen, es zeigt aber doch eines: meine Leidenschaft. Gehen auch Sie Risiken ein, probieren Sie Neues aus und versuchen Sie, positiv in die Zukunft zu blicken statt ängstlich auf irgendwelche Eventualitäten.

DER URSPRUNG

Wenn Sie Angst vor etwas haben, das vor Ihrem inneren Auge am Horizont auftaucht, können Sie dann sagen, warum es Ihnen Angst macht? Die Antwort auf diese Frage bringt meist wohltuende Klarheit und rückt die Dinge wieder ins rechte Licht. Haben Sie Angst, weil Sie in einer ähnlichen Situation einmal gescheitert sind oder nur weil die Situation für Sie neu ist? Das Leben wiederholt sich nicht! Unser Weg ist nie geradlinig, er kann im Handumdrehen die Richtung wechseln. Falls Sie Angst davor haben, einen Fehler noch einmal zu machen, denken Sie daran, dass die Sache dieses Mal vollkommen anders ausgehen kann. Haben Sie dagegen Angst vor dem Unbekannten, dann denken

Sie an eine Lebenslage zurück, in der etwas Neues etwas Positives für Sie bedeutete. Solche Weggabelungen gibt es für jeden von uns; da bin ich mir sicher, auch wenn es nur ein winziger Augenblick war, in dem man einen neuen Freund gefunden oder einen neuen Job bekommen oder in dem sich ein Abenteuer aufgetan hat. Erinnern Sie sich daran, wie Sie sich damals gefühlt haben! Sie können die gleiche Positivität auf die Situation übertragen, die nun vor Ihnen liegt.

Vielleicht kommt es Ihnen albern vor, sich auf die Zukunft zu freuen, und Sie ersetzen dieses Gefühl deshalb durch Sorge und Furcht. Vielleicht wurden Sie in der Vergangenheit verletzt und misstrauen nun allem, was vor Ihnen liegt. Ich erinnere mich an einen unglaublichen Podcast von Brené Brown, einer US-amerikanischen Autorin psychologischer Schriften, die ich sehr bewundere. Sie erzählte von einem Interview, das sie im Zuge ihrer Studien mit einem Mann geführt hat, dessen Frau kurz zuvor verstorben war. Sein ganzes Leben lang hatte er sich vor Glück und Zufriedenheit buchstäblich gefürchtet, als ob beides ihm jederzeit durch einen plötzlichen Schicksalsschlag weggenommen werden könnte. Stattdessen hatte er sich in emotionaler Mittelmäßigkeit geübt: Nur nicht zu sehr freuen, dann stürzt man auch nicht aus zu großer Höhe in die Traurigkeit hinab. Dann aber war seine Frau gestorben, und ihm war klar geworden, dass nichts uns vor Traurigkeit und Schmerz schützen kann. Die Jahre, in denen er sich nicht hatte freuen wollen, erachtete er nun als verschwendet. Ziehen Sie daraus Ihre eigenen Schlüsse, aber lassen Sie mich Ihnen sagen: Das Universum wartet ganz bestimmt nicht darauf, Ihnen ein Bein zu stellen, und wenn Sie Gefühle wie Freude oder Glück im Zaum halten, wird Sie das sicher nicht vor Kummer und Trauer schützen. Sie empfinden Freude? Wunderbar! Tun Sie das und genießen Sie jede einzelne Sekunde davon.

DIE MACHT DES UNBEKANNTEN

Meiner Meinung nach ist das Unbekannte auch deshalb so wichtig, weil es den Fluss des Lebens gewährleistet. Etwas Neues auszuprobieren öffnet uns innerlich, und dann können wir lernen und das Leben besser verstehen. Jedes Mal, wenn wir eine neue Bekanntschaft machen oder eine neue Herausforderung annehmen, werden wir mit einer neuen Sicht der Dinge belohnt. Selbst wenn sich die Veränderung als solche zunächst schwer anfühlt, hält sie dennoch eine wertvolle Lektion für uns bereit. Sie gibt uns Gelegenheit, über den Tellerrand zu blicken und das Leben in einer Dimension zu erfahren, die wir vorher gar nicht kannten.

Ich weiß mittlerweile, dass ich das Gefühl habe, zu stagnieren, wenn ich mich Neuem und Veränderungen verweigere. Ich behindere mich selbst, und alles ist dann noch schwerer zu ändern. Das Gefühl, festgefahren zu sein, kennen sicherlich alle; den Wunsch, auszubrechen und sich zu verändern, diesen Wunsch aber nicht in die Tat umzusetzen. Veränderungen stressen uns, weil sie uns Angst machen. Wir haben Angst davor, was geschehen könnte, selbst wenn wir ahnen, dass es möglicherweise etwas Positives ist. Ich versuche inzwischen, mich Veränderungen zu stellen, und sei es unter Verwendung der wirklich abgegriffenen Phrase: »Man lebt nur einmal.« Das Leben ist kurz (eine weitere Phrase), warum also warten? Wenn wir alt und grau sind und ein paar Geschichten zu erzählen haben, werden wir uns sicherlich nicht wünschen, niemals etwas Neues ausprobiert zu haben. Wir werden es sicherlich nicht bedauern, Herausforderungen angenommen zu haben, auch wenn wir an ihnen grandios gescheitert sind. Was wir jedoch bedauern werden, sind verpasste Chancen. Stellen Sie sich

Neuem mit Freude, Abenteuerlust und dem Schalk im Nacken. Sorge und Angst dürfen auch mitfahren, wenn's sein muss; aber sie müssen hinten sitzen. Nur so können wir unser volles Potenzial erkunden und ausschöpfen.

WENN DIE VERGANGENHEIT DIE ZUKUNFT BEEINFLUSST

Kommen wir nun zu der zerstörerischen Angst, die der Vergangenheit entspringen kann. Hier ein kleines Beispiel aus meinem eigenen Leben, das mich heute nicht mehr weiter kümmert, meine Freunde aber fast um den Verstand gebracht hat: Ich gehe nicht ans Telefon. Oder nur sehr selten, und wenn doch, dann fühlen sich meine Freunde äußerst geehrt. Die ärgerliche kleine Angewohnheit geht auf einige verheerende Anrufe aus meiner Vergangenheit zurück. Wenn ich heute das Telefon klingeln höre, dreht sich mir der Magen um vor lauter Angst, es könnten schlechte Nachrichten sein oder jemand wollte mich zur Minna machen. Deshalb bin ich viel weniger gestresst, wenn ich einfach nicht rangehe. Nervig, ich weiß, aber dafür bin ich super im SMS- und WhatsApp-Schreiben! Das ist ein eher drolliges Beispiel dafür, wie die Vergangenheit unsere Gegenwart und Zukunft beeinflussen kann, doch mitunter wirkt sich diese Analogie viel schlimmer aus. Man könnte es auch so formulieren: Wie können wir trotz traumatischer Erlebnisse lernen, der Zukunft und dem Ungewissen wieder zu vertrauen? Ich bin der Meinung, dass dies tatsächlich möglich ist, wie mir viele unglaubliche Menschen bewiesen haben, die mir begegnet sind.

Meine liebe Freundin Zephyr Wildman, die für mein Buch »Happy« den tollen Abschnitt über Yoga verfasst hat, hat eine persönliche Geschichte voller Krankheit, Schmerz und Trauma durchgemacht, lebt ihr Leben aber auf ungeheuer positive Art und Weise. Zephyrs Mann ist vor sieben Jahren an Krebs gestorben, und so musste sie die beiden kleinen Töchter alleine großziehen. Ich weiß nicht, wie sie es fertiggebracht hat, diesen Berg an Schicksalsschlägen und Kummer zu bewältigen und strahlender denn je daraus hervorzugehen. Aber sie hat es fertiggebracht. Die beiden Mädchen sind sehr gescheite und bodenständige junge Damen geworden, und Zephyr hat eine neue Liebe gefunden und geheiratet. Ihr wunderbarer jetziger Mann Christian liebt die Mädchen wie ein leiblicher Vater und unterstützt Zephyr, wo er nur kann. Sie glaubt an die Liebe und vertraut dem Leben. Und so war es ihr möglich, sich wieder zu verlieben – ohne die ständige Angst, alles erneut zu verlieren. Sicherlich weiß sie, wie grausam das Leben sein kann, doch dieses Wissen hat sie nicht davon abgehalten, es weiterhin zu genießen. Ihre Geschichte rührt mich immer wieder, weil sie beweist, dass wir die Zukunft nicht fürchten müssen, auch dann nicht, wenn wir in der Vergangenheit Verluste und Tragödien erlebt haben. Mit Vertrauen können wir unsere Ängste besiegen und es noch einmal versuchen.

Mir ist mehrmals gekündigt worden, Männer haben mich verlassen, Fremde haben mich verspottet, und ich habe bei Weitem nicht immer das erreicht, was ich erreichen wollte –, aber aufgegeben habe ich nicht! Wir sollten uns hin und wieder auch einmal auf die Schulter klopfen. Ich bin froh, dass ich mich nicht gleich jedes Mal in einen dunklen Raum voller Bücher und Kekse zurückgezogen habe (so stelle ich mir mein Leben als Einsiedlerin vor), sondern neue Jobs und eine neue Liebe gefunden habe und inzwischen auch nicht mehr so empfindlich auf Spott oder Kritik reagiere. Natürlich gibt es noch Angst und wunde Punkte in meinem Leben, doch lasse ich immer weniger zu, dass meine Vergangenheit bestimmt, wer ich heute bin. Wenn wir uns daran erinnern, dass wir nicht gleichbedeutend mit unserer Geschichte sind, müssen wir auch keine Angst mehr vor dem haben, wer wir zu sein *glauben.* Wir denken, wir sind die Summe unserer Sorgen und Ängste, unserer Misserfolge und Schwächen, aber das sind wir *nicht.* Jeder, wirklich jeder Mensch da draußen hat Fehler gemacht, und wir sind alle unzulänglich und schlagen uns mit irgendetwas im Leben herum. Wenn wir das erkannt haben, können wir auch neues Gebiet betreten – in dem Wissen, dass es Millionen Menschen ebenso geht wie uns und immer so gegangen ist.

Manche traumatische Erlebnisse scheinen unüberwindbar zu sein: Horrorgeschichten, wie sie das Kino nicht besser erfinden könnte und wie sie uns nicht mehr aus dem Kopf gehen wollen. In diesen Fällen brauchen wir vielleicht Hilfe, vielleicht von jemandem, der uns in- und auswendig kennt und der uns das Licht am Ende des Tunnels sehen lassen kann. Oder wir müssen professionelle Hilfe in Anspruch nehmen. Niemand sollte in Angst vor der Vergangenheit oder in der von ihr vergifteten Erwartung für die Zukunft leben. Jeder hat das Recht auf einen neuen Anfang.

Manchmal brauchen wir die Erlaubnis eines anderen Menschen, alte Gewohnheiten und Verhaltensmuster abzulegen, die durch ein Ereignis in der Vergangenheit entstanden sind. Manchmal brauchen wir jemanden, der uns sanft daran erinnert, dass wir nicht gleichbedeutend mit dem sind, was wir erlebt haben. Dann können wir uns ganz ruhig in der Gegenwart niederlassen, denn wir wissen, dass vergangene Ereignisse uns zwar beeinflussen, aber nicht bestimmen, wer wir jetzt sind.

VERGANGENHEIT

Vergangenes macht uns bange vor der Zukunft. Es ist nicht möglich, sich davon zu befreien. Zuerst müssen Sie erkennen, worum genau es sich gehandelt hat. Tragen Sie in die Kreise die jeweiligen Jahreszahlen ein und in den Kasten daneben das Ereignis. Halten Sie in den Kästen weiter unten die Situationen bzw. Ängste fest, die von den Erlebnissen geprägt sind.

GEGENWART

SICH DIE ZUKUNFT VORSTELLEN

Wenn ich mir Sorgen über die Zukunft mache, gehe ich meist einige Visualisierungen durch, die mich beruhigen. Ich stelle mir die Situationen so vor, wie ich sie gern hätte, und stelle mir vor, wie ich mich dann fühle. Natürlich können wir die Zukunft nicht vorhersagen; doch wenn wir mögliche Szenarien und unsere Reaktionen darauf im Geiste durchgehen, vermittelt uns dies das Selbstvertrauen, das wir brauchen, um die tatsächlichen Situationen meistern zu können. Davon ganz abgesehen macht es Spaß, zu träumen. Wenn wir das mit einer positiven Lebenseinstellung tun, kann daraus kein Schaden erwachsen. Selbstverständlich müssen wir uns auf unerwartete Wendungen einstellen, doch wenn wir offen sind für Veränderungen, werden uns auch diese nicht aus der Bahn werfen: Zeichnet sich plötzlich ein Richtungswechsel ab, können wir dem als etwas Aufregendem und einer Gelegenheit zum Lernen entgegensehen.

Ich habe mir immer sehr intensiv vorgestellt, wie es sein würde, Mutter zu sein. Zu meinen Zukunftsvisionen gehörten schon immer Kinder, und ich hatte das Glück, dass dieser Wunsch für mich in Erfüllung ging. Bei mir bestand die unerwartete Wendung darin, dass ich nun nicht nur Kinder, sondern auch Stiefkinder habe. Diese Möglichkeit hatte ich nie in Erwägung gezogen, doch ich habe mich auf sie eingelassen und liebe meine Rolle als Stiefmutter ebenso sehr wie die als Mutter. Auch Mutter zu sein gestaltete sich etwas anders, als ich es mir vorgestellt hatte, da Kinder und Stiefkinder eine Menge Arbeit bedeuten und Organisationstalent erfordern. Doch das ist völlig in Ordnung, und heute kann ich mir ein Leben ohne sie gar nicht mehr vorstellen. Wenn wir akzeptieren, dass unsere Wünsche vielleicht etwas anders in Erfüllung gehen als gedacht, können wir viel Freude an Unerwartetem haben und davon profitieren. Wir können Neues lernen, der Liebe in vielen verschiedenen Gestalten begegnen, neue Ideen und neue Gedanken zum Leben haben. All das steht uns offen, wenn wir nicht zu festgefahren in unseren Meinungen und Erwartungen sind.

GELASSEN MIT UNERWARTETEM UMGEHEN

Wie aber können wir zu innerer Ruhe und Gelassenheit zurückfinden, wenn uns doch einmal etwas völlig aus der Bahn geworfen hat? Wenn sich die Ereignisse überstürzen und wir das Gute nicht mehr sehen können? Auch ich hatte schon Krisen, in denen nichts mehr Sinn zu haben schien. Wie aus dem Nichts heraus steckte ich plötzlich in einer ganz fiesen Lage, die zu diesem Zeitpunkt scheinbar keinerlei Zweck diente. Ich konnte weder Chancen zum Lernen noch zur persönlichen Weiterentwicklung erkennen und war völlig verwirrt.

In solchen Augenblicken ist meiner Meinung nach die Zeit unser größter Verbündeter, in verzweifelten Momenten manchmal auch unser einziger. Alles andere ist uns dann viel zu unsicher; nur auf das Ticken der Uhr ist Verlass. Dieser winzige Trost kann uns zu innerer Ruhe zurückführen. Die Lebenslagen haben ein Verfallsdatum: Schlechte Zeiten gehen vorüber, Klarheit stellt sich wieder ein und Lektionen offenbaren sich. Wie furchtbar die dunklen Augenblicke und Phasen in meinem Leben für mich auch gewesen sein mögen –, heute sehe ich das Positive an ihnen, das sich damals noch nicht gezeigt hat. Wenn mir das nächste Mal eine solche Situation widerfährt, hoffe ich, gelassener mit ihr umgehen zu können – in dem Wissen, dass auch sie wie alle vorausgegangenen Krisen vergänglich ist. Dass sie mich geistig und emotional weiterbringen wird und nicht bestimmt, wer ich bin. Ich denke, das ist etwas, woran wir alle arbeiten müssen; und je mehr Erfahrung wir haben, desto besser werden wir.

Darüber hinaus hilft mir ein weiteres Mantra, das ich in solchen Situationen innerlich aufsage: Ist es wirklich so wichtig? Manchmal erscheint uns etwas als ausgesprochen dramatisch und chaotisch, doch bei näherer – und vor allem ruhiger – Betrachtung lässt sich das Problem eigentlich relativ leicht lösen. Manchmal sind die Auswirkungen der Angelegenheit sogar derart gering, dass wir sie bald ganz vergessen haben. Sie mag immer noch eine Lektion für uns bereithalten, doch die Folgen sind eher kleine Dellen in unserem Lebensweg, keine riesigen Schlaglöcher. Werde ich einmal nicht rechtzeitig mit etwas fertig, stresst mich das enorm, weil ich die Menschen um mich herum nicht im Stich lassen will. Aber gelingt es mir dann, das Gesamtbild zu sehen, weiß ich, dass die kleine Verspätung sicherlich keine katastrophalen Folgen haben wird. Habe ich damit jemanden verärgert, kann ich immer noch um Entschuldigung bitten, und dann liegt es bei ihm, wie lange er an seiner Verärgerung festhalten will.

Wenn meine Kinder das Abendessen verweigern, macht sich Anspannung in mir breit, weil ich dann das Gefühl habe, als Mutter versagt zu haben. Panisch denke ich, ihnen nicht die nötige Disziplin oder den Mut eingeflößt zu haben, neue Lebensmittel zu probieren, und mache mich deswegen fertig. Bis mir mein Mantra in den Sinn kommt: Ist es wirklich so wichtig? Nächste Woche werden sie bestimmt wieder besser essen. Sich deswegen Sorgen zu machen ist absolut sinnlos. Ich lerne nichts daraus, meine Kinder brauchen eine gelassene und keine angespannte Mutter, und das akute Problem lösen meine Sorgen auch nicht. Kleine Ärgernisse wie diese sind unangenehm, doch dürfen wir aus Mücken keine Elefanten machen. Das gewöhnen wir uns nämlich ganz schnell an, und dann kommen wir aus dem Stress nicht mehr raus. Diese Art Stress scheint zunächst nicht der Rede wert, doch ich denke, dass er für viele Menschen früher oder später ein Problem darstellt und die Ursache zahlreicher psychischer und physischer Beschwerden ist. Ich bekomme Kopf- oder Rückenschmerzen oder Verdauungsstörungen. Sie leiden deswegen vielleicht an Schlaflosigkeit oder Hautproblemen. Stress kann in zwischenmenschlichen Beziehungen seinen Tribut fordern oder Ihnen die Lebensfreude rauben. Er sucht sich sein Ventil, so viel steht fest, und meist ist es ein körperliches. So banal er auch erscheinen mag: Stoppen Sie ihn rechtzeitig! Stress ist es einfach nicht wert, dass er uns das Leben vermasselt!

Daneben gibt es natürlich noch die wahren Meteoriteneinschläge. Geliebte Menschen werden krank, wir werden verlassen, vielleicht haben wir selbst mit Krankheiten zu kämpfen … Dann scheint es uns unmöglich, das Licht am Ende des langen, dunklen Tunnels zu sehen. In solchen Krisen sollten wir uns unbedingt Hilfe suchen; sie sind es, wenn Freundschaften sich beweisen. Scheuen Sie sich nie, Freunde und Verwandte um Hilfe zu bitten! Sie können uns den Stress erheblich erleichtern.

Wenn Sie sich in einer schwierigen Lage isoliert fühlen und nicht wissen, an welchen nahestehenden Menschen Sie sich mit Ihren Sorgen wenden könnten, sollten Sie umgehend professionelle Hilfe in Anspruch nehmen. Möglicherweise gibt es auch eine Selbsthilfegruppe in Ihrer Nähe oder eine städtische Einrichtung, die Betroffenen mit Rat und Tat zur Seite steht. Vielleicht brauchen Sie aber auch nur etwas Neues im Tagesablauf, das Sie zumindest vorübergehend von Ihren Sorgen ablenkt. Es ist ungeheuer wichtig, dass man sich in solchen Situationen gehört und unterstützt fühlt, denn Einsamkeit und Isolation helfen ganz gewiss nicht weiter.

In düsteren Zeiten wissen wir Lektionen ganz und gar nicht zu schätzen, und sie erscheinen uns unendlich schwer. Dennoch können sie uns dabei helfen, wieder Hoffnung zu schöpfen. Vielleicht schubsen sie uns in eine neue Richtung, vielleicht sehen wir das Leben danach mit völlig anderen Augen. Wir nehmen alles viel intensiver wahr und setzen andere Prioritäten. Plötzlich erscheinen uns andere Dinge wichtig. So haben auch Schicksalsschläge manchmal ihr Gutes, weil sie uns neue Optionen aufzeigen. Letztere sind sicherlich kein Allheilmittel, das uns gegen Schmerz und Kummer fortan immun machen würde, helfen uns aber aus der schwierigen Situation heraus. Sollte Panik während und nach einer Lebenskrise zu Ihrem ständigen Begleiter geworden sein, sollten Sie sich auf jeden Fall professionelle Hilfe suchen und sanft und liebevoll mit sich selbst umgehen. Schuldgefühle, weil Sie sich nun auch einmal um sich selbst kümmern, sind nicht angebracht. In schwierigen Zeiten brauchen wir Selbstliebe und Selbstfürsorge, um heil durch stürmische Gewässer navigieren zu können.

ERWARTEN SIE DAS UNERWARTETE – UND GENIESSEN SIE ES!

Wie bereits erwähnt glaube ich aus eigener Erfahrung, dass der schlechteste Weg der statische ist. Wir müssen Veränderungen akzeptieren, sonst sind wir Stress und Krisen nicht gewachsen. Wir brauchen eine positive Haltung Veränderungen gegenüber, damit wir nicht im Treibsand des Lebens stecken bleiben. Es ist ganz erstaunlich, wie viel Kraft und Stärke sich in uns verbergen, und beides scheint eng mit innerer Ruhe verknüpft zu sein. Denken Sie an das kugelförmige Licht zurück, das gleich rechts neben Ihrem Herzen sitzt. Wir alle haben diese Stärke in uns; sie ist nicht einigen wenigen Auserwählten vorbehalten. Wenn wir unser Herz öffnen und in uns gehen, werden wir die Glut finden, die nur darauf wartet, wieder angefacht und benutzt zu werden. Mit dieser Stärke können wir Angst und Panik bekämpfen, sodass es uns zumindest möglich ist, uns mit dem Chaos zu arrangieren. Vor der Panik zu kapitulieren wäre falsch. Danach würden wir über kurz oder lang glauben, unser innerer Quell der Ruhe wäre ausgetrocknet. Erinnern Sie sich an Ihre Stärke und denken Sie an Augenblicke zurück, in denen Sie sie erfolgreich eingesetzt haben. Auch in Ihrem Leben gibt es Momente, die Sie feiern können. Sie erinnern Sie daran, wozu Sie fähig sind.

DER (MANCHMAL) HOLPRIGE WEG ZURÜCK ZUR INNEREN RUHE

Wir müssen uns nicht immer tapfer geben und unsere wahren Gefühle verbergen; ganz im Gegenteil! Mithilfe unserer inneren Stärke können wir unsere Gefühle in ihrem natürlichen Rhythmus fließen lassen, so, wie sie kommen und gehen, denn auch sie sind nicht von Dauer. Dazu gehört, dass wir auch Angst, Sorgen und Wut zulassen. Meiner Erfahrung nach stauen sich unterdrückte Emotionen wie hinter einem riesigen Damm auf, der irgendwann doch bricht; meist zu einem sehr unpassenden Zeitpunkt.

Wir sollten uns vor unseren Emotionen nicht fürchten oder ihnen ihre Berechtigung aberkennen. Jeder von uns hat das Recht, das zu fühlen, was er fühlt. Wir sollten unsere Gefühle nur nicht künstlich verlängern. Wir sollten ihnen Ausdruck verleihen, aber nicht unnötig an ihnen festhalten. Ein solcher Schwebezustand, in dem man sich nicht weiterentwickelt, ist für alle Beteiligten schwer zu ertragen. Und die Sicherheit, die er scheinbar birgt, ist trügerisch. Vielleicht finden wir darin Trost und vorübergehende Erleichterung, doch er macht zukünftige Veränderungen nur umso schwerer. Bei Stress und Unruhe ist es gerade die Bewegung nach vorn, die hilft. Das heißt nicht, dass wir vor den Hürden in unserem Leben fliehen sollten, sondern dass wir nach Unterstützung, einer Veränderung oder einer Lösung suchen sollten. Und dabei wiederum hilft uns manchmal die gute alte Pragmatik: durchdachte, praktische Schritte in Richtung Veränderung. Hin und wieder scheinen wir nicht gerade viele Optionen zu haben, doch sind kleine Schritte ebenso wichtig wie große Sprünge. Sicherlich hat jeder von uns schon einmal in einer zerstörerischen Beziehung gesteckt oder kennt jemanden, dem es so gegangen ist. In so einer Klemme ist es sehr verführerisch, einfach stillzuhalten, bis man irgendwann gezwungen wird, eine Veränderung vorzunehmen oder eine Entscheidung zu treffen. Es scheint einfacher, im Schwebezustand zu verharren, als aktiv zu werden. Doch leider ist es das nicht. Wie schlimm und falsch es sich mitunter auch anfühlen mag: Wir müssen uns verändern, wenn wir wachsen und uns wohlfühlen wollen. Die Veränderung, die wir zunächst kaum bewältigen können, wird sich schließlich in innere Ruhe verwandeln, der wir uns vertrauensvoll überlassen können. Der Weg zurück zur inneren Ruhe ist manchmal holprig. Doch wenn es uns gelingt, die Belastungen zu bearbeiten, sind wir ihr schon einen Schritt näher.

GELASSEN VORWÄRTS KOMMEN ♥

Zusammenfassung

DAS INNERE KIND NUTZEN

Wenn Sie Angst vor dem Unbekannten haben, sollten Sie daran denken, wie viele »erste Male« Sie als Kind bewältigt haben. Sie schaffen das!

IMMER NACH VORNE SEHEN

Lassen Sie nicht zu, dass die Vergangenheit Ihre Gegenwart oder Ihre Zukunft bestimmt. Lassen Sie die Vergangenheit Vergangenheit sein.

DAS UNERWARTETE ERWARTEN

Erwarten Sie das Unerwartete … und staunen Sie über die Wunder, die es mit sich bringen wird! Freuen Sie sich darauf!

Fassen Sie in einem Wort oder in einer Zeichnung zusammen,
was eine gelassene Zukunftsperspektive für Sie bedeutet.

Innere Ruhe gegenüber der Außenwelt

Die Welt scheint betriebsamer denn je, schneller denn je und sicherlich gestresster denn je. Stimmt das wirklich oder sehen wir das nur so, weil wir uns heute viel leichter zu jedem beliebigen Zeitpunkt in das Leben anderer einklinken können? 24 Stunden am Tag, sieben Tage die Woche, in denen wir nicht nur unser eigenes Chaos sehen, sondern das der ganzen Welt! Der konstante Informationsdownload durch Mitglieder der Familie, der Gemeinde, der Menschheit vermittelt uns unweigerlich das Gefühl, dass niemand mehr zur Ruhe kommt. Wir beobachten, urteilen, vergleichen und versuchen verzweifelt, all die Informationen zu verarbeiten. Statt das Leben nur durch unsere Augen zu sehen, sehen wir es permanent auch auf Handys, Computern und im Fernsehen. Eine ständige Überreizung.

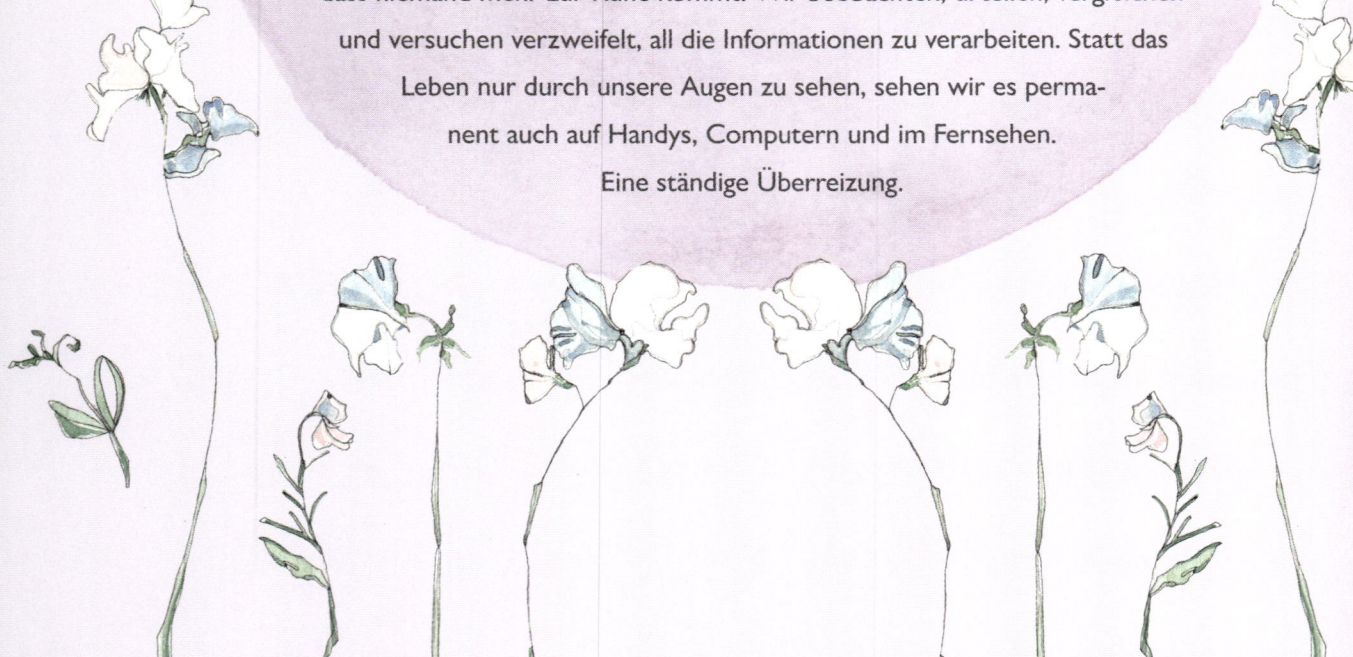

WAHRNEHMUNG DER AUSSENWELT

Zusätzlich zur Reizüberflutung werden wir mit Optionen bombardiert: Hunderte von TV-Programmen, Social-Media-Kanäle, Geschäfte, Menschen, internationalen Küchen, Apps, Reisemöglichkeiten, Datingportale und Jobs – kein Wunder, dass wir verwirrter sind denn je. Bei dieser Auswahl machen wir lieber vieles halbherzig, statt uns auf wenige Dinge zu konzentrieren, die dafür aber richtig zu machen. Wir sind überreizte, desorientierte, ängstliche Menschen geworden. Am lautesten geht es in unseren Köpfen zu, nicht in der Welt um uns herum.

Wenn ich morgens aufstehe und die Vorhänge zurückziehe, überkommt mich manchmal ein Gefühl der Aufregung und der endlosen Möglichkeiten. Dann scheint eine Welt voller Abenteuer auf mich zu warten: Neue Menschen wollen getroffen, neue Orte erkundet und neue Lektionen gelernt werden. Dann regt sich in meinem Unbewussten die Erkenntnis, Teil einer weltweiten Energie zu sein. Ein winziges Schräubchen, das dennoch seinen festen und wichtigen Platz hat. Dann werden mir die Proportionen bewusst, und ich erkenne meine tatsächliche Größe. Ich bin winzig, aber ebenso entscheidend wie alles andere in der Weite der unablässigen Bewegung, in der unser Planet begriffen ist. Meine Welt mit all ihren Dramen, Aufregungen und Sorgen ist nur ein Fleckchen auf dem Wimmelbild, das sich Erde nennt, und trägt doch zum Gesamtbild bei. Ich genieße dieses Gefühl des Einklangs, während Ruhe mich überströmt und alles wegschwemmt, was sich mir in den Weg stellt. Ich bin mir sicher, dass jeder Mensch das schon einmal erlebt hat: dass die Magie der Außenwelt uns ihre Möglichkeiten offenbart und es uns gestattet, zu träumen und kreativ zu sein.

An anderen Tagen erinnert mich der Anblick der Menschen, die ihren Geschäften nachgehen, an das Chaos, das auf der Erde herrscht, und ich bange um meinen Platz auf der Welt. An diesen dunkleren Tagen, an denen ich mich überfordert fühle, scheint es mir, als könnte ich den Schmerz jedes Lebewesens da draußen spüren. Mir werden die Kämpfe bewusst, die Ungerechtigkeit und die unmögliche Aufgabe, dies alles wiedergutzumachen oder ihm zumindest einen Sinn zu verleihen. Heutzutage, da alles so schnell geht und wir so viel konsumieren, merken wir oft gar nicht mehr, wie viele Informationen wir in jeder Sekunde des Tages aufnehmen. Dann gehen wir nicht einfach zur Arbeit oder bringen die Kinder in die Schule, sondern werden von einer Flut von Informationen auf den grellen Displays unserer Smartphones überschwemmt, von unzähligen Bildern, die uns aus den Zeitungen und von den Covers der Zeitschriften entgegenspringen. Von Klatsch und Tratsch, von SMS-Nachrichten und E-Mails. Das kommt uns fast schon normal vor, doch sind wir eine der ersten Generationen, die dieses Ausmaß an Lärm und Informationen überhaupt erleben. Wir können uns den Bildern, Nachrichten und Ideen kaum entziehen, wenn wir mit der Geschwindigkeit der schönen neuen Welt Schritt halten wollen.

FREIHEIT VOM SMARTPHONE

In den vergangenen rund zehn Jahren hat in vielen Teilen der Welt eine allmähliche Veränderung der Menschheit stattgefunden: Die Daumen sind beweglicher geworden, der Kopf hat sich nach vorn geneigt, und das Sehvermögen wurde peripher stark ein-

geengt. Handy und Smartphone haben Einzug gehalten. In der westlichen Welt sind fast alle Menschen davon betroffen. Doch sind sie auch betroffen genug, um etwas dagegen zu tun? Ist uns überhaupt bewusst, wie sehr unsere innere Ruhe durch die Allgegenwart des Telefons beeinträchtigt wird? Heute ist es beinahe unmöglich, ohne mobiles Telefon auszukommen; aber wie sehr gestatten wir es ihm, sich in unser Leben einzumischen? Wir sind derart abhängig von den Geräten, dass man von einer Sucht sprechen muss. Ich selbst bin leider keine Ausnahme, auch ich halte der Versuchung, »schnell mal eben« die Mails zu checken oder auf Instagram vorbeizuschauen, nicht stand. Das Smartphone ist so sehr Teil meines Tages, dass ich mich manchmal dabei ertappe, wie ich ohne Sinn und Verstand, ohne konkretes Anliegen, daraufstarre. Wie viel mir durch diese Art der Ablenkung wohl von dem entgeht, was unmittelbar um mich herum geschieht? Wahrscheinlich eine Menge. Als Teenager bin ich oft mit dem Zug nach London gefahren. Zu dieser Zeit waren Handys noch nicht flächendeckend verbreitet, und die sozialen Netzwerke und Apps gab es noch gar nicht. Mein Handy steckte damals in einer Innentasche meines Rucksacks, weil ich es nur brauchte, wenn ich wirklich jemanden anrufen musste oder nachsehen wollte, wie spät es ist. Heute sind 80 Prozent der Leute im Zug oder auch auf der Straße damit beschäftigt, auf das Display ihres Smartphones zu starren – und kriegen absolut gar nichts mehr um sich herum mit. Auch ich gehöre zu diesen 80 Prozent. Ich gebe mir alle Mühe, von dieser schlechten Angewohnheit wegzukommen, denn sie raubt mir nicht nur die innere Ruhe, sondern auch den Platz für neue Gedanken und Ideen. Die sozialen Netzwerke und das Internet sind sicherlich tolle Möglichkeiten, um mit Freunden auf der anderen Seite des Erdballs in Kontakt zu bleiben oder uns zu informieren. Aber der Preis, den wir dafür zahlen, ist hoch: Er besteht in nichts anderem als in der schlichten und ruhigen Seite des Lebens, die uns flöten geht. Wir beobachten nicht mehr unsere Umgebung und die Menschen um uns herum, sondern sehen nur noch in die Ferne. Und je mehr wir am Telefon hängen, desto mehr wollen wir in puncto Information die Nase vorn haben. Das macht uns nervös. Aber leider ist dies wie mit jeder schlechten Angewohnheit: Wir frönen ihr und vergessen die negativen Folgen.

Damals, mit 18, im Zug nach London, habe ich manchmal mein Buch vergessen. Dann habe ich Mitreisende beobachtet, meine Gedanken schweifen lassen oder mir Geschichten zu den Menschen ausgemalt, die mit mir im Zug saßen. Vielleicht ist mein Blick dem eines anderen begegnet, und ich habe gelächelt. Oder mir ist ein interessantes Haus draußen aufgefallen. Ich bin mir sicher, dass wir damals viel mehr neue Leute kennengelernt haben, mehr miteinander ins Gespräch gekommen sind, ja sogar geflirtet haben –, eben weil wir Notiz von unserer Umwelt genommen haben. Was vor rund 15 Jahren noch völlig normal war, verhindert heute das Handy: Verbindung mit der Außenwelt aufzunehmen. Ich versuche, wenigstens einmal am Tag meine Sinne für meine Umwelt zu öffnen. Das wirkt sich viel beruhigender auf mich aus, als wenn ich mich zum Sklaven meines Smartphones und seiner Apps mache. Vielleicht probieren auch Sie das einmal. Wenn Sie sich morgen auf den Weg zur Arbeit machen oder spazieren gehen, lassen Sie das Handy einfach in der Tasche und sehen sich gründlich um. Lächeln Sie jemandem zu, helfen Sie einer jungen Mutter, den Kinderwagen eine Treppe hinaufzubugsieren, erfreuen Sie sich an einem schönen Baum. Öffnen Sie Ihre Sinne und kommen Sie wirklich in Ihrer Umgebung an. Je öfter wir das tun, desto mehr werden sich innere Ruhe und Gelassenheit einstellen.

INFORMATIONSFLUT – UND WIE WIR MIT IHR UMGEHEN SOLLTEN

Gegen die Informationsflut und die Überreizung, zu der sie führt, können wir uns kaum wehren, halten wir sie mittlerweile doch für unseren ganz normalen Alltag. Ungefiltert strömen die Daten auf unser ohnehin schon überfordertes Gehirn ein. Vorschläge zur Entgiftung des Geistes werden größtenteils noch als Luxus erachtet, nicht als das, was sie wirklich sind: eine absolute Notwendigkeit.

Zu dieser Erkenntnis bin ich Schritt für Schritt gelangt, und seitdem schwimme ich in diesem Punkt auch etwas gegen den Strom. Früher habe ich stundenlang ferngesehen – meist nicht gerade geistig anspruchsvolle Sendungen – und auch gegen Krimis, Thriller oder Actionfilme im Kino nichts einzuwenden gehabt. In den letzten Jahren, in denen ich mich mehr mit dem Thema Selbstfürsorge beschäftigt habe, ist mir allerdings klar geworden, dass diese Angewohnheit nicht gut für mich ist. Heute sehe ich mir, wenn überhaupt, Dokumentationen an, Filme und Sendungen, aus denen ich etwas lernen kann, oder hin und wieder auch einmal eine Komödie. Etwas zum Lachen, nichts, das mich stresst. Alles andere erschöpft mich. Ich habe herausgefunden, dass ich mich in meiner Freizeit entspannen und nicht noch weiterem Stress aussetzen möchte, auch dann nicht, wenn er nur auf einem Bildschirm existiert.

Ich treffe heute bewusstere Entscheidungen, womit ich meinen Kopf fülle. Nachdem ich am eigenen Leib erfahren habe, wie hilflos wir uns angesichts dramatischer Situationen im »echten Leben« fühlen können, achte ich mehr darauf, wie viel an Informationen ich von außen an mich heranlasse. Meist stelle ich mir dabei zunächst folgende Frage: Trägt das zu meiner inneren Ruhe bei? Natürlich können wir nicht einfach ignorieren, was zu Hause, in unserer Stadt oder auch weltweit geschieht, aber wir können entscheiden, wie viel davon wir aufnehmen wollen, insbesondere wenn es sich dabei gar nicht um die Realität, sondern um Fiktionen wie z. B. Filme handelt.

Wir werden täglich mit Nachrichten bombardiert. Aus jedem Telefon, jedem Fernseher, jedem Radio und jeder Zeitung knallt uns die neueste Tragödie entgegen. Wir leben natürlich nicht isoliert in unserer eigenen Welt, können uns aber durchaus dafür sensibilisieren, bis zu welchem Grad wir uns der Informationsflut von außen aussetzen wollen. Vielleicht haben Sie das Gefühl, Ihren Tag informiert und beruhigt zu beginnen, wenn Sie morgens die Zeitung lesen; sollte das der Fall sein: Weiter so. Andere haben vielleicht das Gefühl, sich nicht schon morgens von schlechten Nachrichten aus aller Welt überrollen lassen zu wollen. Bei mir ist es mal so, mal so: Manchmal lese ich vom Leid anderer und empfinde Mitgefühl und Empathie. Manchmal erfüllen mich die Geschichten mit dem Wunsch, helfen zu wollen. An anderen Tagen habe ich eher das Gefühl, nicht noch mehr Leid ertragen zu können. Ich muss mich erst einmal um meine eigenen Probleme kümmern und möchte mich mit den Problemen anderer erst wieder beschäftigen, wenn ich selbst ruhiger bin und helfen kann. Mit den Nachrichten am Abend geht es mir genauso: Manchmal möchte ich mich vor dem Zubettgehen einfach nicht mit all der Angst und der Traurigkeit beschäftigen, die da aus dem Fernseher auf mich einströmen. Stattdessen lese ich die wichtigsten Nachrichten vielleicht am nächsten Morgen im Internet, wenn ich ausgeruht und den Neuigkeiten besser gewachsen bin.

In diesem Punkt gibt es kein Richtig und kein Falsch – hier muss jeder, denke ich, die eigenen Grenzen austesten. Sich mit schlechten Nachrichten zu beschäftigen macht

uns nicht notwendigerweise zu besseren Menschen, auch wenn der eine oder andere das zu glauben scheint. Am wichtigsten ist unsere Reaktion: Empfinden wir Mitgefühl, werden wir aktiv, wenn wir etwas tun können? Allein das Wissen macht die Welt noch nicht besser oder hebt uns intellektuell gegen andere ab. Wer viel Drama und Stress von außen verträgt, ohne selbst darunter zu leiden, soll so fortfahren, wenn er will; wer allerdings weiß, dass all das letzten Endes seinen Tribut fordert, hat das Recht, selbst zu entscheiden, ob er sich dem aussetzen will oder nicht. Mir ist Mitgefühl für Menschen, die leiden, wichtig, ebenso wie die Wohltätigkeitsarbeit für diejenigen, denen ich wirklich helfen kann. Darüber hinaus muss ich persönlich mein Gleichgewicht zwischen dem Positiven und dem Negativen in der Welt finden. Zu innerer Ruhe komme ich dann, wenn ich beides in einem mir verträglichen Maß aufgenommen habe. Und dann kann ich hoffentlich anderen auch nützlich sein.

Sich in den Strudel der Negativität, die in der Welt herrscht, zu begeben ist nur dann sinnvoll, wenn wir etwas verändern wollen – und sei es nur eine kleine, persönliche Veränderung, die ihre Kreise ziehen wird, oder aber große, die gesamte Gesellschaft betreffende Veränderungen, an die Sie glauben. Sich nur aufzuregen bringt selten etwas außer immer mehr Aufregung. Wer glaubt, auf unserem Planeten geschähe nur Schlechtes, wird sich darin auf ewig bestätigt fühlen, weil er nichts anderes sieht. Meiner Meinung nach halten sich Gutes und Schlechtes die Waage; leider hören wir meist nur das Schlechte, gute Nachrichten werden kaum verbreitet. Umso wichtiger ist es, dies für sich selbst auszugleichen, sich also mit etwas zu beschäftigen, das einem guttut. Nur so erinnern wir uns daran, dass auch Hoffnung und Positivität ihren Platz auf dieser Welt haben.

Einige Menschen sind davon überzeugt, »das Böse« sei auf dem Vormarsch und zeige sich in zunehmendem Egoismus, da wir konstant mit Bildern von Ungerechtigkeit und Leid konfrontiert werden. Natürlich geschehen nicht nur schöne Dinge, manchmal sogar extrem schlechte, doch denke ich, dass beides in gleichem Maße existiert. So funktioniert unsere Welt nun einmal. Aber wie gesagt: Meist bekommen wir von den schönen Dingen nichts mit, haben zu den schlechten jedoch 24 Stunden am Tag und sieben Tage die Woche Zugang. Konflikte, Kriege und Meinungsverschiedenheiten gab es schon immer und wird es vermutlich auch immer geben – nur dass sie heute rund um die Uhr live übertragen werden.

Sich der Informationsflut aus den Medien zu stellen ist heute beinahe selbstverständlich. Ignorieren können wir sie kaum, kontrollieren dagegen schon: Wir können selbst entscheiden, in welchem Maße wir uns ihr aussetzen wollen. Halten Sie in der linken Spalte unten fest, wie viele Nachrichten, wie viel Klatsch und Tratsch, wie viele Neuigkeiten aus den sozialen Netzwerken Sie in etwa täglich konsumieren, und prüfen Sie dann, ob Sie diese mit den Vorschlägen in der rechten Spalte ausgleichen können.

GUTE NACHRICHTEN

Etwas Schönes lesen

Einem Freund einen echten Brief schreiben

Musik hören, bei der man sich lebendig fühlt

Ein interessantes Thema im Internet recherchieren

Sich alte Fotos ansehen

EINEN GUTEN PODCAST HERUNTERLADEN

NEGATIVITÄT ABWEHREN

Diese Negativität beeinflusst, wie wir miteinander reden, sie erfüllt uns mit Angst und Wut. Meist wird uns das gar nicht bewusst – bis wir irgendwann einen Blick darauf werfen, wie viel wir davon konsumieren. Wenn auch Ihre innere Ruhe unter diesem Überkonsum leidet, sollten Sie die Informationsflut eindämmen.

Das Gleiche gilt für Klatsch und Tratsch. Wie sehr beeinflusst, wie sehr stresst es Sie, wenn schlecht über andere geredet wird? Wie viel sensationslüsternes Gerede können Sie vertragen, und wie viel davon setzt sich in Ihren Körperzellen fest? Wenn ich über andere klatsche und tratsche, fühle ich mich dabei immer irgendwie schmuddelig, und das Klatschen hinterlässt einen schalen Nachgeschmack. Und wie befriedigend es auf den ersten Blick auch sein mag, die Lücke, die durch ein mangelndes Selbstwertgefühl entstanden ist, wird es doch nie füllen können. Andere dafür zu verurteilen, wie sie ihr Leben leben, löst die eigenen Probleme nicht. Nach dem hohlen Geschwätz fühlen wir uns ja doch meist schlechter als vorher.

Haben auch Sie einen Freund oder Bekannten, der ständig schlecht über andere redet, der ständig das Bedürfnis hat, sich über andere lustig zu machen und sie zu verspotten? Wenn diese Worte wie Kleister an Ihnen kleben bleiben und Sie von Ihrem Ort der inneren Ruhe und Gelassenheit entfernen, ist es an der Zeit, etwas zu verändern. Glauben Sie, dass Sie Einfluss auf seine Haltung nehmen könnten? Dass Sie ihn davon abbringen könnten, sich auf eine negative Art und Weise nur mit anderen zu beschäftigen? Wenn Sie sich nach Klatsch und Tratsch nach einer Dusche sehnen, sollten Sie versuchen, sich von solchen Kreisen fernzuhalten.

WIE WIR ANDERE SEHEN

Wir sind es viel zu sehr gewohnt, Frauen gegeneinander antreten zu sehen, mit Etiketten und Kommentaren versehen, die nur einen Bruchteil ihrer Geschichte erzählen. Wir sind gar nicht schockiert, von Zeitschriften über intimste Details von XY oder den Stil->>Fauxpas<< von Z informiert zu werden. Von den Covern strahlen uns Frauen an, die für die falschen Dinge gefeiert und die albernsten Dinge verurteilt werden. Natürlich darf jede Frau tun und anziehen, was sie will. Aber wozu ständig darüber reden?! Ich liebe es, mich über Mode zu informieren, aber sie sollte nicht das Hauptthema sein und vor allem nicht dazu benutzt werden, andere Frauen in ihrem Wert zu schmälern. Wie sollten wir uns bei solchen >>Vorbildern<< *nicht* minderwertig fühlen? Wenn es so salonfähig ist, Vermutungen über Frauen zu äußern, die wir gar nicht kennen, wie soll dann ein Mädchen beim Erwachsenwerden mit seinen Unvollkommenheiten zurechtkommen, die nichts anderes als individuelle Merkmale sind? Wie Frauen heute in den Medien und im Internet dargestellt werden, kann absolut schädlich für uns alle sein, insbesondere für die jüngere Generation, die sich auf dem rauen Terrain der Pubertät bewegt und ihr Selbstwertgefühl erst noch festigen muss.

Kurz nach der Geburt meiner Tochter bin ich ungewollt im Bikini fotografiert worden – mit postnatal aufgeschwollenem Bauch und riesigen Stillbrüsten, die aus dem Bikinioberteil quollen. Abgedruckt in fast jeder Zeitschrift in Großbritannien und mit einer hämischen Bildunterschrift versehen, in der von >>Erleichterung<< die Rede war, eine junge Mutter derart außer Form zu sehen. Was erwarten wir eigentlich? Nur drei Monate zuvor hatte ich einen Dreieinhalbpfünder zwischen meinen Beinen hervorgepresst, den ich zu diesem Zeitpunkt allein durch meine Milch am Leben erhielt. Und wieso Erleichterung? Warum kann nicht jeder so groß und so schwer sein, wie er oder sie will, ohne ständig mit anderen verglichen oder dafür verurteilt zu werden? Jemand hat gerade ein Kind bekommen? Bitte! Jemand geht gern ins Fitnessstudio und hat Bauchmuskeln aus Stahl? Auch bitte! Es ist doch absurd, dass wir dauernd eine Markierung brauchen, wo wir uns in puncto Ästhetik selbst ansiedeln sollen.

Ich war als Teenager davon unbelastet, da ich mit meinem Handy nur anrufen konnte. Soziale Netzwerke gab es noch nicht, und die Zeitschriften haben die besagten Themen noch nicht so ausgeschlachtet. So bummelte ich durch die Pubertät und stolperte ohne großen Druck über die ersten Trennungen, Perioden und Aknepickel. Natürlich bin ich hin und wieder ausgeflippt, musste mich aber nicht von Millionen Leuten beurteilen lassen. Einen Vergleich boten mir nur meine Freundin Becky und ihre ältere Schwester. Daher haben wir damals unsere Infos bekommen: von den Schnipseln an Ratschlägen und Neuigkeiten, die wir dem älteren Geschwister einer Freundin abgelauscht haben. Alles total harmlos und im Rückblick saukomisch. Mir graut davor, mir vorzustellen, wie ich in diesem Alter mit einem Doppelleben in den sozialen Netzwerken zurechtgekommen wäre. Ich kann ja heute, mit 36, kaum damit umgehen.

Irgendwie scheint festzustehen, wie Frau sein muss, um nicht von anderen Frauen in der Luft zerrissen zu werden. Das lernen wir nicht etwa aktiv; diese Vorschriften und Regeln gehen uns mittels Osmose in Fleisch und Blut über. Selbst wenn wir uns den sozialen Netzwerken verweigern und uns deren Sicht des weiblichen Körpers nicht anschließen, wird uns vorgegaukelt, die anderen seien perfekt. Wer ständig mit Photoshop-Perfektion konfrontiert wird, glaubt am Ende wirklich, das wäre die Realität.

Klatsch kann verführerisch und sogar unausweichlich sein. Er liefert uns einen Kick, der uns high machen kann, raubt uns aber Gelassenheit und Ruhe und lässt uns vergessen, dass auf das Hoch der Absturz folgen muss. Notieren Sie, über wen Sie laufend klatschen, und wie Sie sich dann fühlen. Zuerst der Energiekick, dann der Absturz? Oder sehnen Sie sich danach sogar nach einer heißen Dusche? Tragen Sie in die Grafik unten Ihre persönliche »Klatschkurve« ein.

Ich klatsche und lästere über: ....

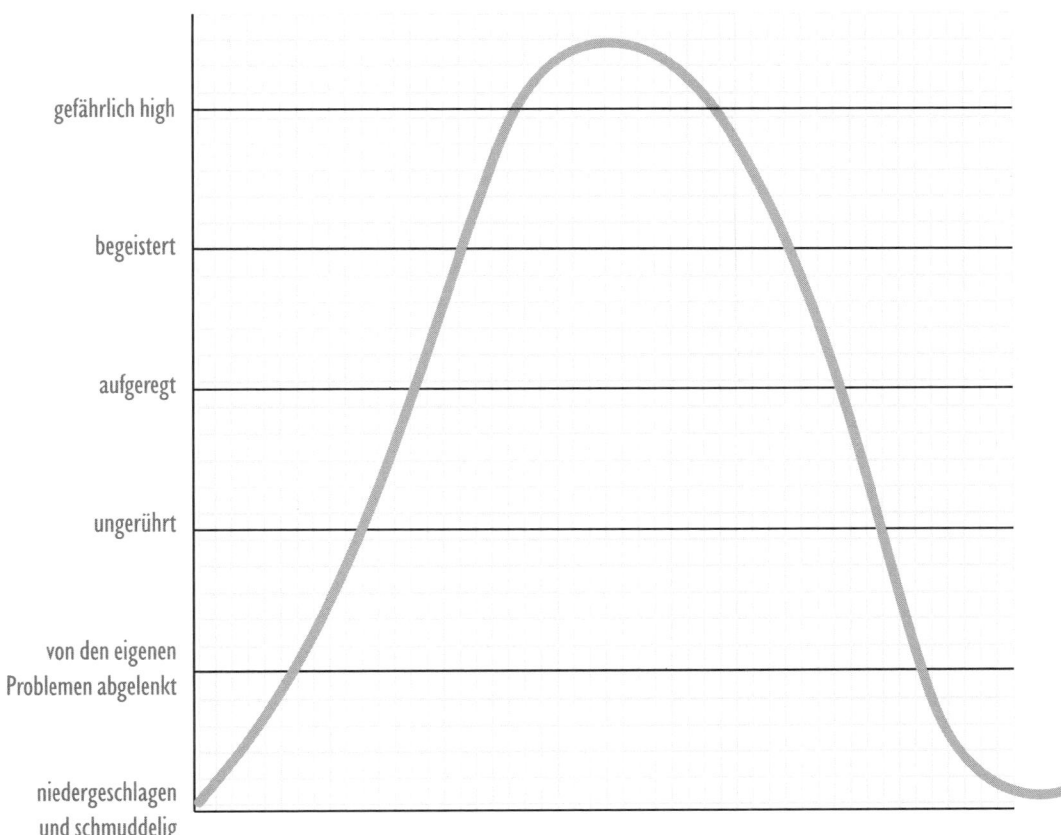

Bestimmt hat jeder Mensch einen Körperteil, den er nicht mag. Bei mir sind das einige. Meine hohe Stirn, die ich mit meiner Frisur kaschiere, und mein eher breites Kreuz. Doch wie bin ich auf die Idee gekommen, dass mit diesen Körperteilen etwas »nicht stimmt«? Niemand hat mich je darauf angesprochen, doch in den sozialen Netzwerken und in Zeitschriften verfügen die »perfekten« Frauen weder über das eine noch über das andere. Wenig begeistert bin ich außerdem von meiner Nase, da sie mir zu spitz und zu groß für mein Gesicht erscheint. Die meisten Models oder Disney-Film-Stars haben eine Stupsnase, also muss mit meiner … irgendetwas »nicht stimmen«. Wie seltsam, dass ich so denke, bin ich im Grunde doch ein Fan von Eigenheiten und Einzigartigkeit. Trotzdem halte ich meine Eigenheiten für »falsch«. Wenn ich mir das bewusst gemacht habe, bleibt zum Glück nur ein Gefühl zurück: das der Dankbarkeit. Dankbarkeit für alles, was mich einzigartig macht. Dann kann ich die reflexartigen Vergleiche mit anderen abschütteln und wieder ich selbst sein. An guten Tagen liebe ich meine Charakternase und meine tellergroße Stirn sogar.

Vergleiche führen unweigerlich dazu, dass wir uns unzulänglich fühlen. Dies scheint eine Schablone zu sein, nach der wir heute funktionieren: Vergleiche und verzweifle. Ich bin dankbar dafür, einen funktionierenden und gesunden Körper zu haben, dessen »Unzulänglichkeiten« mich nicht behindern. Meine Nase zum Beispiel ist super darin, mich mit Luft zu versorgen und so am Leben zu erhalten, und meine breiten Schultern leisten mir beim Yoga sehr gute Dienste. Die Vorteile überwiegen also eindeutig. Ich habe Ihnen meine Unsicherheiten nur gestanden, um aufzuzeigen, wie sehr wir von dem, was wir täglich sehen, beeinflusst sind. Sicherlich hat jeder von uns auch schon einmal eine abfällige Bemerkung über einen Promi in einer Zeitschrift gemacht: Was hat die denn an? Oder: Oh Gott, diese Frisur! Ich jedenfalls habe mich so oder ähnlich schon geäußert –, und es hat sich nie gut angefühlt. Wen interessiert, was ich von besagtem Promi halte? Sie oder er hat sich in den Klamotten wohlgefühlt, und vor allem steckt ein ganzes, unbekanntes Leben hinter diesem einen, winzigen Foto.

Dieses Thema bringt mich auf die Palme, und ich komme erst herunter, wenn ich mir meine edlen Überzeugungen in puncto Frauen und Aussehen in Erinnerung rufe. Wenn wir uns vom Diktat der Perfektion lösen können, sehen wir wieder das, was wirklich zählt: Dass wir inspirieren können, handeln können, etwas bewirken können. Es spielt keine Rolle, ob wir uns anders fühlen als das, was uns als Vorbild vor die Nase gehalten wird, und wir sollten auch andere nicht danach beurteilen. Wir sollten die Dinge auf unsere eigene Art und Weise anpacken, mit Mitgefühl, Empathie und offenem Herzen. Hin und wieder fühlen wir uns alle unsicher, verletzlich und ängstlich; alle, ohne Ausnahme. Trotzdem können wir uns an Zeitschriften sattsehen, fantastische Klamotten kaufen, so viel oder so wenig Make-up tragen, wie wir wollen, und so üppig und wundervoll oder so schmal und zart sein, wie wir nun einmal sind oder sein wollen. All das geht niemanden außer uns selbst etwas an und sollte sich auch nicht der öffentlichen Kritik unterziehen müssen. Haben wir dies im Hinterkopf, können uns weder das Internet noch das neueste Hochglanzmagazin etwas anhaben.

Ganz im Gegenteil: Dann können wir uns von diesen Kanälen sogar beflügeln lassen! Wir können andere für das, was sie tun, bewundern, statt sie zu beneiden. Wir können anderen ihr Glück gönnen und dann unser eigenes genießen. In dem Bewusstsein, dass hinter jedem mehr steckt, als auf den ersten Blick zu sehen ist, können wir aufhören, uns zu vergleichen und unzulänglich zu fühlen.

SEINEN FRIEDEN MIT SICH MACHEN

Fühlen Sie sich von anderen ungerecht beurteilt? Solche Äußerungen sagen mehr über den aus, der sie äußert, als über Sie! Denn man geht bei einer Meinung immer von sich selbst aus. Prangert jemand angebliche Unzulänglichkeiten an, fühlt sich derjenige selbst unsicher und unzulänglich. Wir müssen nicht immer ins Schema passen, wie die anderen sein oder den Maßstäben der sozialen Netzwerke entsprechen. Wir sollten in aller Ruhe unseren eigenen Weg gehen, denn Ruhe bringt Zuversicht und Selbstvertrauen. Dann können wir mit stolzem Lächeln im Gesicht unsere wahren Farben zeigen und uns sogar daran freuen, »anders« zu sein. Das Gefühl des Andersseins kann auch Panik auslösen, weil wir uns damit manchmal fremd und einsam fühlen. Aber warum eigentlich? Schließlich sind wir alle irgendwie unterschiedlich. Wir zeichnen uns durch unsere Individualität als Mensch aus. Wir sehen alle verschieden aus, denken verschieden, haben alle möglichen Erfahrungen und Einstellungen. Wir mögen uns in einer Gemeinschaft oder Gruppe geborgen fühlen, doch gleich sind wir eben nicht. Freundschaften und Partnerschaften entstehen aus Verbindungen, nicht durch Ähnlichkeiten.

Im Laufe unseres Lebens ist ein Bild entstanden, wie wir als Mann oder als Frau angeblich sein sollten. Dieses Bild ist absolut eindimensional und spiegelt in keiner Weise die Realität wider. Eine hundertprozentige Übereinstimmung kann es gar nicht geben, weil es dafür gar kein richtiges Muster gibt. Seien Sie also Sie selbst und fühlen Sie sich dabei wohl. Befreien Sie sich von dem Druck, so zu sein, wie Sie sein zu müssen glauben, und genießen Sie, was und wer Sie *sind*. Denken Sie quer, schwimmen Sie gegen den Strom, seien Sie eine Anomalie – und seien Sie stolz darauf!

Wir fühlen uns alle hin und wieder dem Urteil anderer ausgesetzt, doch unser größter Kritiker sind wir eindeutig selbst. Andere mögen ein Schlaglicht auf unsere Schwächen werfen, doch machen wir uns selbst das Leben am schwersten. Hier dürfen Sie sich zur Abwechslung selbst auf die Schulter klopfen: Halten Sie unten alles fest, worauf Sie stolz sein können, und sei es noch so klein.

Manchmal fällt es mir leicht, so zu handeln und mich so zu sehen, dann liebe ich jeden Millimeter meines individuellen Weges. Manchmal kommt mir mein Weg hingegen als sehr dünnes Eis über etwa null Grad kaltem Wasser vor. Sich in seiner Haut wohlzufühlen kann etwas dauern, doch es ist möglich. Das bedeutet nun umgekehrt nicht, dass Sie alles ablehnen sollten, das wiederum anders ist als Sie. Denken Sie nur immer daran, dass jeder Lebensweg seine Gültigkeit hat, der Ihre ebenso wie der der anderen. Dazu braucht es Mut, Aufgeschlossenheit und definitiv eine große Portion Gelassenheit.

NICHT ZU VIEL TEILEN

Die Kehrseite der Medaille des Informationskonsums via Internet ist, wie viel wir von uns preisgeben. Anscheinend sind wir eine Generation, die sehr gern »teilt«, wenn auch nicht im herkömmlichen Sinn. Wir sind es gewohnt, aus jedem erdenklichen Blickwinkel beäugt zu werden. Vor 20 Jahren war das noch unvorstellbar. Zu dieser Zeit habe ich vielleicht zwei Einmalkameras oder eine sehr preiswerte Digitalkamera mit auf Reisen genommen und rund 50 Schnappschüsse gemacht. Das schien mir als Urlaubserinnerung völlig ausreichend. Heute machen wir wahrscheinlich 25 Fotos an einem einzigen Tag – zu Hause! Uns scheint das Smartphone in die Hand geklebt, jeder Moment wird gnadenlos festgehalten, sei er nun etwas Besonderes oder nicht. Ich musste meine 50 Urlaubsfotos damals noch entwickeln lassen und habe sie anschließend meiner besten Freundin gezeigt, die nicht annähernd so begeistert von dem Sonnenuntergang an Tag 2 meiner Reise war wie ich. Die Urlaubsfotos anderer Leute

sind tatsächlich das Langweiligste auf Gottes weitem Erdboden! Heutzutage laden wir Unmengen dieser Fotos auf Instagram, Twitter oder Facebook hoch, damit alle Welt sie ansehen und kommentieren kann, wenn sie möchte. Heute ist es fast seltsam, wenn wir einmal *nicht* wissen, wo sich jemand im Moment aufhält, denn wir sind alle jederzeit kontaktier- und vor allem sichtbar. Mit 15 habe ich einmal eine Freundin auf Mallorca getroffen und war maßlos überrascht, da wir beide keine Ahnung hatten, dass wir zur selben Zeit am selben Ort Urlaub machten. Heute ein Ding der Unmöglichkeit!

Dieses übermäßige »Teilen« und laufende genaue Bescheidwissen über andere ist für uns zur Norm geworden, kann sich aber verheerend auf unsere innere Ruhe auswirken. So fühle ich mich unter Druck gesetzt – das heißt, ich setze mich unter Druck –, eine Mail, SMS oder WhatsApp sofort zu beantworten. Sonst nimmt der andere womöglich an, mir wäre etwas zugestoßen. Dieser Druck ist nicht im Mindesten hilfreich. Letzte Woche habe ich einmal für einen ganzen Tag mein Handy ausgeschaltet, und meine Freunde hätten mich fast vermisst gemeldet. Vor 15 Jahren haben wir oft zwei Wochen lang nichts voneinander gehört, und das hat der Freundschaft und dem Informationsfluss nicht geschadet. Woher also die Angst, unerreichbar zu sein? Weil wir befürchten, etwas zu verpassen, was hinterher auf Facebook steht? Weil uns wichtige Neuigkeiten entgehen und wir deshalb ins Hintertreffen geraten? Weil uns die anderen dann nicht mehr lieb haben oder zum Freund wollen? Natürlich wird keines dieser Dinge eintreten, aber die Geschwindigkeit der heutigen Kommunikation und die ständige Erreichbarkeit lassen uns das Gegenteil befürchten.

Natürlich haben diese Technikwunder auch ihre unschlagbaren Vorteile: So können wir uns in Sekundenschnelle informieren oder mit Freunden auf der anderen Seite

Welche Augenblicke in Ihrem Leben waren voller Magie und Liebe?

der Erdkugel skypen. Allerdings sind dies nicht die einzigen Möglichkeiten, die uns zur Verfügung stehen, und sie sind nicht lebensnotwendig. Wenn wir uns ab und zu eine Pause gönnen und uns daran erinnern, dass die Generationen vor uns auch sehr gut ohne pausenlose Kommunikation zurechtgekommen sind, leben wir viel stressfreier und können die Vorteile des technischen Fortschritts umso mehr genießen. Den heute oft gehörten Spruch »Fotografier es, oder es ist nicht passiert« kann ich nicht ausstehen. Das erinnert mich nicht nur an nervige pubertierende Teenager, sondern spricht auch Bände über unsere heutige Sicht der Dinge. Private Momente voller Magie gibt es nicht mehr; nein, sie müssen sofort mit Hunderten anderer Menschen »geteilt« werden. Das darf nicht sein, und ich sage Ihnen auch, warum.

Schließen Sie Ihre Augen und erinnern Sie sich an einen Moment in Ihrem Leben zurück, in dem die Zeit stehen geblieben zu sein schien, in dem Sie sich absolut lebendig und frei fühlten und um die Kostbarkeit dieses Moments wussten. Ein Moment voller Magie und unergründlicher Wärme.

In meinem eigenen Leben gab es ein Reihe solcher Augenblicke, die ich aus meiner Erinnerungsdatenbank abrufen kann, wann immer ich möchte, und für die ich unendlich dankbar bin. Meine Kinder in meinen zitternden Armen zu halten, nur Sekunden nachdem sie das Licht der Welt erblickt hatten. Mit einem Bier in der Hand am Rand eines Pools in Mexiko zu sitzen, über mir der Gesang von Vögeln und meine Haut wunderbar warm nach einem Tag voller Sonne. Auf dem Nachhauseweg von einer Bar auf Ibiza, in dem Bewusstsein, einem wirklich besonderen Menschen begegnet zu sein (mit dem ich heute verheiratet bin). Diese Momente machen meine wahre Geschichte aus, sie leuchten hell in meiner Erinnerung. Und keinen einzigen von ihnen habe ich mittels Foto »geteilt«. Keiner hat sie gesehen, gefühlt oder von ihnen gewusst. Nur mir werden sie auf ewig zur Verfügung stehen, wenn ich sie brauche: an Tagen, an denen ich niedergeschlagen bin und an denen sie mir klarmachen, dass noch viel Magie darauf wartet, von mir entdeckt zu werden.

Etwas online zu teilen macht Spaß, aber wir dürfen das Leben nicht nur mit dem Smartphone in der Hand leben. Wir müssen es mit allen Sinnen wahrnehmen und seine besonderen Augenblicke erkennen. Sie bringen uns Ruhe und Gelassenheit und führen uns zu dem zurück, was wir lieben und woran wir glauben.

DER WEG AUS DEM LÄRM

Doch wie können wir den konstanten Lärm um uns herum ausblenden? Nun, das können wir nie ganz, und die meisten wollen es nicht einmal. Es geht eher um eine Qualitätskontrolle und unsere reale Wahrnehmung. Nur durch sie können wir in chaotischen Augenblicken zu innerer Ruhe zurückfinden. Herauszufinden, was uns guttut, inspiriert und aufgeschlossen macht – im Gegensatz zu Leere, Angst und Wut –, ist der erste Schritt. Wenn wir erst einmal genau wissen, was uns täglich Freude bereitet oder Angst macht, können wir viel bewusster damit umgehen. Ich habe früher vor dem Schlafengehen immer noch einmal schnell auf Instagram vorbeigeschaut. Ich wusste über alle meine Freunde genauestens Bescheid, was Katy Perry zu Abend gegessen hatte und ohne welche Schuhe ich fortan nicht mehr würde weiterleben können. Leider war keine dieser Informationen förderlich für einen erholsamen Schlaf, denn ich war danach immer ein wenig aufgedreht. Meine Muskeln waren angespannt, das Gedankenkarussell drehte sich, und die Vergleiche-und-verzweifle-Leier setzte ein.

Das ging so weiter, bis ich in einen unruhigen Schlaf fiel. Als mir endlich bewusst wurde, wie schädlich dieses »Einschlafritual« war, legte ich es ab. Vor dem Zubettgehen ein gutes Buch in der Badewanne zu lesen ist für mich heute die bessere Option. Vielleicht surfen auch Sie abends zu viel im Internet, was sich verheerend auf Ihre Einschlafbereitschaft auswirkt. Oder Sie sehen spätabends noch einmal Nachrichten und gehen dann aufgewühlt, verstört oder wütend ins Bett. Abgesehen vom Inhalt tut uns auch das helle Display von Smartphone, Laptop oder Tablet nicht gut. Sollte Ihnen irgendetwas davon bekannt vorkommen, ist es Zeit, etwas zu verändern.

Wichtige ist auch, wie wir den Zirkus um uns herum wahrnehmen. Wer nur das Negative sieht und keine Zeit für das Positive hat, wird vermutlich nur noch mehr Negatives anziehen. Wer nur die Unzulänglichkeiten in anderen sieht, sieht auch das Gute in sich selbst nicht. Wer denkt, die Kirschen in Nachbars Garten schmecken immer süßer, wird nie mit dem zufrieden sein, was er selbst hat. Wir müssen der Außenwelt mit Gelassenheit begegnen, wohlüberlegt dosieren, was von ihr wir aufnehmen, und dies dann mit mitfühlendem Herzen und aufgeschlossenem Geist tun. Wir können initiativ, friedfertig, desinteressiert, engagiert, empathisch, gleichgültig, liebevoll oder beseelt sein – die Wahl liegt ganz bei uns. Es gibt unendlich viele Möglichkeiten, die Welt zu sehen. Es ist nicht immer einfach, doch wir alle können unsere natürlichen Neigungen fördern. Dabei können wir den Lärm der Außenwelt nicht immer ausblenden, aber neben ihm auch die Zwischentöne wahrnehmen, wenn wir genau hinhören.

Lass den Dingen ihren Lauf

HALLO ... RUSSELL

Russell Brand ist seit fast zwei Jahrzehnten im britischen Fernsehen und Radio präsent und hat gigantische Einschaltquoten erzielt, was in dieser Branche Ruhm bedeutet. Ich kenne Russell seit Jahren und war immer fasziniert davon, wie er im gleißenden Licht der Öffentlichkeit so cool bleiben kann. Als ich 2010 im Publikum seiner Stand-up-Comedy-Show saß, bewunderte ich besonders, wie souverän und selbstironisch er mit den Tiefs in seiner Karriere umging. Er kann sich wunderbar selbst auf die Schippe nehmen und auch den schwierigsten Ereignissen im Leben noch etwas Lustiges abgewinnen. Obwohl er ständig mit den Meinungen anderer über sich konfrontiert ist, bleibt er ruhig und konzentriert sich weiter auf das, was er gern macht und erreichen möchte. Das hat mich immer schon sehr inspiriert und dazu motiviert, mich selbst unabhängiger von den Meinungen anderer zu machen. Das schenkt mir wiederum mehr Freiheit, innere Ruhe und Gelassenheit. Außerdem ist Russell ein verdammt kluger Kopf, deshalb ...

Fearne: Hallo, Russell. Wie gelassen bist du heute im Vergleich zu der Zeit, als du zwischen 20 und 30 warst?

Russell: Im Vergleich zu dem Irren damals besitze ich heute die Ruhe und heitere Gelassenheit eines Jesus. Was lustig ist, weil ich zwischen 20 und 30 glaubte, ich sei Jesus.

Du stehst im Epizentrum der öffentlichen Aufmerksamkeit. Wie chaotisch macht all dieses Furore die Existenz?

Sehr, falls du die Aufmerksamkeit ernst nimmst und sie deine Identität beeinflussen lässt.

Wie gehst du mit den Meinungen anderer über dich um? Fühlst du dich durch sie irgendwie beeinträchtigt?

Ja, manchmal schon, aber das ist, denke ich, ganz normal. Der Mensch ist ein geselliges Wesen und braucht die Gesellschaft anderer. Wichtig dabei ist, etwas zu haben, das einen nährt und nicht von anderen abhängig ist.

Du hast dich eine Weile aus den sozialen Netzwerken zurückgezogen, nutzt sie nun aber anscheinend, um Spaß zu haben – du singst gemeinsam mit deinem Hund Bear – und dich leidenschaftlich für die Dinge zu engagieren, die dir am Herzen liegen. Gefällt dir diese Art von Öffentlichkeit?

Ich bin ein Darsteller, ich liebe es, eine Show abzuziehen und anderen zu helfen, wenn ich nicht gerade mit mir selbst beschäftigt bin, und dafür sind die sozialen Netzwerke ideal.

Wie schaffst du es, so die Ruhe zu bewahren, wenn die anderen so viel Wirbel um deine Person machen?

Indem ich mir immer wieder klarmache, dass es mir letztlich egal sein kann, was andere über mich denken. Dieses Gefühl der Unabhängigkeit erreiche ich leichter, wenn ich mich innerlich im Gleichgewicht fühle und keine Selbstbestätigung in der Außenwelt suchen muss.

Warum, glaubst du, stecken wir unsere Nase so gern in Angelegenheiten, die uns nicht das Geringste angehen?

Klatsch ist sehr wichtig, wenn man seinen eigenen Platz in einem Gesellschaftssystem verstehen will. Dieses Instrument wird im Namen des Konsums aber leider ständig überbeansprucht und missbraucht, damit wir bloß nicht auf die Idee kommen, uns innerlich statt äußerlich weiterzuentwickeln. Wer zufrieden ist, kauft weniger.

Eine letzte Frage: Was bedeutet innere Ruhe für dich?

Glücklich damit zu sein, wo man ist, wer man ist und mit wem man zusammen ist.

Ich danke dir, Russell, für deine Zeit und Energie!

VON GEBURT AN PROGRAMMIERT

Wir sind von Geburt an darauf programmiert, **Angst** zu haben.

»Sei vorsichtig, klettere nicht auf diesen Baum. Er ist zu hoch, das ist gefährlich.«

»Trink nicht zu viel Süßes. Das macht Löcher in den Zähnen, und dann fallen sie aus.«

»Hüpf nicht auf dem Bett herum; sonst fällst du herunter und tust dir weh.«

Warnungen, von Anfang an. In der Schule bekommen wir gesagt, ohne gute Noten hätten wir keine Zukunft. Mehr Angst. Als Teenager auf der Schwelle zum Erwachsenwerden warnt man uns davor, schwanger zu werden, abends zu lange auszugehen, Zeit zu verschwenden. Als Erwachsene macht man uns zu ängstlichen Eltern: Angst davor, dass die Kinder sich nicht gesund ernähren, zu viel fernsehen, keine Bücher mehr lesen. Viel Angst und Panik, wenig Zuversicht und Ruhe.

Wie soll man in diesem Wirbelsturm der Sorgen Ruhe finden? Das ist nach Jahren der Programmierung sehr schwer. Meist fällt es religiösen Menschen leichter, da sie an etwas glauben, das größer und mächtiger ist. Wer nicht religiös ist, muss an das glauben, was er im Internet oder in der Zeitung liest oder von anderen hört. Unsere Außenwelt hat einen enormen Einfluss darauf, wie ängstlich wir sind. Und wir haben von Kindesbeinen an gelernt, dass Hoffnung und Zuversicht naiv sind.

Ich bin als Optimistin zur Welt gekommen und habe diese Geisteshaltung bis etwa Mitte 20 beibehalten. Obwohl sich auch meine Mutter Sorgen gemacht hat wie die meisten anderen Mütter, ist es mir gelungen, lange Zeit an meinem sonnigen Gemüt festzuhalten. Dann aber kamen einige schwierigere Phasen in meinem Leben, und mein Optimismus wurde gedämpft. Bis heute habe ich in dieser Hinsicht nicht zu meiner alten Form zurückgefunden. Ich bin mir sicher, dass mir das noch gelingen wird, doch haben mich einige Hürden im Leben ganz schön aus dem Konzept gebracht. Das macht mich ziemlich traurig, da ich mich wesentlich ruhiger und gelassener gefühlt habe, als »Optimismus« sozusagen noch mein zweiter Vorname war. Damals habe ich schwierige Situationen in dem Bewusstsein überstanden, dass wieder bessere Zeiten kommen würden. Ich hatte noch so viel Hoffnung, dass es immer eine andere Option gab, die zu entdecken ich entschlossen war.

Heute arbeite ich täglich daran, die Hoffnung nicht zu verlieren. Aus ihr erwächst nicht nur Freude, sondern auch Ruhe. Wer dem Leben vertraut, verweist den Stress auf die billigen Plätze; der kann dann nur staunend zusehen, wie sich Körper und hyper-aktiver Geist allein durch das Wissen beruhigen, dass alles gut werden wird. Hoffnung und Zuversicht vertreiben die Panik. Jeder Mensch hat das Recht, so zu denken, und sollte sich nicht dafür schämen. Wir hören täglich von so vielen Katastrophen, dass man meinen könnte, es gäbe nichts Gutes mehr auf diesem Planeten. Aber was ist mit all den Wundern, über die *nicht* berichtet wird? Menschen, die von tödlichen Krankheiten geheilt werden. Als unfruchtbar geltende Paare, die Kinder bekommen. Eine plötzliche Liebe in Zeiten der Verzweiflung. Frieden nach traumatischen Erlebnissen. Auch das gibt es, nicht nur Katastrophen. Und was bewirkt diese Wunder? Die Hoffnung. Ein kleines Wort, das die Brücke zwischen dem sich abmühenden Menschen und purer Glückseligkeit darstellt. Je mehr ich mich auf meine Träume, Fantasien und Wünsche konzentriere und sie mit Hoffnung untermauere, desto mehr glaube ich daran, dass sie in Erfüllung gehen werden. Oder zumindest habe ich dann mehr Spaß daran zu beob-achten, ob sie in Erfüllung gehen oder nicht.

REUE UND »FALSCHE« ENTSCHEIDUNGEN

Haben Sie sich auch schon mal einer Idee verschrieben und dann gesagt bekommen, es sei die falsche? Eine schlechte Wahl, eine riskante Entscheidung, die falsche Option? Mir ist das schon oft passiert. Von klein auf lehrt man uns, es gäbe gute und schlechte Wege – doch was zählt diese Außenmeinung tatsächlich? Weicht sie von unserer eigenen ab, reagieren wir bezüglich der getroffenen Entscheidung zunächst mit Panik. Innere Ruhe und Gelassenheit lösen sich in Luft auf, und wir bleiben mit dem unguten Gefühl zurück, einen Fehler gemacht zu haben.

Vor Kurzem habe ich einen Job abgelehnt. Sofort wurden Stimmen um mich herum laut, die mir vorwarfen, die »falsche« Entscheidung getroffen zu haben. Ich hatte immer noch das Gefühl, die Prioritäten für mich richtig gesetzt zu haben, müsste aber lügen, wenn ich behaupten wollte, ich wäre nicht verunsichert gewesen. Ich war den ganzen Tag lang gereizt, weil ich mich fragte, ob ich nicht doch einen Fehler gemacht hatte. Ich begann, meinen eigenen Instinkten zu misstrauen. Rückblickend war es die richtige Entscheidung für mich, doch es ist in solchen Situationen nicht leicht, die Stimmen um sich herum gelassen zur Kenntnis zu nehmen.

Manchmal versehen wir Entscheidungen mit dem Etikett »falsch«, weil wir die Dinge anders gehandhabt haben, als andere es getan hätten. Fehler sind im Leben unausweichlich, und es gibt sie aus einem guten Grund: Sie sind der fruchtbarste Nährboden für Lektionen und können ebenso fruchtbare Wendepunkte hervorbringen. Von dort aus können wir neue Wege beschreiten, von vorn beginnen und die Dinge aus einer frischen, neuen Perspektive betrachten.

Etwas zu bedauern ist reine Zeitverschwendung. Auch wenn meine persönliche Liste der Dinge, dich ich bedaure, sehr lang ist, weiß ich, dass sie sinnlos ist und mich nur auslaugt. Wir müssen die Wege, für die wir uns entschieden haben, akzeptieren und nach dem Silberstreif am Horizont Ausschau halten, selbst wenn das Ergebnis nicht das ist, was wir uns gewünscht haben. Wenn uns klar ist, dass wir zu sehr auf Ratschläge von außen und zu wenig auf unsere innere Stimme und unseren Instinkt gehört haben, sollten wir aus der Entscheidung lernen, statt uns für sie zu geißeln. Oft basieren Entscheidungen, die wir für falsch halten, auf der Angst davor, was andere von uns denken, auf der Angst, nicht mit anderen mithalten zu können, auf der Angst, kritisiert zu werden. Sicherlich können Sie die Ratschläge und Unterstützung Ihrer Mitmenschen annehmen, doch hören Sie immer zuerst auf Ihr Bauchgefühl. Wenn sich das deutlich vernehmen lässt, hat es ein Recht, gehört und beachtet zu werden. Sehen Sie, wohin es Sie führt. Das hat auch zur Folge, dass wir unsere Entscheidungen weniger bedauern. Wenn wir unserem Bauchgefühl folgen, ist die Entscheidung für uns in diesem Augenblick die richtige, auch wenn uns alle um uns herum vom Gegenteil überzeugen wollen. Diese Entscheidung basiert auf Instinkt, innerer Ruhe und Gelassenheit.

Manchmal nehmen wir unseren Instinkt nur verschwommen wahr, weil die Meinung der anderen die Sicht trübt. In solchen Augenblicken sollten Sie sich Zeit nehmen. Schlafen Sie darüber oder sitzen Sie es im wahrsten Sinne des Wortes aus: Setzen Sie sich hin und versuchen Sie, Ihre Gedanken und Gefühle zu diesem Thema zu klären. Wir haben die Antwort meist in uns, wenn wir uns nur den nötigen Raum geben und dafür sorgen, dass unser Bauchgefühl deutlich zu spüren ist. So treffen wir in aller Ruhe klare, präzise und eindeutige Entscheidungen.

Das konstante Summen der Energie auf der Erde wird nicht aufhören und im Gegenteil wahrscheinlich eher lauter werden. In jeder Sekunde finden sich irgendwo auf dieser Welt Glück, Leid, Wut, Ungerechtigkeit, Erkenntnis und jede andere mögliche Emotion sowie jeder andere menschliche Seinszustand. Ändern können wir das nicht, doch wir können mit friedlichen Mitteln für unsere Überzeugungen kämpfen und den Lärm von einem geerdeten Standpunkt aus wahrnehmen. Wir sollten aufhören, uns ständig mit anderen zu vergleichen oder uns vor dem, was andere sagen, zu fürchten. Dabei helfen uns die Hoffnung und unser Instinkt. Die ungeheuer schwierige Aufgabe, unserer modernen Welt Ruhe und Gelassenheit entgegenzusetzen, wird uns immer wieder herausfordern; bestimmt Aufrichtigkeit jedoch unser Betrachten, Verarbeiten und Handeln, haben wir eine gute Chance, sie zu bewältigen.

Zusammenfassung

SICH UMSEHEN

Legen Sie das Smartphone aus der Hand! Bringen Sie all den wundervollen Dingen um Sie herum die angemessene Wertschätzung entgegen.

SKEPTISCH SEIN

Nehmen Sie nicht alles in den sozialen Netzwerken für bare Münze. Im Grunde wissen wir das, müssen aber manchmal daran erinnert werden.

HOFFEN

Lassen Sie sich von der Negativität anderer nicht anstecken, es gibt nicht nur Schlechtes auf der Welt. Positives führt zu innerer Ruhe und umgekehrt.

IHRE PERSÖNLICHE VORSTELLUNG VON
INNERER RUHE GEGENÜBER DER AUSSENWELT

Fassen Sie in einem Wort oder in einer Zeichnung zusammen, wie die Beziehung zwischen innerer Ruhe und der Außenwelt für Sie aussieht.

RUHE

WAS MICH ZUR RUHE KOMMEN LÄSST …

Wenn meine Kinder bei den Mahlzeiten gut essen

Mich gesund und lebendig fühlen

Meinen Kindern beim Schlafen zusehen

An einem warmen Sommerabend gechillte Musik hören

Meinen Kindern eine Einschlafgeschichte vorlesen

Das Lächeln meines Mannes

Bei einem Festival ein Bad in der Menge nehmen – in der Musik, nicht in den Leuten

Früh zu Bett gehen

Die Umarmungen meines Vaters

Die Ratschläge meiner Mutter

Wenn meine Kinder erst nach 6:30 Uhr aufwachen und zu mir ins Bett krabbeln

Mein Mann neben mir im Bett (wenn er nicht schnarcht)

Mir mit meinen Stiefkindern einen lustigen Film ansehen

Kuchen backen

Yoga, und zwar jedes Mal; absolute innere Ruhe und Gelassenheit

An der Themse laufen gehen

Porträts von den Menschen malen, die ich liebe

Mit den Zehen im Sand spielen

Ein anständiger Sonnenuntergang

Der Geruch des Meeres

In den Sternenhimmel sehen

Das Schreiben: Worte, Gedanken, Geschichten

In der Badewanne ein gutes Buch lesen

Pünktlich sein

Zuhören; anderen Menschen und den Geräuschen um mich herum

Es mir zu Hause gemütlich machen, wenn es draußen schüttet

Eine unserer Katzen auf meinem Schoß

Rotbuschtee mit Honig

Mit meiner Freundin Lolly ausgehen, mit ihr plaudern und lachen

Mit meinem schwarzen Kuli zeichnen

Mit dem Rad durch den Park fahren

Im Gras liegen und in den Himmel ansehen

In einer Hängematte liegen – davon kriege ich einfach nicht genug

Irgendwo gemütlich herumliegen

Im »Hive« in Kew Gardens sitzen

Der Duft von Räucherstäbchen

Mich daran erinnern, die Hoffnung nie zu verlieren

Liebe Ruhe, ich lerne jeden Tag ein wenig mehr darüber, welche Kraft du besitzt. Früher hielt ich dich für schrecklich langweilig und wenigen Auserwählten oder älteren Menschen vorbehalten. Was für ein Irrtum! Ich habe mich so weit aus deinen tröstenden Armen entfernt, bin in Stress und Chaos hineingestolpert, habe mich immer weiter vorangetrieben, um mir selbst zu beweisen, wie tough ich bin. Heute weiß ich, dass ich das, was ich erreicht habe, auch ohne Chaos und Stress bekommen hätte. Ich hätte ebenso viele brillante Menschen kennengelernt und ebenso viel geliebt. Also waren Chaos und Stress nur Energieverschwendung. Manchmal haben mein inneres Feuer und meine Angst mich weitergebracht, doch ich hätte meine hartnäckige Seite sicherlich auch ruhiger und gelassener einsetzen können. Aber vielleicht musste ich mich erst ein Stück von dir entfernen, um dich wirklich schätzen zu lernen.

Heute bin ich viel besser darin, deinen tröstlichen und bodenständigen Worten zuzuhören. Ich liebe es, ganz mit dir verbunden zu sein. Gelingt mir das, kann ich Entscheidungen mit Klarheit treffen, knifflige Situationen mit Zuversicht bewältigen und muss viel weniger Energie auf Unnötiges verschwenden. Ich habe gelernt, dich willkommen zu heißen, und weiß, dass ich mich absolut auf dich verlassen und dir vertrauen kann. Viele Menschen um mich herum setzen ebenfalls auf ihre innere Ruhe und navigieren mit Leichtigkeit durch stürmische Gewässer – früher unvorstellbar für mich. Ich genieße es, wenn ich unerwartet auf dich stoße und ich mich dank deiner auf eine neue Geschwindigkeit einlassen kann, die mich belebt und heilt. Mit deinem Trost und deiner Erdung können sich alte Wunden schließen. Ich finde Zuspruch bei anderen und kann einfach *sein*, wenn ich das Bedürfnis danach verspüre. Es stimmt nicht, dass man in deiner Gegenwart nichts zustande bekommt. Nein, du bist nicht nur für die Sorgenfreien oder für die Erleuchteten da, sondern vor allem auch für die Lebhaften, Zerstreuten, für die Abenteurer und für die Beharrlichen. Durch dein Abwägen und deine Klarheit verleihst du auch den hektischeren Seiten des Lebens mehr Power.

Umgekehrt bremsen uns Stress und Angst aus. Du aber lässt uns zielgerichtet vorwärtsschreiten, ohne dass uns das Ego oder mangelnde Authentizität im Weg stehen würde. Niemals wieder werde ich dich für langweilig halten. Ich werde dich suchen: auf trubeligen Partys, an U-Bahn-Stationen voller Menschen, auf anarchischen Kindergeburtstagen und auf hektischen Fahrten zur Schule. Und ich werde dich finden. Ich freue mich darauf, dich noch näher kennenzulernen. Auf meiner Yogamatte, in einem guten Buch, beim Meditieren und über mein Bauchgefühl.

Ich danke dir, Ruhe. Du bist einfach großartig!

DANKESCHÖN

Es gibt kaum einen besseren Weg zu innerer Ruhe, als Menschen, die man bewundert und liebt, Danke zu sagen, deshalb …

Als Erstes ein riesiges Dankeschön an Amanda Harris von Orion, die mir den entscheidenden Stups gegeben hat, ein neues Buch zu schreiben. Danke, dass du mir die Zeit und Freiheit gegeben hast, niederzuschreiben, was immer mir im Kopf herumspukte. Ein ebenso großes Dankeschön geht an Emily Barrett von Orion, der ich zahlreiche nächtliche Mails mit Hunderten von Fragen und Sorgen geschickt habe. Danke für die Führung und die Ermunterung bei der Überarbeitung! Ein Paket mit Kuchen geht umgehend an den Verlag heraus.

Danke, Holly Bott und Sophie Melia von der James-Grant-Mediengruppe, für ihre Unmengen an guten Taten. Ihr seid genau die Leute, an die ein Mädchen sich wenden muss, wenn es ein Buch schreiben will. Danke dafür, dass ihr meine Unsicherheiten zerstreut, mir bei der Organisation geholfen und den altmodischen Adidas-Trainingsanzug zu schätzen gewusst habt.

Danke an Rowan Lawton von Furniss Lawton für sein enzyklopädisches literarisches Wissen und die gemeinsame Kuchenliebe. Sein Rat und seine Klugheit, was das Thema Buch betrifft, sind unschätzbar für mich und mein Schreiben. Seine Ermutigung hat mir viele Male weitergeholfen.

Danke an Abi Hartshorne von Hart Studio, dass dieses Buch jetzt so großartig und, tja … *ruhig* aussieht. Die Farben, die Platzierung der Illustrationen und die Gesamtästhetik sind auf den Punkt. Danke an die unglaublich talentierte Jessica May

Underwood für die wunderschönen, herausragenden Aquarellillustrationen. Ich werde ihr Können und ihren Einfallsreichtum immer bewundern. Die zarte Linie passt perfekt zu meinen herberen Kulizeichnungen; die Bilder ergänzen meine Worte und bringen Freude pur.

Danke an meinen wunderbaren Mann Jesse sowie an meine Kinder und Stiefkinder Arthur, Lola, Rex und Honey. Ihr habt mir die nötige Zeit und den nötigen Raum gegeben, sodass ich mich abends an mein Laptop setzen konnte, bis mir die Augen brannten. Ihr seid eine andauernde Freude für mich und haltet Chaos und Ruhe in dem ausgewogenen Maße bereit, in dem ich weiterlernen kann. Danke an meine Familie und Freunde, die sich allzeit meine Sorgen anhören und mich mit Ruhe überfluten. Ich kann nur hoffen, dass ich dasselbe für sie tue. Und falls nicht, kann ich immer noch mit meinem supertollen Karottenkuchen punkten.

Liebe und Frieden auf ewig!

IMPRESSUM

ISBN 978-3-424-15346-0
1. Auflage

© 2018 by Irisiana Verlag, einem Unternehmen der Verlagsgruppe Random House GmbH, Neumarkter Straße 28, 81637 München

Die britische Originalausgabe erschien 2017 bei Orion Spring, einem Imprint der Orion Publishing Group Ltd unter dem Titel **Calm. Working through life's daily stresses to find a peaceful centre** Copyright © 2017 Fearne Cotton

Die Verwertung der Texte und Bilder, auch auszugsweise, ist ohne Zustimmung des Verlags urheberrechtswidrig und strafbar. Dies gilt auch für Vervielfältigungen, Übersetzungen, Mikroverfilmung und für die Verarbeitung mit elektronischen Systemen. Sollte diese Publikation Links auf Webseiten Dritter enthalten, so übernehmen wir für deren Inhalte keine Haftung, da wir uns diese nicht zu eigen machen, sondern lediglich auf deren Stand zum Zeitpunkt der Erstveröffentlichung verweisen.

Verlagsgruppe Random House FSC®N001967

Projektleitung: Inga Heckmann, Nikola Teusianu

Übersetzung: Ulrike Kretschmer

Lektorat und Satz: Knipping Werbung GmbH, Berg bei Starnberg

Layout: Ben Gardiner

Korrektorat: Susanne Langer-Joffroy

Herstellung: Claudia Scheike

Illustrationen: Fearne Cotton (schwarz-weiße Illustrationen); HartStudio (Aquarellkreise und Illustrationen Listen); Jessica May Underwood (alle übrigen Illustrationen)

Covergestaltung: Geviert Grafik & Typografie unter Verwendung eines Motivs von HartStudio

Druck und Bindung: DZS Grafik d.o.o. Printed in Slovenia

Litho: Helio Repro GmbH, München